高等职业教育药学类与食品药品类专业第四轮教材

文献检索 第2版

（供药学类、药品与医疗器械类、食品类专业用）

主　编　章新友

副主编　王　燕　齐　峰　刘方方

编　者　（以姓氏笔画为序）

王　燕（北京卫生职业学院）

王代芳（福建生物工程职业技术学院）

王新峰（济南护理职业学院）

刘方方（重庆三峡医药高等专科学校）

齐　峰（黑龙江中医药大学佳木斯学院）

闫静怡（哈尔滨医科大学大庆校区）

严永旺（长沙卫生职业学院）

李艳杰（长春中医药大学）

吴地尧（江西中医药大学）

张卫明（南京中医药大学）

张文学（宁夏医科大学）

姜云莉（山西药科职业学院）

章新友（江西中医药大学）

中国健康传媒集团
中国医药科技出版社

内容提要

本教材为“高等职业教育药学类与食品药品类专业第四轮教材”之一，系根据本课程教学基本要求、教学大纲和课程特点编写而成。全书共分为八章，涵盖了文献检索基础、医药信息的获取、传统文献资源与检索、电子医药文献资源与检索、药学专利文献的检索、文献信息的应用、文献信息资源的综合利用和医药论文写作等内容。本书具有理论系统、操作性强、图文并茂、易教易学等特点。本教材为书网融合教材，即纸质教材有机融合电子教材、教学配套资源（PPT、微课、视频等）、题库、数字化教学服务（在线教学、在线作业、在线考试）。

本教材主要供全国高等职业院校药学类、药品与医疗器械类和食品类专业教学使用，亦可作为从事药学工作者的参考用书。

图书在版编目（CIP）数据

文献检索/章新友主编．—2 版．—北京：中国医药科技出版社，2021.7

高等职业教育药学类与食品药品类专业第四轮教材

ISBN 978 -7 -5214 -2565 -9

Ⅰ.①文…　Ⅱ.①章…　Ⅲ.①信息检索—高等职业教育—教材　Ⅳ.①G254.9

中国版本图书馆 CIP 数据核字（2021）第 122039 号

美术编辑　陈君杞

版式设计　友全图文

出版　**中国健康传媒集团**｜中国医药科技出版社

地址　北京市海淀区文慧园北路甲 22 号

邮编　100082

电话　发行：010 -62227427　邮购：010 -62236938

网址　www.cmstp.com

规格　889 ×1194mm 1/16

印张　13 3/4

字数　369 千字

初版　2016 年 12 月第 1 版

版次　2021 年 7 月第 2 版

印次　2024 年 1 月第 4 次印刷

印刷　三河市万龙印装有限公司

经销　全国各地新华书店

书号　ISBN 978 -7 -5214 -2565 -9

定价　39.00 元

获取新书信息、投稿、为图书纠错，请扫码联系我们。

出版说明

“全国高职高专院校药学类与食品药品类专业‘十三五’规划教材”于2017年初由中国医药科技出版社出版，是针对全国高等职业教育药学类、食品药品类专业教学需求和人才培养目标要求而编写的第三轮教材，自出版以来得到了广大教师和学生的好评。为了贯彻党的十九大精神，落实国务院《国家职业教育改革实施方案》，将“落实立德树人根本任务，发展素质教育”的战略部署要求贯穿教材编写全过程，中国医药科技出版社在院校调研的基础上，广泛征求各有关院校及专家的意见，于2020年9月正式启动第四轮教材的修订编写工作。在教育部、国家药品监督管理局的领导和指导下，在本套教材建设指导委员会专家的指导和顶层设计下，依据教育部《职业教育专业目录（2021年）》要求，中国医药科技出版社组织全国高职高专院校及相关单位和企业具有丰富教学与实践经验的专家、教师进行了精心编撰。

本套教材共计66种，全部配套“医药大学堂”在线学习平台，主要供高职高专院校药学类、药品与医疗器械类、食品类及相关专业（即药学、中药学、中药制药、中药材生产与加工、制药设备应用技术、药品生产技术、化学制药、药品质量与安全、药品经营与管理、生物制药专业等）师生教学使用，也可供医药卫生行业从业人员继续教育和培训使用。

本套教材定位清晰，特点鲜明，主要体现在如下几个方面。

1. 落实立德树人，体现课程思政

教材内容将价值塑造、知识传授和能力培养三者融为一体，在教材专业内容中渗透我国药学事业人才必备的职业素养要求，潜移默化，让学生能够在学习知识同时养成优秀的职业素养。进一步优化“实例分析/岗位情景模拟”内容，同时保持“学习引导”“知识链接”“目标检测”或“思考题”模块的先进性，体现课程思政。

2. 坚持职教精神，明确教材定位

坚持现代职教改革方向，体现高职教育特点，根据《高等职业学校专业教学标准》要求，以岗位需求为目标，以就业为导向，以能力培养为核心，培养满足岗位需求、教学需求和社会需求的高素质技能型人才，做到科学规划、有序衔接、准确定位。

3. 体现行业发展，更新教材内容

紧密结合《中国药典》（2020年版）和我国《药品管理法》（2019年修订）、《疫苗管理法》（2019年）、《药品生产监督管理办法》（2020年版）、《药品注册管理办法》（2020年版）以及现行相关法规与标准，根据行业发展要求调整结构、更新内容。构建教材内容紧密结合当前国家药品监督管理法规、标准要求，体现全国卫生类（药学）专业技术资格考试、国家执业药师职业资格考试的有关新精神、新动向和新要求，保证教育教学适应医药卫生事业发展要求。

4. 体现工学结合，强化技能培养

专业核心课程吸纳具有丰富经验的医疗机构、药品监管部门、药品生产企业、经营企业人员参与编写，保证教材内容能体现行业的新技术、新方法，体现岗位用人的素质要求，与岗位紧密衔接。

5. 建设立体教材，丰富教学资源

搭建与教材配套的“医药大学堂”（包括数字教材、教学课件、图片、视频、动画及习题库等），丰富多样化、立体化教学资源，并提升教学手段，促进师生互动，满足教学管理需要，为提高教育教学水平和质量提供支撑。

6. 体现教材创新，鼓励活页教材

新型活页式、工作手册式教材全流程体现产教融合、校企合作，实现理论知识与企业岗位标准、技能要求的高度融合，为培养技术技能型人才提供支撑。本套教材部分建设为活页式、工作手册式教材。

编写出版本套高质量教材，得到了全国药品职业教育教学指导委员会和全国卫生职业教育教学指导委员会有关专家以及全国各相关院校领导与编者的大力支持，在此一并表示衷心感谢。出版发行本套教材，希望得到广大师生的欢迎，对促进我国高等职业教育药学类与食品药品类相关专业教学改革和人才培养作出积极贡献。希望广大师生在教学中积极使用本套教材并提出宝贵意见，以便修订完善，共同打造精品教材。

建设指导委员会

评审委员会

数字化教材编委会

主　编　章新友

副主编　刘方方　王　燕　齐　峰

编　者　（以姓氏笔画为序）

王　燕（北京卫生职业学院）

王代芳（福建生物工程职业技术学院）

王新峰（济南护理职业学院）

刘方方（重庆三峡医药高等专科学校）

齐　峰（黑龙江中医药大学佳木斯学院）

闫静怡（哈尔滨医科大学大庆校区）

严永旺（长沙卫生职业学院）

李艳杰（长春中医药大学）

吴地尧（江西中医药大学）

张卫明（南京中医药大学）

张文学（宁夏医科大学）

姜云莉（山西药科职业学院）

章新友（江西中医药大学）

前言

本教材为“高等职业教育药学类与食品药品类专业第四轮教材”之一，是为深入贯彻落实《国务院关于加快发展现代职业教育的决定》等有关文件精神，在教育部、国家药品监督管理局的领导下，在“高等职业教育药学类与食品药品类专业第四轮教材”建设指导委员会的指导下，结合本课程教学大纲和课程特点编写而成。

文献检索是全国高等职业院校药学类与食品药品类专业的一门必修课程，通过本课程的学习，旨在强化药学人才的信息意识，培养分析和利用药学文献的能力，使他们在新药研究、药品开发、药品咨询、药品监督管理、决策和产品定位中把准方向，充分利用现有的药学信息资源为其发展服务。本教材是在上一版的基础上，由全国12所高职高专院校从事文献检索教学与研究、具有多年本课程教学经验的教师联合修订编写。

全书共分八章，涵盖了文献检索基础、医药信息的获取、传统文献资源与检索、电子医药文献资源与检索、药学专利文献的检索、文献信息的应用、文献信息资源的综合利用和医药论文写作等内容。力求与药学的教学、科研和生产实践相结合，在保证教材的科学性、系统性的前提下，重点介绍电子文献资源与检索、药学专利文献的检索、文献信息的应用、文献信息资源的综合利用和医药论文写作等内容，每章后设有拓展阅读、重点小结和目标检测题，以便学生课后复习，书后还附有中文药学主要期刊、外文药学主要期刊和药学文献检索主要工具及数据库等目录。

本教材主要供全国高等职业院校药学类、药品与医疗器械类、食品类专业教学使用，也可作为培训教材和药学工作者的参考用书。

本教材在编写过程中得到各参编院校的大力支持与帮助，在此一并表示感谢。由于水平与经验所限，书中疏漏与不足之处在所难免，恳请广大读者和教师批评指正。

编　者

2021年3月

前言

目录
CONTENTS

1 第一章 文献检索基础
1 第一节 文献检索概述
1 一、文献的概念
7 二、文献检索的意义
7 三、文献检索语言
14 四、文献检索途径
14 第二节 文献资源概述
14 一、文献资源的概念
15 二、文献资源的特点
16 三、文献资源的作用
16 第三节 文献资源利用
16 一、文献资源利用概述
18 二、国内外文献资源的利用
20 三、科技信息与市场信息的利用
23 四、网络药学信息的利用

27 第二章 医药信息的获取
27 第一节 医药信息获取的主要原则
27 一、针对性原则
27 二、全面性原则
28 三、时效性原则
28 四、预见性原则
28 第二节 医药信息获取途径
29 一、医药信息源
30 二、医药文献检索途径
30 三、医药文献检索方法
32 第三节 现代医药信息获取方法
32 一、计算机文献检索基础
37 二、网络医药文献检索

44 第三章 传统文献资源与检索
44 第一节 医药期刊的检索
45 一、常见的医药期刊
47 二、期刊信息获取途径
48 第二节 期刊式检索工具
48 一、中国药学文摘
50 二、中文科技资料目录（医药卫生）
52 第三节 参考工具书的检索
52 一、辞典
55 二、手册
56 三、参考书
58 四、药典
61 第四节 图书馆信息资源利用
61 一、图书馆文献组织与方法
64 二、图书馆信息服务

68 第四章 电子医药文献资源与检索
68 第一节 中文电子医药文献检索系统
68 一、中国知网
80 二、维普网
86 三、万方数据知识服务平台
90 四、中国生物医学文献服务系统
92 第二节 外文电子医药文献检索系统
92 一、PubMed
96 二、ScienceDirect
98 三、EMBase

100 四、Google Scholar
101 第三节 其他网络医药资源系统
101 一、国家药品监督管理局
104 二、其他主要药学网站简介
108 三、药学论坛网络平台简介

110 第五章 药学专利文献的检索
110 第一节 药学专利文献的概述
110 一、专利的基本知识
114 二、专利文献的基本知识
117 三、国际专利分类法
119 第二节 中国专利文献检索
119 一、药学专利文献检索途径
120 二、中国专利文献的网络检索
129 第三节 国外专利文献检索
129 一、欧洲专利 Espacenet
130 二、美国专利数据库
132 三、日本特许厅网站专利数据库
132 四、加拿大专利数据库
132 五、其他专利数据库

134 第六章 文献信息的应用
134 第一节 文献与信息咨询
134 一、信息咨询概述
138 二、信息咨询的一般方法与步骤
139 三、信息咨询案例分析
143 第二节 文献与科学研究
143 一、文献与科研课题
147 二、文献与药品开发

152 第七章 文献信息资源的综合利用
152 第一节 文献资料的搜集与积累
152 一、药学文献资料的搜集方法
153 二、药学文献资料积累的步骤
154 第二节 个人文献管理
154 一、文献管理的意义与作用
155 二、文献管理的方法
155 三、常用文献管理软件介绍
167 第三节 文献的评价与分析
167 一、传统文献评价
169 二、网络文献评价
170 第四节 医药科技项目查新
170 一、查新工作的意义
171 二、查新工作的原理
171 三、新颖性判断与分析
173 第五节 医院药学信息管理
173 一、医院药学信息的概念及特点
174 二、医院药学信息来源
174 三、医院药学信息服务

177 第八章 医药论文写作
177 第一节 医药论文写作与投稿
177 一、医药论文的分类
178 二、医药论文的基本要求
180 三、医药论文的写作格式
182 四、医药论文的写作程序
183 五、医药论文的写作方法
185 六、医药论文的投稿技巧
186 第二节 医药文献综述
186 一、医药文献综述的类型
186 二、医药文献综述的特点
187 三、医药文献综述撰写目的
188 四、医药文献综述撰写步骤
190 第三节 学术不端文献检测系统
191 一、学术不端文献检测系统简介
191 二、国内学术不端文献检测系统
197 三、国外学术不端文献检测系统
201 附录1 中文药学主要期刊
204 附录2 网络药学、医学信息主要资源

208 参考文献

第一章　文献检索基础

学习引导

增强信息意识，具备分析和利用药学文献的能力，才能在新药研究、药品开发、药品咨询、药品监督管理、决策和产品定位中把准方向，充分利用现有的药学信息资源为其发展服务。

本章主要介绍文献检索相关知识，步骤和方法。

学习目标

1. **掌握**　信息、知识、文献和情报的概念以及四者之间的相互联系和转换关系。
2. **熟悉**　文献检索步骤的实施和检索语言。
3. **了解**　图书、期刊、专利、标准等文献资源的利用，以及新兴的网络信息资源为药学专业信息服务等。

PPT

第一节　文献检索概述

一、文献的概念

（一）信息、知识、文献与情报　微课1

1. 信息　信息一词在中国历史文献中最早见于唐诗中，英语是Information，20世纪中叶以后其本质才不断被揭示，并被引入哲学、信息论、系统论、控制论、传播学、情报学、管理学、通信、计算机科学等领域。信息作为日常用语是指音信、消息。每个人每天都在不断地通过感觉器官从外界接受信息。信息作为一个科学术语，广义指事物属性的表征，狭义指系统传输和处理的对象，最早出现于通信领域。20世纪20年代，哈特莱在探讨信息传输问题时，提出了信息和消息在概念上的差异。

我们认为，信息是被反映事物属性的再现。信息不是事物本身，而是由事物发出的消息、指令、数据等所包含的内容。一切事物，包括自然界和人类社会都会产生信息。

（1）信息的属性　是指信息本身所固有的性质。作为特殊形态的客观事物，信息主要有普通性、客观性、中介性、增殖性、传递性、可储性、转换性、可知性和共享性等主要性质，具体内容详见表1-1。

表 1-1　信息的主要性质

性质	内容
普遍性	信息充满着广袤的宇宙，是物质固有的普遍属性。信息不仅存在于人类社会，也存在于自然界。人与人之间、机器之间、人机之间、动物之间、植物之间、细胞之间等，都可以进行信息交流
客观性	就世界的整体而言，信息统一于物质世界，信息的根源是物质世界。信息的存储、传播依靠物质和能量，它无所谓始，也无所谓终，它与整个物质世界共存
中介性	就物质世界的层次来看，信息既区别于物质又区别于精神。它的内核不是具体的物质和能量，尽管有些信息是通过文字、图像等具体物质形式表现出来的，但它本身却没有质量，也不占有空间。我们见到的占有空间的并不是信息本身，而是存储和携带信息的物质载体。同时它也不像意识那样依赖于人脑存在，故不具有主观性，它是介于物质世界和精神世界之间过渡状态的东西，人们通过信息来认识事物
增殖性	随着事物的不断变化和发展，信息将不断扩充，人们对事物的认识也将不断深入，信息也得到了进一步的再生
传递性	信息可以在时间上和空间上从一点转移到另一点，可以通过语言、动作、文献、电话、电报、广播、电视、通信卫星、电子计算机等进行传递
可储性	信息可以收集、加工、整理、筛选、归纳、综合，并可以通过记忆和各种载体来载荷
转换性	只要信息的含义、内容不变，其存在形式可以相互转换，如专业论著、技术标准等可以转换成生产工艺、具体产品等
可知性	信息是可为人们感知的，但由于人们认识水平的差异性，对于同一事物，不同观摩者对其认识可能不同
共享性	信息可以多方向多层次传播，为人们所共享，但不失去其内容，与实物交易不同

（2）信息的功能　①扩大了人们关于世界的科学图景，揭示了客观世界层次和要素新的一面，有助于人们认识宇宙发展中进化与退化的辩证统一关系。②可以用来消除人们在认识上的某种不确定性，其消除不确定性的程度与信息接受者的思想意识、知识结构有关，人类认识就是不断地从外界获取信息和加工信息的过程。③同物质、能量一样，信息是一种资源。物质提供材料，能量提供动力，信息则提供知识、智慧和情报。

（3）信息的类型与载体　信息的类型可从不同的角度划分。按其形成的领域可分为自然信息和社会信息；按其存在的状态可分为瞬时信息和保留信息；按其表现的形式可分为文字信息、图像信息、语音信息等。

信息本身不是实体，必须借助于一定的载体才能表现、传递和利用。载体是信息得以保存的物质实体。从古代的甲骨、金石、锦帛、竹简到现今的纸张、感光材料、磁性材料，信息的载体和存储技术已发生数次质的飞跃。为人类存储、检索和利用信息提供了极大的方便。

在人类步入信息社会的时代，信息同物质、能量构成人类社会的三大资源。物质提供材料，能量提供动力，信息提供知识和智慧。因而，信息已成为促进科技、经济和社会发展的新型资源，它不仅有助于人们不断地揭示客观世界，深化人们对客观世界的科学认识，消除人们在认识上的某种不确定性，而且还源源不断地向人类提供生产知识的原料。

2. 知识　是人们在改造世界的实践中所获得的认识和经验的总和。从信息的观念看，知识来源于信息，是信息的一部分。人类在认识世界和改造世界的过程中，不断接受客观事物发出的信息，经过大脑的思维加工，形成的对事物本质及其运动规律的认识，这就是将信息转化为知识的过程。人类在获得知识后，再将这些知识用来指导实践，又能创造新信息，获得新知识。如此反复循环，便可使信息逐渐纷繁，知识越来越丰富，认识不断提高和深化。

（1）知识的类型　分为个人知识和社会知识。个人知识是个人具有的专用知识，与社会知识相对应。个人知识存在于个人大脑、笔记或书信中，只有个人才能加以利用。个人知识主要来自两方面：一是根据愿望学习吸收社会已有的知识；二是通过总结经验、分析研究，创造发现的新知识。个人知识不断为社会知识补充新的内容，个人创造的新知识一旦进入社会交流系统，就成为社会知识。社会知识是社会系统集体拥有的知识。社会知识存在于文献中，也存在于人类社会的口头传说中。社会知识是人类知识的基本部分，一个团体或社会的所有成员能够通过文献等不同媒介自由地获得社会知识。个人知识的不断创新发展丰富了社会知识，社会知识又是个人知识的丰富源泉。

根据国际经济合作发展组织（OECD）的定义，人类现有的知识可分为四大类。

1）Know what（知道是什么）——关于事实方面的知识。

2）Know why（知道为什么）——关于自然原理和规律方面的知识。

3）Know how（知道怎么做）——关于技能或能力方面的知识。

4）Know who（知道归属谁）——关于产权归属的知识。

（2）知识的属性　是指知识本身所固有的性质。知识主要有以下几种性质（表1－2）。

表1－2　知识的属性

属性	内容
意识性	知识是一种观念形态的东西，只有人的大脑才能产生它、识别它、利用它。知识通常以概念、判断、推理、假说、预见等思维形式和范畴体系表现自身的存在
信息性	信息是产生知识的原料，知识是被人们理解和认识并经大脑重新组织和系列化了的信息，信息提炼为知识的过程称之为思维
实践性	社会实践是一切知识产生的基础和检验知识的标准，科学知识对实践有重大指导作用
规律性	人们对实践的认识，是一个无限的过程，人们获得的知识在一定层面上揭示了事物及其运动过程的规律性
继承性	每一次新知识的产生，既是原有知识的深化与发展，又是更新的知识产生的基础和前提，知识被记录或被物化为劳动产品后，可以世代相传利用
渗透性	随着知识门类的增多，各种知识可以相互渗透，形成许多新的知识门类，形成科学知识的网状结构体系

（3）知识的作用　知识在人类社会的发展中起着巨大的作用，主要体现在以下几个方面：①知识是文明程度的标志。衡量一个国家、一个民族文明程度的高低，主要看其创造、吸收、掌握和应用知识的能力。②知识可以转化为巨大的生产力。劳动者素质的提高、工具的进步、劳动对象的扩大、经济的发展，都是知识推动的结果。③知识是建设精神文明的动力，是科学教育的内容，能促进人类智能的改善。

3. 文献

（1）概念　“文献”一词在中国最早见于孔子的《论语·八佾》篇中，其含义千百年来几经变化：汉代郑玄解释为文章和贤才；宋代朱熹释之为典籍和贤人；宋末元初的马端临理解为书本记载的文字资料和口耳相传的言论资料；近现代的一些工具书又将其解释为“具有历史价值的图书文物资料”和“与某一学科有关的重要图书资料”；1983年颁布国家标准《文献著录总则》将其定义为“记录有知识的一切载体”。在国外，“文献”一词最早是由法国的保罗·奥特勒（P. Otel）于1905年提出的，而后逐渐在一些国家使用，初期含义不尽一致，后来逐渐趋于统一。现大多认为文献是各种知识或信息载体的总称。

文献由3项基本要素构成：第一是知识信息内容，这是文献的灵魂所在；第二是载体材料，即可供记录知识或信息的物质材料，如龟甲、兽骨、竹木、帛、金石、泥陶、纸张、胶片、胶卷、磁带、磁盘、光盘等；第三是记录方式，即用文字、图形、代码、符号、声频、视频等方式和技术手段把知识或信息记录在一定物质载体上。知识、载体、记录方式三位一体，不可分割，缺少三者之一都不能成为文献。

（2）属性　是文献本身所固有的性质，可概括为4个方面（表1-3）。

表1-3　文献的属性

属性	内容
知识信息性	文献的本质属性，知识是文献的实质内容，没有记录下任何知识或信息内容的纸张、胶卷、磁带不能称之为文献；离开知识信息，文献便不复存在。传递信息、记录知识是文献的基本功能。人类的知识财富正是借助文献才得以保存和传播的
物质实体性	载体是文献的存在形式，人们头脑中的知识无论多么丰富，只要没有记录在一定的物质载体上，就不能称其为文献。文献所表达的知识信息内容必须借助一定的信息符号、依附一定的物质载体，才能长时期保存和传递
人工记录性	文献所蕴含的知识信息是通过人们用各种方式将其记录在载体上的，而不是天然荷载在物质实体上的
动态发展性	文献并非处于静止状态，而是按新陈代谢的规律运动着。随着人类记录水平的提高，信息交流的频繁，文献的数量日趋庞大，形式日益多样；与此同时，文献的老化速度也在加快。生命周期日益缩短，形成了有规律的运动

（3）功能　①存储知识信息。文献是知识的物质存在形式，是积累和保存知识的工具，人类所有的知识成果都只有记录于文献，才能保存和流传；文献的产生是人类文明史上的重要里程碑，人们正是通过文献了解相关学科信息，通过文献得悉某一科技成果或创造发明诞生于何时，被记录在何种科技文献之中等具体情况。②传递知识信息。文献能帮助人们克服时间与空间上的障碍，传递和交流人类已有的知识和经验，促进知识信息的增加和融合，沟通人们思想感情的联系和交流，成为人类知识信息交流的重要途径。③教育和娱乐功能。通过阅读文献，人们可获取科学文化知识，掌握专业技能，提高认识水平和基本素质，还可以娱乐消遣，陶冶情操，丰富精神生活，提高创造能力。

4. 情报

（1）概念　情报与信息在英文中为同一个词Information，但信息的外延比情报广，信息包括情报。情报是人们在一定时间内为一定目的而传递的具有使用价值的知识或信息。情报是一种普遍存在的社会现象，人们在物质生产和知识生产的实践活动中，源源不断地创造、交流与利用各种各样的情报。

（2）属性　是指情报本身固有的性质，主要表现在以下几方面（表1-4）。

表1-4　情报的属性

属性	内容
知识性	情报必须具有实质内容，凡人们需要的各种知识，都可以为情报的内容。没有内容的情报是不可能存在的
信息性	情报具有实质的内容就存在信息，凡人们需要的各种信息，都可以为情报的内容。没有内容的情报是不可能存在的，没有信息的情报也是不存在的
动态性	无论多么重要的成果，人们不知道其存在就不能成为情报。情报处于运动状态中，用户主动搜集情报，情报机构采用先进载体和手段主动传递、研究情报、促使更多的静态知识成为动态情报
效用性	人们利用情报是为了获得实际效益，在多数情况下是为了竞争，同一情报因时间、地区、对象不同呈现出的效益也不同；情报针对性越强，越能促进人们达到目的
社会性	情报来源于人类社会的实践和认识活动，存储于社会系统，并为社会广泛地选择利用
语言性	情报必须通过自然语言和人工语言进行表达和传播，正是由于情报的语言性，才使它能够记录在各种载体上
可塑性	在情报的加工整理过程中，既可概括归纳，使之精炼浓缩，又可补充综合，使之系统全面
时间性	特定情报只有在合适的时间内传递和利用才会产生更大效用，随着时间的推移，情报的效用性也会随之降低

（3）功能　在信息社会中，情报将发挥越来越重要的作用，主要功能如下。

1）启迪思维、增长知识，提高人们的认识能力。

2）帮助决策、协调管理，节约各项事业的人力、物力和财力。

3）了解动向、解决问题，加快人们各项活动的进程，以便在信息社会的竞争中获胜。

（二）信息、知识、文献与情报之间的关系

信息、知识、文献和情报是四个既有区别又互相联系的概念，四者的关系如图1-1所示。

信息包含了知识、文献和情报。信息是一个从低级到高级的信息集成。其中，知识是人类大脑对低级和高级信息进行加工形成的有用的高级信息；文献则记载着经过加工的高级信息，但文献不是信息的全部；情报传递着能为人类所接受的一切有用的信息，可以是未经加工的低级信息，也可以是经过加工的高级信息。

知识是人类对各种信息认识和加工形成的精神产品，是人的大脑对大量信息通过思维重新组合的、系统化的信息集合，即高级信息；而信息仅仅是人类大脑加工形成知识的原料。人类既要通过信息来认识世界、改造世界，又要根据所获得的信息组成知识。知识是已经被人类所认识的一部分信息，迄今尚有许多信息未被人类所认识。

文献是一种具有特殊存在形式的信息，是固化在载体上的知识；但并不是所有的知识都已经记录在文献中。文献是传递交流信息、知识和情报的主要媒介，是最重要的情报源；然而文献不是情报的全部。

情报不仅是在传递中为人类所接受和利用的知识，也可能是为人类所感知、接受和利用的信息。情报不是全部的信息、知识和文献，而是经过筛选后能满足特定需要的信息、知识和文献。情报可来自口头、实物，但更多的是来自于文献。

由此可见，知识、文献和情报三者各自具有不同的内涵，但这三者之间有密切的联系。

信息、知识、文献、情报之间的相互转换关系，如图1-2所示。

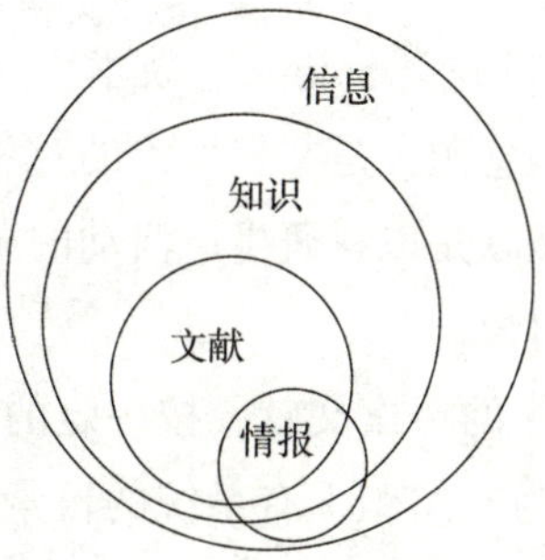

图1-1　信息、知识、文献和情报关系

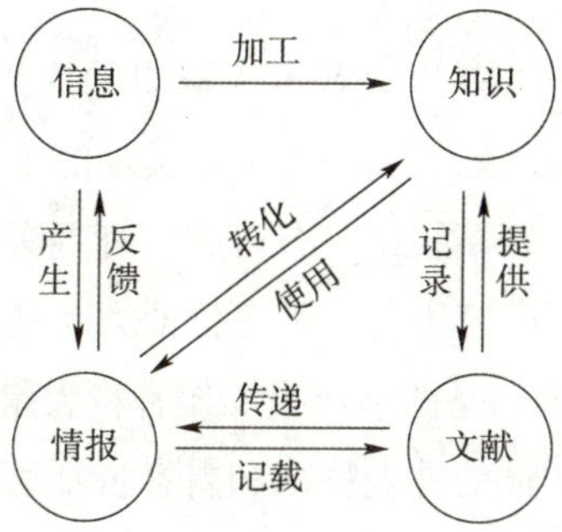

图1-2　信息、知识、文献、情报相互转换关系

从图1-2中可以看出，事物由运动产生信息，信息经过大脑的加工可以形成知识，知识被载体所记录可以形成文献，文献被有目的地传递使用可以产生情报，情报可经过反馈形成新的信息。从图中还可看出，信息或知识被有目的地使用也能产生情报，情报经利用和传递也可形成知识，情报被载体所记载也会形成文献，信息被接受也可直接产生情报，文献经过处理可以提供知识。

（三）文献的类型

1. 以文献载体形式划分

（1）印刷型　通过铅印、油印和胶印、木版印、激光排版等印刷方式，将知识固化在纸张上的一类文献。例如，图书、期刊以及各种印刷资料。这是一种有着悠久历史的传统文献形式，至今仍广为应用。它的主要优点是便于阅读、传递，便于大量印刷，成本低；缺点是信息存储密度低、分量重、体积

大、收藏空间大、保存期短、管理困难。

（2）缩微型　它是以感光材料为载体，通过光学摄影方式将文献的影像固化在感光材料上形成的一类文献。常见的缩微型文献有缩微平片和缩微胶卷两种。这种文献的优点是体积小，信息存储密度高，易传递、易保存；缺点是文献加工困难，阅读必须借助缩微阅读机或利用缩微复印机，不便于信息的查询、利用和自动化处理。

（3）声像型　也称视听型，它是指通过特定设备，使用声、光、磁、电等技术将信息转换为声音、图像、影视和动画等形式，给人以直观、形象感受的知识载体。这是一种非文字形式的文献。常见的有各种视听资料，如唱片、录音带、电影胶片、幻灯片等。这种文献的特点是信息存储密度高，形象直观、生动、逼真，使人能闻其声，观其形。但使用时需要借助一定的设备，成本高，不易检索和更新。

（4）电子型　原称是计算机阅读型。它是通过计算机对电子格式的信息进行存取和处理。即采用高科技手段，将信息存储在磁盘、磁带或光盘等一些媒体中，形成多种类型的电子出版物。常见的是各种已录有内容的磁带、磁盘和光盘。这种文献的存储、阅读和查找利用都须通过计算机才能进行，所以既有信息量大、获取速度快、查找方便、易于编制二次文献的优点，又有必须使用设备才能阅读的缺点。在当今电脑较为普及的情况，电子型文献的利用已呈现逐渐上升的趋势，尤其是相关专业数据库的建立，相对于过去手工检索工具是一种质的飞跃。

（5）多媒体型　是一种崭新的文献载体：它采用超文本（hypertext）或超媒体（hypermedia）方式，把文字、图片、动画、音乐、语言等多种媒体信息综合起来，在内容表达上具有多样性与直观性，并且有人机交互的友好界面。因此多媒体具有前几种文献载体的优点，发展特别迅速。

2. 以文献加工程度形式划分

（1）零次文献　未经出版发行的或未进入交流领域的最原始的文献。如手稿、个人通信、原始记录，甚至包括口头言论等。

（2）一次文献　是以著者本人取得的成果为依据撰写创作的论著、论文、技术说明书等，并公开发表或出版的各种文献。一次文献是文献的主体，是最基本的信息源，是文献检索的对象。其特点是论述比较具体、详细和系统化，有观点、有事实、有结论。一次文献是以科研生产活动的第一手成果为依据而创作的文献。内容丰富，参考价值大，是我们利用的主要对象。

（3）二次文献　是图书情报工作者将大量的、分散的、无序的一次文献，按一定的方法进行加工、整理、浓缩，把文献的外表特征和内容特征著录下来，使之成为有组织、有系统的检索工具，如目录、题录、文摘、索引等。二次文献是一次文献的集约化、有序化的再次出版，是贮藏、利用一次文献的主要的、科学的途径。其特点是只对一次文献进行客观的罗列，而不对其内容作学术性的分析、评论或补充。

（4）三次文献　根据二次文献提供的线索，选用大量一次文献的内容，经过筛选、分析、综合和浓缩而重新再度出版的文献，如各种述评、进展报告、动态综述、手册、年鉴和百科全书等。其特点是相关学科的信息量大。

从零次文献、一次文献、二次文献到三次文献，它是一个由分散到集中，由无组织到系统化，由博而略地对知识信息进行不同层次的加工过程。零次文献是一次文献的素材，一次文献是二次、三次文献最基本的信息源，是文献信息检索和利用的主要对象；二次文献是一次文献的集中提炼和有序化，它是文献信息检索的工具，故又称之为检索工具；三次文献是把分散的零次文献、一次文献、二次文献，按照某一特定的目的进行综合分析加工而成的信息成果，是高度浓缩的文献信息，也是我们利用的一种重要情报源。

另外，还可以按出版形式划分，将在第二章的文献信息源中介绍。

二、文献检索的意义

（一）促进文献资源的开发

历代流传保存下来的和目前不断涌现的文献，是一个巨大的知识宝库，是一种重要资源。掌握了文献检索的方法和技能，就可以充分地开发利用这些资源，在药学的海洋中有目的地、迅速地获取信息。

（二）提高药学科学研究的效率

文献数量过分庞大和迅速增长，加重了药学人员搜集信息的负担。美国曾对科技人员（化学界）工作时间分配的调查结果表明，科技人员在一项研究工作的全过程中用于计划思考的时间占7.7%，用于收集信息和发表成果的时间占50.9%，用于试验与研究的时间占32.1%，用于数据处理的时间占9.3%。科研人员在查文献上花费的时间是相当多的，较好的占33%，较差的占60%。如果有完善的检索设施和周到的检索服务，无疑会节省科研人员的大量时间，腾出更多的精力搞研究，提高科研效率。药学研究的效率提高同样也受益于文献检索与利用。

（三）避免重复性劳动

整个科学技术史表明：积累、继承和借鉴前人的研究成果是科学技术发展的重要前提，没有继承就不可能有创新。在研究工作中，任何一个项目从选题、试验研究，到成果鉴定，每一步都离不开信息。只有充分掌握了有关信息，知道哪些工作前人已经做过，哪些目前正在做，进展情况如何，这样才能避免重复，少走弯路，保证研究工作在尽可能高的层次上起步，并获得预期的效果。相反，如果继承和借鉴工作做得不好，就容易造成重复研究。

三、文献检索语言

（一）检索语言的概念

检索语言是根据文献检索的需要创造的人工语言，是在文献标引、文献检索工作中用来描述文献外部特征或文献主题特征及检索提问的一种专门语言。它能使文献存贮者和检索者达到共同理解，实现存取统一，其实质是表达文献主题的一系列概念标识。

文献检索包括存贮和检索两个部分。存贮是指编制检索工具和建立检索系统；检索则是利用这些检索工具和检索系统来查找所需的文献，连接文献存贮与检索这两个密切相关过程的正是检索语言。当存贮文献时，文献标引人员首先要对各种文献进行主题分析。即把文献包含的主题内容分析出来，使之形成若干能代表文献主题的概念，再用检索语言的标识把这些概念表示出来，然后纳入检索工具或检索系统。当检索文献时，检索人员将检索课题进行主题分析，明确其涉及的检索范围，形成若干能代表文献需要的概念，并把这些概念转换成检索语言的标识，然后从检索工具或检索系统中找出用该标识标引的文献。

由此可见，在文献存贮和文献检索的过程中，检索语言起着规范和转换作用以及知识组织和知识表示作用。因此，检索语言是检索系统的重要组成部分，它是沟通存贮和检索两个过程以及让标引人员和检索人员双方思想交流的桥梁。

（二）检索语言的种类

检索语言按其构成原理可以分为多种类型，常见的主要是分类检索语言和主题检索语言两大类。分类检索语言又称为分类法系统。国际上最广泛使用的《杜威十进分类法》和国内最广泛使用的《中图法》属于分类检索语言。主题检索语言又称为主题法系统，主要分为标题语言、单元词语言和叙词语言3种。国内医药行业影响最大的叙词表——《医学主题词表》（MeSH）以及《中医药学主题词表》属于主题检索语言。

由于每一种检索语言在词汇控制的类型、程度及实施手段等方面的差异，分别形成了分类检索语言和主题检索语言各自不同的结构、功能和特点。因此，如果对分类语言和主题语言有计划地实施统一的词汇控制，则可以对不同的检索语言之间实现兼容和互换，从而建立一种全新的检索语言。

按照检索语言中所使用语词的受控情况可分为规范语言（controlled language）和非规范语言（uncontrolled language）。

规范语言，又称为受控语言、人工语言（artificial language），是一种采用经过人工控制了的规范性的词语或符号作为检索标志，来专指或网罗相应的概念，这些规范化的标志能较好地对同义词、近义词、相关词、多义词及缩略词等概念进行规范。比如“肉苁蓉”这个概念有多个同义词：淡大芸、苁蓉等，人工语言则规定只能用其中一个词来表示所有“肉苁蓉”的概念，假如人为规定的词是“肉苁蓉”，那么无论原始文献中作者使用的是哪一个词，检索者只需用“肉苁蓉”就能将所有肉苁蓉的文献查找出来。因此，使用规范化的词能相对提高检索的效率，但对检索者和情报存储人员在选词上要求比较严格。在后面所述的单元词语言、标题词语言、叙词语言等都是规范性语言。

非规范语言，又称为非受控语言、自然语言（natural language），它是采用未经人工控制的词语或符号作为检索标志，通常所说的自由词、关键词就属此类。一般当某些特定概念无法用规范词准确表达，或新出现的词语（如“非典”）还未来得及被规范化时，都需要使用非规范词。这类词语有较大弹性和灵活性，检索者可以自拟词语进行检索。在机检中，非规范词的应用比较广泛。但这类语言对一词多义、多词一义的词语，检索就相对困难些。在后面所述的“关键词语言”就是一种非规范语言。

1. 分类语言　分类检索语言是用等级列举的方法，层层纵横次第展开文献类目的一种人工检索语言，它是一种传统的分类语言。分类检索语言的依据是各种体系分类法或分类表。体系分类法是一种直接体现知识分类的等级概念的标志系统，它以科学分类为基础，以文献内容的学科性质为对象，运用概念划分与综合的方法，按照知识门类的逻辑次序，从总体到部分，从一般到具体，从简单到复杂，进行层层划分。每划分一次，产生许多类目；逐级划分，就产生许多不同级别的类目。所有不同级别的类目，层层隶属，形成一个严格有序的知识分类体系。每个类目都用分类号作分类标志，每个分类号是表达特定知识概念的词汇，从而展开层层累制的编号体系。《中国图书馆图书分类法》就是这种体系分类。

（1）分类语言的优缺点　①分类法符合人们认识事物的规律和处理事物的习惯，因此容易被人们接受；②体系分类是按学科、专业集中文献，能系统地揭示文献内容特征，从学科或专业的范围检索文献，能够满足“族性检索”的要求，获得较高的查全率；③便于组织图书资料排架；④体系分类是按知识门类的逻辑次序形成直线性等级关系，这一点不容易反映当代学科相互交叉渗透而出现的多元概念的知识文献，故不易准确标引和检索主题概念复杂的文献；⑤由于受到“类目数量”的限制，不能满足检索专业性较高的文献，故查准率不高；⑥分类语言是一种“先组式”的标引语言，不能随时修改，补充。因此，当新兴学科和边缘学科一旦出现，往往编排在意想不到的类目下，造成检索上的困难；⑦由于使用不同的分类号，在检索文献时，要将检索的主题内容转换成学科或专业名称，从大类到小类一层一层地查找，还要经过学科转换成分类号，再转成学科的过程，但是这样不但慢而且容易出错、造成误标、误检、影响检索效率。

总的来说，体系分类语言比较适合于单一学科的专题文献检索，而不适合于多学科的主题和多维概念的情报检索。

（2）分类检索步骤　①分析课题内容，明确其学科属性；②查阅检索工具的分类目次表，根据分类号（或分类名）确定需查检的类目，记录选定的类目所在的页码；③逐条阅读所确定类目下的文献著录，根据文献题目或文摘等提供的信息再次进行筛选，确定所需文献；④抄录选定的文献题录或文摘；⑤根据文献题录或文献所提供的线索获取原始文献。

2. 主题语言　主题检索语言也称为描述检索语言，它是用自然语词作为检索标识系统来表达文献的各种属性的概念，具有表达能力强、标引文献直接、专指度深等特点。主题性检索语言主要包括关键词语言、标题词语言和叙词语言三种。是检索工具中最常用的检索语言。

（1）关键词语言　所谓关键词，是指那些出现在文献的标题（篇名、章节名）以至摘要、正文中，对文献主题内容具有实质意义的语词，亦即对揭示和描述文献主题内容来说是重要的、带关键性的那些语词（可作为检索入口）。

关键词语言是适应目录索引编制过程自动化的需要而产生的。它与标题词和叙词法同属于主题语言系统，都是以自然语言的语词做标识。但标题词语言、叙词语言都是对自然语言的语词经过严格规范化处理的，而关键词语言则基本上不做规范化处理，或者说仅做极少量的规范化处理。

概括地说，关键词语言是将文献原来所见的，能描述其主题概念的那些具有关键性的词抽出来，不加规范或只做极少量的规范化处理，按字顺排列，以提供检索途径的语言。

关键词是从文献的标题或正文中抽出来的自然语词，所以没有关键词表，而有控制抽词范围的非关键词表（禁用词表）。在电子计算机自动抽词的情况下，凡是非关键词表中未列出的词，都可作为关键词。而列入非关键词表的词都是些无实际检索意义的词，包括冠词、介词、连词、感叹词、代词、某些副词、某些形容词、某些抽象名词（如理论、报告、试验、学习等）、某些动词（如连系动词、情态动词、助动词）。

（2）标题词语言　是在分类语言的基础上发展起来的。分类语言用代码标识符号代表文献学科主题内容，使用起来不直接。为了克服这一缺点，标题词语言直接用规范化语词对文献主题内容的概念进行标引，使检索者和存储标引人员一目了然。所谓标题（subject heading，意为主题标目）是指用以简略地表达文献主题的词语，是完全受控的一种主题标识。

标题词语言由主标题、副标题、说明语三部分构成。

1）主标题　它是能表达文献核心内容的主题概念。一般由经过控制的自然语言中的词、词组和短语来充当，主标题是从主题途径检索文献的检索入口词。

2）副标题　它是从某一特定方面对主标题进行说明、限定，并经过规范化的词、词组或短语。其基本作用是对主标题的以下方面进行限定说明：主标题所表达的是文献主题的某个部分、某一应用方面、研究对象和方法性质、场所以及文献类型。

3）说明语　它是用来进一步详细说明和限定主标题、副标题的内容等方面的词、词组和短语，它由未经控制的自然语言表达，但不纳入词表正文，而是排在主标题、副标题之下。

标题词的词汇由标题词的选择标准、标题词的词义、标题词的词形、专指度及标题词词间关系控制。

（3）叙词语言　叙词是在标题词和关键词基础上发展起来的，叙词和关键词语言是目前使用较多的两种检索语言。叙词语言是规范性的后组式语言，但其与上述的检索语言不同的是，它既包括了单个的词，也包括了词组，它可以用复合词表达主题概念，是概念组配。叙词语言集规范性语言与后组式语言之优势，既在用词上达到统一，又有较好的灵活性，它与其他类型的检索语言相比，是一种多功能的较完善的检索语言，能大大提高文献检索的查准率和查全率。

（4）主题检索步骤　①分析主题内容及其相互关系；②查询主题词表明确主题词；③通过副主题词表的查询确定主题词的具体方面，以明确副主题词；④根据主题词与副主题词的搭配形式查找相关工具书的主题索引；⑤根据主题索引中提供的流水号逐期索取文献题录或文摘，并依据内容决定取舍；⑥索取原始文献。

3. 其他检索语言

（1）题名检索语言　以书名、刊名、篇名、论文题名为标识的检索语言称为题名检索语言。题名检索语言一般规定：题名索引按字顺排列，如西文题名中的虚词不作索引，实词按字母顺序排列，中文按汉语拼音字母顺序或汉字的笔画笔形排列。

题名一般是特指的、专有的，只要能确认题名，直接进行查检，非常方便。在图书馆目录体系中，题名途径是查找图书和期刊的主要途径。

（2）著者检索语言　描述文献著者的姓名、学术团体名与机构名为检索标识的语言称为著者检索语言，由此构成的著者索引提供检索的途径，称为著者途径。这种检索途径，大多按字母顺序（汉语按拼音字顺）组织排列起来的。这是一种很重要的检索途径，在国外各种检索工具中占有重要的地位。因为从事科研的科学家和团体，一般都有自己特有的研究领域，其学术论文常常限于某一专题范围。对从事某一领域研究的人员来说，为了解本专业的科学家和团体常利用著者途径检索有关文献。国际上主要的检索工具，都编有著者索引，国内累积型的检索工具大多也有著者索引。

著者途径的检索较为简单，只需按照著者名称字顺在索引中查找即可。只是在著者的写法上，由于不同的国家和民族习惯不一样，因而在著者索引的编制上，国际上有一些基本的规则需加以注意。

1）姓名次序。国外著者署名一般名在前，姓在后。但检索工具的著者索引都是将其颠倒过来再按字顺编排，并将名字缩写，二者之间加小圆点。

2）合著者是两人者，按原文献上的著者次序著录，二人以上者只著录第一著者，其余不标出，而是以“等（et al）”来表示。

3）学术团体和机关单位等，按原名著录，并加国别以便区分。

4）姓前有前缀和冠词等一并计入，按字顺排列。

5）各国作者姓名，由于文字不同，发音和拼写有别，一般检索工具（特别是国际上几种重要的检索工具）常将各种文字的姓名加以翻译，并各有音译办法，例如英、美、俄、日等将非本国文字的著者姓名采用音译法著录，中国的姓名按汉语拼音著录。

6）姓名中的 De、Della、Des、La、Van、Vanden、Von 等前缀，与姓名一起按字顺排列。如 De Lefeore，Alfred（德莱弗奥尔，阿尔费雷德）Van Kampf，R.（范肯普夫，R.）。

7）团体著者也与个人著者一样，按名称字顺排列。

著者姓名复杂难分，常因著录而致检索困难，所以应参考各种文字的译名手册、人名录和其他检索工具。

（3）引文检索语言　是一种新型的检索语言，它是利用文献之间的相互引证关系而建立的一种自然语言，其标引词来自文献的主要著录项目。由于它与传统的检索语言在内容特点、检索标识、词汇来源等方面有所不同，因此引起了广泛关注，并在检索实践中得到了越来越广泛的应用。

引文检索语言正是利用文献之间的“引证”与“被引证”的关系建立起来的。文献大范围内以“引证”与“被引证”关系串联起具有一定相关程序的“著者网络”和“文献网络”，以此原理出发，进而扩大并研究其中的关系，并对其间的规律性加以阐述和证明，用于文献检索工作，即形成独具特色的新型检索语言——引文检索语言。美国的《科学引文索引》是当今世界上最主要的引文检索工具之一。国内近年来《中国引文数据库》《中国科学引文数据库》等引文数据库的相继建立，也反映了引文数据库正逐渐得到人们的认可。

（4）序号检索语言　所谓序号，是指文献在某个文献系统中的特有编号，如专利文献的专利号、标准文献的标准号、药品的审批号等。由于序号在一定的文献系统中有着排序的性质，用序号途径检索一些特种文献，非常简便和快速。

（三）《医学主题词表》简介

《医学主题词表》（Medical Subject Headings，简称 MeSH），由美国国家医学图书馆编辑出版，1960 年第一版。《医学主题词表》有两种版本，一种是《医学主题词注释字顺表》（Medical Subject Headings Annotated Alphabetic List，简称 MeSHAAL），专供标引、编目和联机检索使用。另一种版本即《医学主题词表》，是指导使用《医学索引》和《医学累积索引》主题部分的工具。《医学主题词注释字顺表》由中国医学科学院医学信息研究所翻译成中文版，在我国使用非常广泛。《MeSH》和《MeSHAAL》在收词范围、编排结构、使用方法等方面都完全一样，只不过是后者在某些主题词条目下列有一些注释。《医学主题词表》其中又包括字顺表、树状结构表和副主题词表三个部分。

1. 字顺表

（1）字顺表中的词汇类型　字顺表包含的词汇类型有款目词、主题词、特征词和非主题词（Non MeSH）等。这些词均按字顺排列。在 1991 年前字顺表包括的词汇有：款目词、主要叙词、次要叙词、特征词和非主题词等。在 1991 年所有的次要叙词全部升为主要叙词，即主题词，所以字顺表中不再有次要叙词。

1）主要叙词（major descriptor）　是一种从来不以 see under 参照出现的主题词，机检时用作主题词检索文献，在《医学索引》中也能用作主题词检索文献。

2）次要叙词（minor descriptor）　是一种较专指的主题词，在词表中用“属”（see under）归入某一个主要叙词，而在该主题词下用“分”（XU）表示它们之间的从属关系。用次要叙词标引的文献只用于计算机检索。在印刷本 IM 中，不收录次要叙词，有关次要叙词的文献，要在其上位类的主题词下查找。自 1991 年不再有次要叙词。

3）款目词（entry terms）　MeSH 表中收入一部分不用作主题词的同义词或近义词，称为款目词，字顺表中用（see）和（X）参照指导读者使用正式主题词。

4）特征词（check tags）　如 Animal、Human、Male、Child、Preschool 等用于表达文献中涉及的特定内容，如动物、人类、性别、年龄组、文章类型等，通常用于计算机检索时作为特别限定条件时使用。

5）非医学主题词（non MeSH）　不用于标引和检索，只用于组织树状结构表，用来表达词之间的逻辑等级关系。

（2）字顺表的参照系统　①用代参照：用“see”和“X”表示，凡词与词之间为同义或近义关系者，用此项参照。②属分参照：用“see under”和“XU”表示，是表示上下位概念的包含与被包含关系的一种参照。它自1991年随次要叙词一同被取消。③相关参照：用“see related”和“XR”表示，是用以处理两个以上主题词在概念上彼此之间有某种联系或依赖的关系。两者可以互相参考，因而在各自的主题词下列出see related或XR，指引检索者从一个主题词去参考相关的其他主题词（在这些主题词下均收录有相关文献，以扩大检索范围，达到全面检索的目的）。

2. 树状结构表 又称为范畴表，是将字顺表中所有的主题词和non MeSH词按其学科性质，词义范围的上下类属关系，分别划分为15个大类，依次用A—N、Z代表。它是字顺表的辅助索引，帮助了解每一个主题词在医学分类体系中的位置，便于通过其上下级主题词的从属关系，扩大或缩小检索范围。它将字顺表中互不联系的主题词通过主题词所属学科体系和逻辑关系，加上一些必要的非主题词（non MeSH）组成树枝一样的等级结构。

在每一个大类中主题词和non MeSH词逐级排列，按等级从上位词到下位词，最多可达7级。用逐级缩排方式表达逻辑隶属关系，同一级的词按字顺排，第一级树状结构号均为一位数字，第二级以下结构号均用与级相等段的数字表示，中间用圆点隔开。一般来说：一个词归入一个类给一个号，但事实上有些主题词具有双重或双重以上的属性，这些词可能同时属于两个或多个类目，在其他类目亦给出相应的树状结构号，从而可以查出该词在其他类目中的位置。但是这些结构号只保留三级号码，三级以后的号码省略不写。

树状结构表的作用：

（1）可帮助从学科体系中选择主题词。树状结构表是按学科体系汇集编排的术语等级表，检索时若找不到适当的主题词，可根据检索课题的学科范围，在结构表中查到满意的主题词。

（2）可帮助进行扩检和缩检。在检索过程中如需要扩大或缩小检索范围，可根据树状表中主题词的上下位等级关系选择主题词。需要扩大检索范围时，选择其上位概念的主题词；需要缩小检索时，选择其下位概念的主题词。手检时，副主题词不能单独用作检索，只能和主题词配合使用。在机检时，副主题词可作为检索词。

（3）树状结构表可帮助确定词的专业范围。

3. 副主题词表 《医学主题词表》专门列有与主题词配合使用的副主题词表。副主题词的重要作用之一是对主题词起进一步的限定作用，通过这种限定把同一主题不同研究方面的文献分别集中，使主题词具有更高的专指性。副主题词表具有以下性质。

（1）专指性 每一个副主题词的使用范围仅限于它后边括号内的类目，并不是说任何副主题词和任何主题词都能组配使用。

（2）动态性 副主题词表每年随着主表的修订再版也在不断地修改变化，增加一些新的副主题词或删掉一些旧的副主题词，或者对某一副主题词的适用范围作一些修改和调整。

（四）《中国中医药学主题词表》简介

《中国中医药学主题词表》由中国中医研究院中医药信息研究所编制，中医古籍出版社1996年12月出版。这是我国第一部中医药专业词表，其以独特的学术内涵和广泛的兼容性为中医药学在国内外的推广和应用创造了重要条件，提供了技术保证。

《中国中医药学主题词表》是一部规范化的、动态检索语言叙词表，它既适用于中医药学文献数据库的标引、检索和组织手工检索主题索引，也适用于中医药学书籍的主题编目，还可起到专业汉英词典的作用。其选词原则是：①选用在中医药学文献中经常出现，有一定使用频率的名词术语。②入选词应是词形简练，词义明确，一词一义，通过概念组配能表达特定的主题。③选用一定数量的泛指词，使词间具有上下位关系。④选用一些先组词以避免过多组配。⑤MeSH 词表已收载词的处理原则：MeSH 词表中的中医药词汇尽量收全，该表的西医药词一般不收；与 MeSH 词表同形之词加“△”符号以便识别。在参项中如参照本表未收的 MeSH 词则在该词后加（M）。

《中国中医药学主题词表》由字顺表、树形结构表、副主题词表、出版类型表、附表和索引表 6 部分组成。新版词表共收录正式主题词 5806 条，入口词 1131 条。

1. 字顺表　又称主表，为本词表的主体部分，其收录全部正式主题词及入口词，是文献标引和检索的主要依据。它按汉语拼音字母顺序排列便于检索，以主题词中的单字为单位拼写汉语拼音。同音字按字形集中，首字音形相同者按第二字拼音排列，第二字相同时，按第三字排，依此类推。词中出现括号、连字符、逗号等符号时，不影响排序。其正式款目如下所示：

汉语拼音→ren dong teng

主题词名称→忍冬藤

主题词英译名→CAULIS LONICERAE

树形结构号→TD27. 115. 10. 505

　　　　　　TD27. 125. 350

标引注释→为忍冬科植物忍冬的干燥茎叶；属清热解毒药和祛风湿药

历史注释→95；1987－1994 忍冬

检索注释→用忍冬检索 1995 前文献

参照项→C 忍冬

代参照项→D 金银藤

2. 树形结构表　又称范畴表，其根据中医药学学科体系，将全部主题词按学科门类划分，排列于 14 个类目 59 个子类目，该表明确地显示了每一个正式主题词之间的上下位关系及属分关系，是标引和检索时选用专指主题词的有力工具，也便于从学科角度选用主题词，还可供进行扩展检索之用。各类目采用 MeSH 相应的号码，其前冠以 T（Traditional）组成双字母数字号码，各类目之下列出隶属于该类目的全部主题词，按主题词的属分关系逐级展开，呈树状结构。各词的词树号以最高一级类目的词号为首，下连数字组成，按级分段，以“.”分隔。根据树形结构号的分段可以显示主题词的级别。其结构如下所示：

第一级	药用种子植物	TB6 +
第二级	被子植物	TB6. 10 +
第三级	双子叶植物	TB6. 10. 15 +
第四级	五加科	TB6. 10. 15. 605 +
第五级	人参属	TB6. 10. 15. 605. 20 +
第六级	人参△	TB6. 10. 15. 605. 20. 10

3. 专题副主题词表　该表收录副主题词 93 个，其中 11 个为中医药学方面的副主题词，82 个为 MeSH 副主题词，在标引和检索时用副主题词限定主题词，使主题方面更加专指。每个副主题词都规定了明确的定义和范围，对其允许组配的主题词类目作了严格的限定。此外对中医药学方面的副主题词，按上下位关系，以拼音顺序列出中医药学副主题词树形结构表，以利于作扩展检索及标引时减少概念相似副主题词的使用。具体示例如下：

汉语拼音————→sheng chan he zhi bei

副主题词名称————→生产和制备

副主题词英译名————→production & preparation

副主题词英文缩写———→SZ，product

允许组配的主题词类目 → ［TD］

副主题词定义或范围——→与中草药、中成药、剂型等主题词组配，指其生产、加工、炮制和制备，如为中草药的炮制，应组配主题词“炮制”。(1987)

四、文献检索途径

选择检索途径是文献检索的关键性问题。文献检索途径是同文献的特征密切相关的。文献特征主要包括文献外表特征和内容特征两个方面。文献外表特征主要是指图书的书名、期刊的刊名、著者姓名，以及会议录名称和其他特种资料名称等。文献内容特征主要是指学科分类和文献主题等。而文献检索工具中的文摘、目录、索引正是对文献特征进行描述，并按一定方式组织而成的产物。因此选择文献检索途径实际上就是选择和使用相应的检索工具，通过各种检索标识进行文献检索。检索标识的确立是依据检索工具的不同特征来确定的。例如以题名著者为途径的题名索引、目录、著者索引等，是以各种字序法和音序法为检索标识，以文献序号和分类法为检索途径者，则以字母、符号及阿拉伯数字为检索标识；以主题、关键词为检索途径者，则以文字为检索标识。

检索途径与检索语言密切相关，其相互关系如图 1－3 所示。

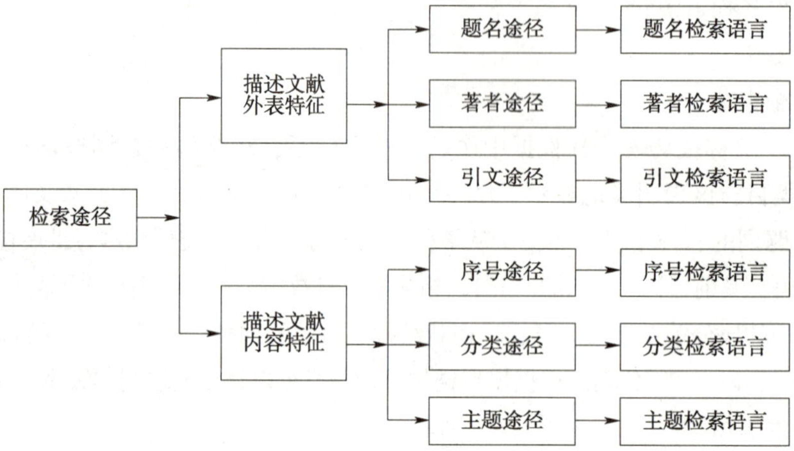

图 1－3　检索途径与检索语言的关系

第二节　文献资源概述

PPT

一、文献资源的概念

文献资源是人类社会发展的产物。人类在改造自然界和社会的实践活动中，获得了来自客观世界的各种信息，这些信息经过人脑的提炼和加工，逐渐转化为知识。知识对人类社会的发展有着不可估量的作用。这是因为，知识一旦形成，并与劳动者结合起来，就可从潜在的生产力转化为直接的和现实的生产力，创造日益丰富的社会物质财富，从而推动人类社会的进步和发展，知识就成为人类社会发展的驱动力。资源，主要是指生产资料和生活资料的自然来源，人类通过不断发现、开发和利用自然资源，不断创造物质财富，为人类提供衣、食、住、行，使人类得以生息、繁衍，使社会不断发展。从知识也能为人类创造物质财富，并能成为人类社会发展驱动力来讲，知识也是一种资源，是一种智力资源。

但知识必须依赖一定的物质载体才能存在。在人类社会早期，人类是通过自身的大脑来存贮和传播知识的，由于各种生理因素的制约，就使知识难以在广阔的空间和持续的时间内积累和传播。随着社会生产力的发展，人类打破了自身的束缚，将知识转化为一些有规律的信息符号并在人体以外找到了新的物质载体，这种新的物质载体就是文献。显然，文献当中就蕴藏着人类创造的智力资源。在人类社会的历史长河中，随着文献数量的不断增加和文献负载知识功能的不断加强，文献就积累、存储了人类的所有知识，文献就成为人类知识的“宝藏”。同时，人类在改造自然界和社会的过程中，通过去不断开发和利用人类的知识“宝藏”，借鉴前人的经验和同代人的成果，不断创造物质财富，又促进了社会的进步发展。由此可见，文献已经成为人类社会发展的一种不可缺少的资源。文献不断积累、存储的过程，也就是文献资源不断积累、存储的过程。文献积累的数量越多，延续的时间越长，文献资源也就越丰富。从这个意义上说，文献资源是迄今为止积累、存储下来的文献集合。

二、文献资源的特点

（一）再生性

文献资源不像生药材资源那样随着开发和利用的深入而逐渐枯竭，而是具有再生性。这是因为，随着人类对文献资源开发利用程度的提高，反过来会更加促进药学知识的增殖，带来文献数量的增加和文献质量的提高，从而进一步丰富文献资源。人类社会越向前发展，文献资源便会越丰富。将来人们关心的不是文献资源枯竭的问题，而是要去解决因文献资源剧增而带来的文献资源冗杂等一系列问题。

（二）可建性

自然资源是天然的先于人类的客观存在，而文献资源则是人类去创造的，它的生产和分布既是一种客观现象，但更受制于人类的主观努力，明显受到社会政治、经济、文化诸因素的制约。因此，人们可以通过文献资源建设，采取选择、组织、布局等手段，改造和优化冗杂的文献资源，使文献资源处于有序的分布状态，以有利于人们有目的地去充分开发利用文献资源。

（三）共享性

自然资源一般多是一次效用，不再复用的资源，而文献资源则是可以同时使用，不分先后使用，异地使用和反复使用的资源。而且还可以根据需要，在条件允许的情况下，随时对它进行复制、转录、缩微，但不会改变原来的内容。文献资源的这种共享性的内在依据，不但为人类在更大范围内进行信息交流创造了条件，更向人们表明，文献资源应该属于全人类，人人有权共享全世界的文献资源。随着人们观念的转变和其他条件的成熟，人们的这种美好愿望将会逐步变为现实。

（四）效益性

文献资源的效益性特点表现在时间性和潜在性两个方面。自然资源只有被开发，才能产生效益，但对它的开发一般不受时间早晚的限制。如对药物的开发，早开发或晚开发都不会影响本身效益的发挥。但文献资源则不同，有些文献资源由于其所含信息和知识具有较强或很强的时间性，若不及时开发利用，就会降低或丧失开发效益。而与此相反，有些文献资源的开发效益具有潜在性，其开发效益未必马上就能显示出来，但若干年后可能就有很高的使用价值，届时将它开发利用，就会产生很大的开发效益。

文献资源的这些特点向我们说明，文献资源是取之不竭的，但要结合其共享性和效益性等特点，通过文献资源建设去优化冗杂的文献资源，以更有利于人们去开发利用文献资源。

（五）累积性

文献资源的多寡不是先天固有的，而是经过后天不断积累的结果，今天丰富的文献资源离不开历史上各个时期存下来的各类文献资料，它是古代私人藏书家、官方藏书楼及近现代图书馆、各类文献收藏机构保存下来的人类文明的集合。

（六）冗余性

文献资源并非是各单位文献简单的相加，相反庞杂、雷同的文献堆积，不仅不会增加文献信息内容的含量，更不会成为体系完备、功能良好的文献资源系统。文献资源建设的具体任务之一就是要把那些重复交叉甚至过时无用的文献——冗余文献进行剔除，否则，就有可能造成文献信息通道的阻塞，给用户带来困难。

（七）价值潜在性

文献资源的价值实质是文献载体所含知识内容的价值。它在被开发利用之前，这种价值潜在于载体之中，不为人们所见；它在开发利用之后，这种价值间接体现于某种产品、某种成果、某种思想、观念或行为之中，具有隐现性。知识含量越多的产品价值越高，文献资源被开发利用得越好，物质成果和精神成果就越丰富，文献资源的价值是随着文献资源的开发程度而发生变化的。

三、文献资源的作用

人类对文献资源重要作用的认识是随着社会的发展而不断深化的。在生产力低下、科学技术落后的古代社会，人类不可能从“资源”的角度去认识文献，因此，对文献资源的作用也就无从认识。即使到了现代，人类也更多地将文献划归为意识形态的范畴，对文献资源作用的认识也只是处于朦胧阶段。只有当科学技术成为第一生产力和信息时代到来的今天，人们才深刻认识到文献资源的重要作用。

（一）提供决策依据

人类为创造更多的社会物质财富，就需要制定各种相应战略措施和政策。在决策之前，就需要利用经过加工、分析、评价了的文献资源中有用的信息，从中吸取正确的东西，摒弃不正确的东西，为药学科学决策提供依据。

（二）展示最新成果

当今社会，人类的科学技术成果层出不穷。通过文献资源可以向人们充分展示这些药学技术成果，帮助人们了解当代世界药学技术的发展动向，借鉴别人的研究成果和经验，避免重复劳动，使药学研究和现代技术获得更快的发展，以更好地发挥药学技术对社会和经济的推动作用。

第三节　文献资源利用

PPT

一、文献资源利用概述 微课2

文献资源主要有印刷型文献和电子文献两大类，其中印刷型文献资源包括图书和期刊，电子文献资源包括光盘数据库和网络数据库。文献资源按语种可分为中文和外文两种，外文文献通常以英文为主。

（一）图书资源的利用

图书是出版物的主要类型。药学图书的内容比较成熟和精练，阐述比较全面、系统，是各专业图书馆收藏药学印刷型文献的主要文献资源之一。其藏书通常是按学科分类排架的，读者了解并熟悉图书分类及排架规则，将会大大提高查找图书的效率。

为了进一步区分内容相同的图书，还要在原分类号的基础上为每种图书取书次号。书次号通常有顺序号和著者号两种，可以用字母、数字或字母数字混合表示。顺序号以图书入藏先后次序从小到大取号；著者号则有多种取法，有的取著者姓名的四角号码，有的取著者姓名的汉语拼音首字母，有的则按某种号码表取号。每本图书都有一个索书号，它是由分类号和书次号组成的，是图书排架和读者查找图书的依据。经过图书分类和排架，内容相同的图书就被集中在一起。图书通常是按图书分类法的学科顺序、根据书次号依次排列的，按文种分别置于中外文书库。

读者借阅图书时，先进行书目检索，了解图书的基本内容，如索书号、书名、作者、出版时间等，然后根据以上信息去查找图书。目前图书馆已经普遍采用计算机书目检索系统，读者不仅可以在图书馆进行本地检索，还可以通过 Internet 进行远程查询。计算机书目检索是通过图书馆的联机公共检索目录（online public access catalog，简称 OPAC）来查询馆藏文献的，一般与 Internet 联网的图书馆都有 OPAC 系统供读者使用。每个图书馆采用的书目检索系统虽然各不相同，但提供的图书检索点基本一致，主要有书名、作者、主题、分类、关键词、书号等途径。OPAC 还可以进行多种逻辑组配检索，如书名 - 作者，在相同书名很多时可用这种方法；分类 - 主题或主题 - 分类，当读者不熟悉分类法或查较小的类目时可采用这种方法。

（二）期刊资源的利用

期刊是一种定期或不定期连续出版的、有连续序号的出版物。根据出版周期的不同，可分为年刊、半年刊、季刊、双月刊、月刊、半月刊、旬刊、周刊等。它出版周期短、论文发表快、反映最新学术动态及时，学术研究的最新成果常常首先在期刊上发表。期刊发行量大，影响面广，对科研工作有较大的参考价值，是药学专业人员的重要信息源。根据期刊报道的内容，可分为以论著为主的学术性期刊，如《中国药学杂志》；以文献线索为主的检索性和知识性期刊，如《中国药学文摘》；以趣味性为主的科普期刊等几种类型，如《家庭用药》。

与借阅图书一样，读者借阅期刊时，也要先检索馆藏期刊目录，确定图书馆是否收藏想借阅的期刊。如果有可去相应的阅览室或期刊库查找，一般按刊名字顺即可找到所需期刊；如果图书馆缺藏，可再检索期刊联合目录，查找收藏单位，然后可以通过图书馆的馆际互借服务获得所需的资料，或者读者自行前往借阅。

（三）电子文献资源的利用

电子文献是电子出版物（Electronic Publication）的统称，又称数字资源，是随着计算机技术、多媒体技术和通信技术的日益发展而出现的一种文献类型。电子文献是指以数字代码方式将图文声像等信息存储在磁、光、电介质上，通过计算机或者具有类似功能的设备阅读使用，用以表达思想、普及知识和积累文化，并可复制发行的大众传播媒体。媒体形态包括软磁盘（FD）、只读光盘（CD - ROM）、交互式光盘（CD - I）、图文光盘（CD - G）、照片光盘（Photo - CD）、集成电路卡（IC Card）、网络等，其中以光盘和网络最为常见。电子文献具有海量信息、更新迅速、使用方便等优点，已成为文献收藏单位主要的收藏对象之一。

电子文献可分为包盒型和网络型两大类。前者是将磁盘、光盘等加以包装后，以传统的发行方式发行，读者可借助计算机或其他阅读器进行阅读，后者是以互联网为基础，文献信息存储在网络中，读者可以通过网络直接阅读或者下载到本地计算机上再阅读。根据文献类型、服务方式的不同，可分为电子图书、电子期刊、数据库。

二、国内外文献资源的利用

（一）药学图书文献资源的利用

药学图书文献资源以图书馆收藏的药学图书为主，图书馆拥有数以万计的文献，必然要按一定的方法组织排列，使无序的文献转变为有序的藏书体系，使每一种文献在这个体系中有一个固定的排列位置。馆藏图书通常是按学科分类排架的，即按学科知识的系统性使内容相同的图书集中在一起，性质相近的能联系在一起，性质不同的予以分开，便于读者按自己的学科专业查找图书。具体地说，藏书排架的依据是图书分类法，图书馆根据分类法组织藏书排架，确定图书排架位置的是每一种图书的索书号。所谓索书号由分类号、书次号相辅助区分号组成。国内药学专业图书馆馆藏图书的分类排架以《中图法》的分类方法为标准的居多，其文献的图书主要集中于“R9 药学”的分类号下，详见第三章的第四节图书馆信息资源利用。

（二）药学期刊文献资源的利用

1. 药学常用期刊 期刊俗称为杂志，是一种定期或不定期的连续出版物。一般有固定的刊名和出版形式，有连续的卷期号、年月或其他顺序号，内容有多个栏目，每期有多个作者的文章。其特点是内容新颖，出版周期短，信息量大，约占整个信息量的 70%，我们检索和利用的专业文献的大部分来自期刊。同时，它是一个学术争鸣的园地，也是一个了解大千世界的窗口，通过它可了解各家在这一领域的不同观点看法、研究方法和技术成果。常用的药学期刊如下。

（1）《药学学报》 1953 年创刊，由中国药学会和中国医学科学研究所主办。主要内容包括药理学、天然药物化学、合成药物化学、药物分析、生药学、药剂学与抗生素等方面的研究论文、综述、简报、简讯、述评、学术动态等。

（2）《药学通报》 1953 年创刊，由中国药学会主办。主要发表药学科研论著，报道科研动态，介绍基础理论业务技术和有关知识。辟有专题笔谈、药品生产、中草药、药理学、药品质量与检验、医院药学、药物与临床、新药评价、综述等专栏。

（3）《中国药理学报》 1980 年创刊，由中国药理学会主办。报道药理学的研究论文，包括防治各种疾病的药物、计划生育药物、毒物和具有生物活性物质的疗效、毒性、代谢、方法作用原理等。

（4）《医药工业》 1966 年创刊，由国家医药管理局医药工业情报中心站主办。着重介绍化学合成药物、生化药物、药物制剂以及药物研究、药物分析、药理、临床等方面的内容。

2. 药学期刊查找工具 查找期刊有两个目的：浏览本专业期刊，了解最新动态信息；通过检索工具查到线索后获取原文。前者只要找到某种期刊，而后者则需进一步找到期刊中的某一特定论文。

药学期刊的查找可通过以下三类工具进行。

（1）期刊出版目录 由国家主管部门或大型出版社编制，主要反映期刊的出版情况。

（2）馆藏期刊目录　由某一图书馆或情报部门编制的本部门的期刊及其他相关资料的目录。通过查找馆藏目录，可了解某一图书馆是否有所需期刊及该刊的存放位置。馆藏目录主要有刊名、主题、分类三种目录。

（3）期刊联合目录　汇集全国或某一地区、某一部门若干图书馆所收藏期刊的目录，将分散各馆的书刊联成一体，通过联合目录可了解到哪些地区或哪些部门收藏有所需期刊。联合目录通常按刊名字顺排列，在刊名下列出收藏地点及入藏起止时间，起文献保障的作用。因此，在本部门或本地缺刊的情况下，它是查找原文的有力工具。

3. 国外药学期刊利用

（1）《Scrip The world Pharmaceutical News》（《国际药学新闻》）　1971 年创刊，报道世界各国药物生产、使用、消费方面的情况及简讯，其特点是报道迅速，是影响较大的反映药物信息的快讯型期刊。

（2）《Arzneimittel – Forschung（Drug Research）》（《药物研究》）　1951 年创刊，刊载有关药物研究方面论文，主要包括药物应用、药剂配制以及药剂改进等。

（3）《Joural of Pharmaceutical Sciences》（《药物科学杂志》）　1912 年创刊，刊载药物实验研究论文和评论，报道药物标准和制药技术方面的进展。

4. 药学期刊文献资源查找方法　查找药学期刊论文的依据通常有刊名、出版时间、卷期或其他序号及起止页码，以上几项称为文献出处，可通过检索工具查得或从引用文献获得。由于查得的刊名通常是缩写的形式，因此要利用检索工具提供的引用期刊目录或其他期刊目录查出缩写全称，根据各种期刊目录决定查找的地点和位置，根据出版时间及卷期号将期刊找出，然后根据起止页码找出所需论文，此时应核对论文标题及著者，才能确定是否为所需论文。

（三）药学标准文献资源的利用

标准化是一项极为重要的技术政策。它是保证产品可靠、性能先进、造价经济、使用合理的直接手段，又是促进技术进步、生产专业化与协作化以及实现科学组织生产的前提条件。

所谓标准是指技术标准，就是针对产品和零部件、原材料、生产过程、试验方法、产品质量、计量单位等制定的一种必须执行的具有法律性质的文件。

药学领域的标准主要是药典及有关的药品标准、药品规范，但是在药学研究及生产过程中，必须要涉及其他许多如试剂、原料、单位、术语的标准，因此药学工作者不仅要熟悉药典和药品规范，也必须要了解和懂得关于标准的知识以及标准文献的查索方法。

1. 标准种类

（1）按标准的使用范围分类　①国际标准：适用于国际间的、经国际标准组织通过的标准，或在一定情况下经从事标准化活动的国际组织所通过的技术规格，如国际标准化组织（International Organization for Standardization，简称 ISO）及许多国际性专业委员会制订的标准。②区域性标准：适用于世界某一区域的、经过区域性标准化组织通过的标准，或在一定情况下经从事标准化活动的区域性组织通过的标准。③国家标准：经全国性标准组织通过的、适用于一个国家的标准。④专业标准：用于某一专业或相关专业的标准。⑤企业标准：一个企业或部门批准并适用于本企业或部门的标准。

（2）按其内容分类　①基础标准：在一定范围内作为其他标准的基础并被普遍使用且具有广泛指导意义的标准，如有关术语、词汇、符号、编号、绘图、定义、命名、标志和单位等方面的标准。②制品标准：如有关制品的形状、尺寸、材料、质量、性能、要求、分类和公差等方面的标准。③技术标准：对标准化领域中需要协调统一的技术事项所制订的标准。④管理标准：对标准化领域中需要协调统一的管理事项所制订的标准。⑤方法标准：以试验、检查、分析、抽样、统计、计算、测定、作业等各种方法为对象制订的标准。⑥术语标准：对专用术语制订的标准。术语标准中一般规定术语、定义（或解释性说明）和对应的外文名称。⑦工程建设标准：对基本建设中各类工程中的勘察、规划、设计、施工、安装、验收等需要协调统一的事项所制订的标准。

2. 标准代码 目前，各国的标准都有各自的代号，熟悉和掌握这些代号，对查找各国的标准甚为重要，主要国家的标准代号见表1-5。

表1-5 主要国家及其标准代号

国名	代号	国名	代号
美国	ANSI	荷兰	NEN
澳大利亚	AS	希腊	NHS
英国	BS	挪威	NS
加拿大	CSA	智利	NTS
丹麦	DS	芬兰	SFS
中华人民共和国	GB	瑞典	SIS
阿根廷	IRAM	意大利	UNI
印度	IS	西班牙	UNE
日本	JIS	瑞士	VSM
比利时	NBN	法国	NF

我国标准编号由三部分组成，标准代号-流水顺序号-年代号，如：GB-4657-84。我国标准代号是由汉语拼音的首字母组成的，与药学有关的：化学工业部颁布的化工标准，其代码是HG；卫健委颁布的卫生标准，其代码是WS。

三、科技信息与市场信息的利用

（一）科技信息的利用

1. 药品企业经营决策中的科技信息利用 企业经营决策是对企业的经营目标和实现目标的手段做出选择，是决定企业全局的重大问题，是企业决策中最主要的内容。企业经营决策过程，实际上是企业科技信息的利用过程，经营决策的正确与否直接由企业经济与科技信息利用好坏程度所决定。

要提高企业经济与科技信息的利用程度，必须提高企业信息质量和决策者的决策能力。企业经济与科技信息是决策的依据，决策能力是决策的关键，没有高质量的企业科技信息，再高级的决策者也难以发挥作用，也不能转化为最佳的决策方案。企业经营决策者主要是企业的领导人，因此，企业的领导者在经营决策过程中，除要努力提高自身的决策素质之外，还要充分运用经营决策中质量较高的各种信息。一般说来，企业经营决策的信息利用要掌握好以下两个环节。

（1）全方位地利用、科学地综合企业各类信息，形成各种不同的方案。在做出企业经营决策前，应该全方位地利用各种不同的意见、办法、方案，大家把意见、办法和方案提出来以后，通过相互之间的讨论、交换、修改、补充，很多意见、办法、方案都可以得到充实和完善，特别是通过不同意见的讨论，还可以纠正谬误，消除分歧。集思广益，取长补短，这正是巧妙运用信息的一种重要形式，是决策民主化的表现，也是决策科学化的基础。

（2）要深入地利用企业经济与科技信息，反复地对比企业各类信息，选择最佳方案，果断做出决策，并付诸实施。这是整个决策过程中最重要的环节。方案提出来并作过对比分析后，就应该做出决断，决不能议而不决，谋而不断。否则，就延误了时间，错过机会，给企业造成不必要的损失。能不能当机立断，关键在于企业主要领导人。企业主要领导人的重要职能就是抓好决策。

2. 药品企业计划活动中的科技信息利用 计划是对未来工作的一种安排、设计，是企业领导者搞好经营管理的重要手段。企业对有关问题做出决策，选定实施方案以后，要靠周密的计划来具体落实。科学、合理地制订计划，是现代化大生产的客观要求，是提高企业经济效益的保证。企业计划活动在企业中有不可低估的作用。

然而，计划活动与企业信息关系密不可分，能否保证计划的科学性与是否有效地利用企业科技信息有直接的联系。计划的科学性，体现在计划的可靠性正确性上，计划的正确性可靠性表现在与客观实际是否相符合上。要使计划与客观实际相符合，就必须有大量及时、准确、可靠的企业信息作基础，信息不灵，情况不明，就很难制订出科学的计划来。因此，要使计划具有科学性必须从对企业经济与科技信息的利用抓起。

企业计划活动中的信息利用与经营决策中的信息利用要求是不完全相同的。①计划要求的企业信息更具体、详细。因为企业计划大致包括目标、方针、措施等内容，要使这些内容落到实处往往需要具体地对企业的人、财、物、时间、空间的使用做出设计和安排。如果直接为制订计划服务的有关信息太笼统、太抽象，就会使设计和安排缺少依据。所以，计划活动所需要的信息要适当详细具体一些。②计划要求的企业经济与科技信息具有专业性、针对性。这与制定计划要求的企业信息更详细更具体有关。企业计划的种类很多，层次性更加明显，几乎涉及各部门、各单位甚至个人。尽管企业的生产计划、经营计划、技术开发计划、人员安排计划有一定的内在联系，但各自的内容截然不同，专业性、针对性强。所以，在计划活动中利用信息一定要注意这一特点。③计划活动中企业信息用户主要不是企业领导者，而是企业计划部门和其他有关部门。

3. 药品企业科技开发中的科技信息利用 企业技术开发就是企业把科学技术转化为生产力的创新过程。能否有效地开展企业技术开发是关系到企业生存和发展的大事。现在越来越被人们所重视。

企业技术开发同样离不开企业信息，特别是企业科技信息，企业技术开发成功与否与企业科技信息灵不灵、准不准有非常直接的联系。首先，搞技术开发，必须了解先进的科学技术。如果不了解先进科学技术的状况和发展动向等企业科技信息，就谈不上用先进的技术代替落后的技术，用先进的工艺和设备取代落后的工艺和装备。其次，要掌握企业内外关于技术开发的各种环境和条件。如果没有掌握住并研究清楚企业内外的实际情况，不从实际出发，盲目地进行技术开发，即使是有先进的科学技术，也达不到理想的效果。再次，掌握技术开发的形式、方式和手段等方面的企业信息，以解决如何进行技术开发的问题。企业在科学技术开发中的信息利用特别需要注意以下两个问题。

（1）树立“拿来主义”思想，充分利用前人的科技成果。把别人的科技成果变成自己的财富，用于生产，可以避免走弯路，能够节省研究、设计和试制时间，节省费用。我国过去在这方面吃的苦头是比较多的，不少企业利用所谓的“达到国际先进水平”或“达到国内先进水平”的成果，往往是别人十几年甚至几十年前就研究过并已经解决了的问题，造成了极大的浪费。

（2）技术开发也要综合利用各种各样的企业科技信息。企业技术开发的最终目的是为了研制和生产出满足市场需要的质优价廉的新产品，以创造好的效益。从一个产品的研究或试制到批量生产，再到市场上销售，得到社会承认是一个十分复杂的过程，其中一个环节套着一个环节，不管哪一个环节没有达到预想的效果就可能影响整个过程。这就要求我们在利用企业科技信息时，除注意充分利用科技信息以外，还必须综合利用经济、社会、市场、管理、政策法规、自然地理、企业竞争等多方面的信息。不综合利用各种企业信息给我们的教训也不少。例如，某企业需要进口比较先进的设备，恰好某国提供了信息，可以供给此种设备而且价格比较优惠，比国际市场上同类设备便宜2%，于是，该企业欣然付出外汇，购进了机器。后来，他们就发现一个问题，即设备、原材料和维修所需的零部件，必须全部依赖某国长期供货，而某国却随时可以提高该原材料和零部件的价格，有时甚至故意刁难。对这种长期依靠“洋米”（进口原材料和零部件）喂“洋鸡”（进口设备）的被动情况，为什么当初考虑不足呢？“前事不忘后事之师”。总之，利用片面信息会导致不良后果。

（二）市场信息的利用

市场信息的利用，是市场信息动态运行的最后一道环节。企业对信息的收集、加工整理以及存储、传递等一切活动，其最初目的全在于利用。市场信息的利用，指的是企业把市场信息用于企业经营管理过程中，使信息间接为企业带来经济效益和社会效益的过程。

1. 药学市场信息利用的意义 “买卖未做，信息先行”，这一现代经营管理的基本常识已逐渐被广大企业的决策者和经营者所认识。利用市场信息，对于发挥信息资源的作用，改善企业经营管理，提高企业经济效益，有着重要的意义。

（1）利用市场信息能够实现信息的使用价值，为企业带来效益和财富。信息要为人类造福，必须通过人类对信息的有效利用，使信息作为实现现实生产力的结合因素渗透到生产和流通活动之中，间接地为企业带来效益和财富。

（2）市场信息的利用能够实现信息的增值，产生信息的放大效应，使信息在空间上传递、在时间上延续，从而为人类带来更大的效用。

（3）市场信息的利用能够不断提高企业的科学技术水平，促进产品更新，实现产品更新是企业活力的具体体现。通过对商品科技和市场营销信息的推广和利用，使企业在市场竞争的外部环境中能够不断开发出新的产品，以满足消费者日益增长和变化的需求。

2. 药学市场信息在药品企业决策经营中的利用 企业经营决策是市场经营活动的核心，而信息则是制定决策的依据。进行决策，必须掌握大量的市场动态信息，才能为正确决策提供可靠根据。市场信息是决策的基础和前提，决策是市场信息的结晶。

现代企业决策大体包括四个阶段，即：确定目标、拟订方案、选定方案、决策实施。在第一阶段中，企业需要广泛地收集有关决策对象的各种基本信息，并进行加工和分析；之后，要对收集的信息进行归纳、推理、判断、找出事物的内在规律性，即拟订方案阶段；方案的选定就是进行不同方案所需条件和信息资料、数据的论证工作，从而确定最优决策模型；最后，还要利用信息反馈，以检验、调整和修正决策，确保目标的实现。

在利用市场信息进行企业经营决策中，进行不同种类的决策使用市场信息的类型是有区别的。企业经营决策包括日常经营管理决策、战术性决策、战略性决策。

3. 药学市场信息在药品企业规划中利用 计划是企业管理的重要职能。要科学地制订企业计划，就必须掌握计划的预期环境，这就要求掌握和利用大量的市场信息。市场信息在计划职能中的作用，主要表现在以下方面。

（1）利用信息作为计划工作的依据。制订计划所需要的信息，来自于企业内部和外部两方面，要求更详细具体，定量化更高，专业性更强，以便对企业所处环境进行分析。

（2）不同类型的计划，需要选择不同类型信息。计划按其内容的重要性，可分为战略型和职能型，按时间可分为长期、短期、中期计划。战略计划一般为长期计划，主要需要全面的、具有战略性和预期性的信息；而短期计划还需要更多的历史和现时的数据资料信息。

（3）预测信息是在对现有信息资料分析研究基础上经过加工、过滤而升华的信息，它是对未来的一种科学判断，是计划工作的基础。

4. 药学市场信息在药品企业管理控制中的利用 控制是管理的基本职能之一。企业控制职能的任务在于保持、维护和改进生产经营管理，使之按照最佳轨道运行，以实现企业目标。市场信息是控制的前提，也是整个控制过程赖以实现的基础。一般来说，任何市场信息的收集、加工与传递，都是为了进行有效的企业控制，任何企业控制与调节，也都需要大量的市场信息。

信息在企业控制活动中的应用，主要表现如下。

（1）供事前控制的标准信息，对企业管理过程进行有计划的控制。

（2）利用反馈信息，作为控制过程衡量工作成效、调整偏差的依据。

（3）提供即时反馈信息，以适应管理控制过程的需要。

（4）提供前馈信息，对管理过程进行前馈控制，以掌握管理控制的主动权。另外，企业管理过程的控制是一个多层次、多因素的复杂控制过程。

为了发挥信息在企业管理中的作用，实现对企业管理过程的有效过程，必须具备如下条件：①有控制系统和被控制系统；②要建立控制的基本程序；③要有健全的信息反馈系统；④加快反馈回路信息传递的速率。

案例导入

案例 药品直接消费者的信息咨询案例。张某，女，52岁，因患乳腺癌，想知道乳腺癌治疗药物“法乐通”的相关信息。

讨论 1. 张某可以通过哪些途径获取“法乐通”的相关信息。

2. 在获取“法乐通”相关信息的过程中，是否涉及信息、知识、文献和情报的概念？

3. 在获取“法乐通”相关信息的过程中，是否存在图书、期刊、专利、标准等文献资源的利用，以及网络信息资源为药学专业信息服务等问题。

答案解析

四、网络药学信息的利用

（一）专业网络中药学信息的利用

1. NLM 中的药学信息 美国国立医学图书馆（National Library of Medicine，NLM）是世界上最大的医学图书馆，收录有生物医学和健康关怀等各方面资料，包括书籍、期刊、技术报告、手稿、缩微胶片、声像资料、数据库等。其主页提供如下方面的信息服务。

（1）卫生信息（health information） 其下为按主题排列的医学信息超级链接，也可由此进入 NLM 几个知名的医学数据库：MEDLINEplus；MEDLINE via PubMed；ClinicalTrials. gov；卫生组织名录 DIRLINE；美国国立医学图书馆馆藏书目、杂志、声像制品查询系统 LOCATORplus，用户可通过该系统查询 NLM 的馆藏；可检索多个 NLM 检索系统的网络接 NLM Gateway；数字化生命科学文献库 PubMed

Central；关于毒理学、环境卫生和有毒化学物质的数据库 TOXNET。

（2）图书馆服务（library services） 提供了有关目录、Medical Subject Headings（MeSH）、数据库、出版物、服务、培训及基金等方面的链接。服务项目包括：编目（cataloging）、馆际互借［DOCLINE（r）和 Loansome Doc（r）］、保藏和收藏管理、参考咨询和读者服务、系列项目和服务。

（3）研究项目（research programs） 提供了进入 NCBI 和 LH_NCBI 两个研究中心的链接，也提供了有关计算分子生物学、医学信息学、数字化计算与交流、数字化图书馆研究、医学信息学培训等方面信息的链接。

（4）新闻（new and noteworthy） 提供了有关 NLM 的新闻（从 1996 年到 2003 年）和声明、展览会及热门话题等信息。

2. Rxlist 中的药学信息 Rxlist（网上处方药物索引）是美国的一个处方药物查寻网址，其数据库含有 5000 种以上药物，它的一大特点是列出了美国处方药市场每年度前 200 个高频使用药，占美国处方中处方药出现次数的 2/3。对其品种的分析，可以给医药工业研究人员带来很多启发。同时，该网站对具体药物又有极为详细的介绍，在医院药师面对更新快速的新药市场时，可以有个同样更新速度的处方药物手册支持查询。

Rxlist 的结构。输入 Rxlist 的网址后，即可进入主页，主页栏目分别介绍如下。

（1）关键词检索（keyword search） 该检索采用了"Swish - E"，具备强大的搜索功能。可以搜索 Rxlist 药物专论上所有品种。访客可以输入药品的商品名、常用名、疾病症状、副作用等，甚至药名片断（词尾模糊部分用 * 代替，但 * 不可用于词头），在数秒内即可给出结果。该搜索还支持传统 Boolean 语言（如 and，or，not）。为便于理解输入查寻方式，各举例如下：ampi *；ampi * not amox *；headache and bleed *；capsule or inject；sulfa * not septra；cardiac or hepatic。对于医院药师而言，如此方便的搜索功能可使他们在面对不同提问要求时（如患者询问某药何用，某病用何药），可以迅速查到相关资料。

（2）顶尖 200（TOP 200） 这是该网站最具特色的部分，也是促使我们介绍 Rxlist 这个商业网站的主要原因。TOP200 是基于美国 24 亿张处方统计得出，有一定代表性。索引按位次和字母两种方式排列。以 1998 年为例，前 10 位分别是：Conjugated Estrogens（结合雌激素）、Levothyroxine（左甲状腺素）、Amoxicillin（阿莫西林）、Hydrocodone W/APAP（氢可酮）、Fluoxetine（氟西汀）、Omeprazole（奥美拉唑）、Azithromycin（阿奇霉素）、Atorvastatin（阿妥伐他汀），Amlodipine（氨氯地平）、Loratadine（氯雷他定），余略。索引采用商品名/论坛/厂商/常用名的格式，因为同一化学成分可由多个厂商生产，因此，常用名有重复现象。如 Amoxclin 在不同的序位出现：第 3（商品 Trimox）、第 15（商品名 Amoxcilin）、第 40（商品名 Amoxil）。点击该药"常用名"（generic name）即可得到该药品的详细说明书。

（3）备用治疗（alternative medicine） 主要介绍植物药、保守疗法、中草药。科普性较强。

（4）已知链向 Rxlist 的网址（known links to Rxlist） 介绍链向 Rxlist 的网址。多数涉及健康、医药领域，其中不乏药学相关的黄金网址。该栏目提供的链接点大约有 300 个左右。

（5）小型调查（mini - survey） 对访客的职业、性别、年龄进行的调查。

3. WHO 中的药学信息 世界卫生组织（World Health Organization，简称 WHO）是联合国专门机构，成立于 1948 年 4 月 7 日，总部设立在瑞士日内瓦。下设三个主要机构：世界卫生大会、执行委员会及秘书处。WHO 的宗旨是"使全世界人民获得可能的最高水平的健康"。

WHO 总部有关药品方面由诊断、治疗和康复技术处管理。编辑和出版国际药典，主持药品的统一国际命名以避免药品商品名称的紊乱，出版季刊《药物情报》通报有关药品功效和安全的情报。

（二）公共网络中药学信息的利用

1. Google　是由两位斯坦福大学的博士生 Larry Page 和 Sergey Brin 于 1998 年 9 月在美国硅谷创建的高科技公司。他们设计的 Google 搜索引擎，通过其强大、迅速而方便的搜索引擎，在网上为用户提供准确、翔实、符合他们需要的信息。

2. 百度　是国内商业化全文搜索引擎，占国内 80% 的市场份额。其功能完备，搜索精度高，除数据库的规模及部分特殊搜索功能外，其他方面可与当前的搜索引擎业界领军人物 Google 相媲美，在中文搜索支持方面有些地方甚至超过了 Google，是目前国内技术水平最高的搜索引擎。

拓展阅读

百　度

百度目前主要提供中文（简/繁体）网页搜索服务。使用百度搜索引擎，输入标准编码的繁体中文或简体中文，都可以同时搜到繁体中文和简体中文网页，并且搜索结果中的繁体网页摘要信息会自动转成简体中文，方便阅读。如无限定，默认以关键词精确匹配方式进行搜索。百度搜索引擎不区分英文字母大小写，所有的字母均当作小写处理。搜索引擎并不理解网页上的内容，只会找出含有输入的全部关键词的网页。百度的搜索功能包括：①简单搜索功能。直接输入检索关键词查询即可。②高级搜索功能。

重点小结

章节名称	重点内容
1. 文献检索的概述	信息、知识、文献和情报的概念，以及四者之间的相互联系和转换关系，文献的常见类型及检索语言
2. 文献资源的特点	再生性、可建性、共享性、效益性、累积性、冗余性和价值潜在性
3. 文献资源的利用	图书、期刊、专利、标准等文献资源的利用；如何利用新兴的网络信息资源为药学专业信息服务

目标检测

答案解析

1－1　信息、知识、文献和情报的概念是什么？

1－2　信息的属性包括哪些内容？

1－3　文献是由哪三个基本要素构成的？

1－4　情报的属性主要体现在哪几个方面？

1－5　信息、知识、文献与情报之间有何关系？

1－6　检索工具按文献的加工程度划分应归为几次文献？具体表现为哪几种形式？

1－7　现行国内分类检索以什么使用最为广泛？

1－8　著者检索过程中应注意的事项有哪些？

1－9　国内医药专业文献进行主题检索时应以什么词表作为主题词查找的依据？

1－10　主题检索中专题副主题词的主要作用是什么？

书网融合……

微课 1　　微课 2　　习题

第二章　医药信息的获取

学习引导

我们身处信息爆炸的大数据时代，如何能从浩如烟海的信息海洋中迅速而准确地获取有效信息？对于医药工作者而言，从海量数据中获取有价值的医药信息，并将信息转化为知识、生产力，是必须掌握的基本技能。

本章主要介绍医药信息数据的特点，以及医药信息资源的获取方法等。

学习目标

1. **掌握**　医药文献的检索途径与方法；数据库的类型、常见检索字段；布尔逻辑运算、截词符、限定字段等检索技术；网络医药信息资源的检索策略。
2. **熟悉**　常见的医药信息源及其特点；网络医药信息资源的定义、类型。
3. **了解**　医药信息获取的主要原则；网络医药信息资源的特点。

第一节　医药信息获取的主要原则

PPT

信息已成为社会发展、进步和人类赖以生存的重要资源和基本需求。随医药科学技术高速、综合性的发展，以及人们不断提升生命质量的需求和探索，医药信息数量剧增，学科间不断交叉渗透，如何准确、快速、有效地获取所需信息，并将信息转化为知识，转化为生产力，已成为当前医药工作者的迫切需要掌握的技能。为获取有价值的医药信息，保证信息收集的质量，应坚持以下原则。

一、针对性原则

医药信息量庞大而复杂，知识更新速度快。随着信息载体多样化、资源网络化，医药信息成倍增长，同时受经济能力、个人阅读能力和决策性信息分析研究对时间的严格要求，都决定了医药工作者必须围绕自己的研究方向、任务、目的等课题要求，有针对性、目的性地获取所需信息，做到有的放矢，减少盲目性，提高获取效率。该原则要求所收集的信息要真实可靠、准确适用，力求把误差减少到最低限度。

二、全面性原则

该原则要求所收集的信息要广泛，全面完整。全面就是指医药工作者要把与研究课题相关的重要医药信息尽可能地收集齐全，围绕课题收集一系列具有内在联系的、能反映课题研究的各个方面和发展全过程的信息，注意信息的广度和深度，从课题的横向和纵向方面分析收集的信息，在选择、比较、分析的基础上，序化信息，为管理活动和决策的科学性提供保障。

三、时效性原则

医药信息具有时效性，信息的利用价值取决于该信息是否能及时地提供，信息只有及时、迅速地提供给用户才能有效发挥作用，特别是决策对信息的要求是事前的消息和情报。要求医药信息人员要有敏锐的信息意识和过硬的专业知识，能积极主动、及时地收集所需要的最新医药信息，促进信息的转化和再生，把握学科前沿的知识和动态。

四、预见性原则

有预见性地收集医药信息，就是要求医药信息人员具有良好的信息意识，收集信息不仅满足当前研究工作的需要，又要考虑到课题未来的发展及研究价值，充分利用多种医药信息资源，有计划、有侧重点地收集具有前瞻性和重要指导意义的预测性信息，以提供信息的可靠性和准确性，在科学预测性的基础上做到灵活性与计划性的统一。

案例导入

案例 屠呦呦，受中医典籍启发，为世界带来青蒿素。也因此摘取了2015年诺贝尔生理学或医学奖，成功的背后有多少艰辛的付出：受国家防治疟疾的课题需要，她担任“523任务”的科研组长，凭着中西医相结合的学习和实践背景，系统收集整理历代医集和本草，请教了建院时从全国各地聘请来的著名大夫。在汇集了内服、外用的2000余方药的基础上，整理出以640余方药为主的《抗疟单验方集》；在多次提取失败的基础上，她重新学习东晋葛洪《肘后备急方》，从“青蒿一握，以水二升渍，绞取汁，尽服之”中获取灵感，悟出青蒿不是传统的水煎方法用药。她改用低沸点溶剂提取，最终获得对鼠疟原虫100%抑制率的惊喜结果。她是一个既善于独立思考又锲而不舍的人，相继又确定了青蒿素的结构式，并发现了活性更好的二氢青蒿素。她激发了范围更广的青蒿素研究，把中国中药推向了世界。

讨论 1. 文献信息在屠呦呦的研究工作中有什么作用？她是怎样围绕课题获取信息的？

2. 现代背景下，获取医药信息的途径有哪些？怎样选择最合理的检索方法？

答案解析

第二节 医药信息获取途径

PPT

信息的收集首先要了解和掌握信息源，信息源的范围十分广泛，品种繁多。联合国教科文组织出版的《文献术语》中定义为“个人为满足其信息需要而获得信息的来源，称为信息源”。它是指可以利用的信息的集合，是人类社会生活的重要生产要素和战略资源，其价值是通过对信息的利用所产生的作用和效益间接地体现出来。

一、医药信息源

药学是一门多学科交叉的科学，与人类的生命质量息息相关，医药信息涵盖药学各个学科和相关领域，它涉及药物的研究、生产、流通、使用和监督等过程，应用非常广泛，如新药研发信息、药物专利信息、药物生产和市场信息、临床药物信息、药物不良反应等。医药信息源一般分为实物型信息源、文献型信息源、电子型信息源和网络信息源。

（一）实物型信息源

实物型信息源又称现场信息源，是指具体的事物在存在方式或运动状态中直接产生的信息，如药材标本、展览会、学术讨论会等。具有直观性、真实性等优点，但也存在隐蔽性、零散性，难以收集、保管、传播等不足，如图2-1、图2-2所示。

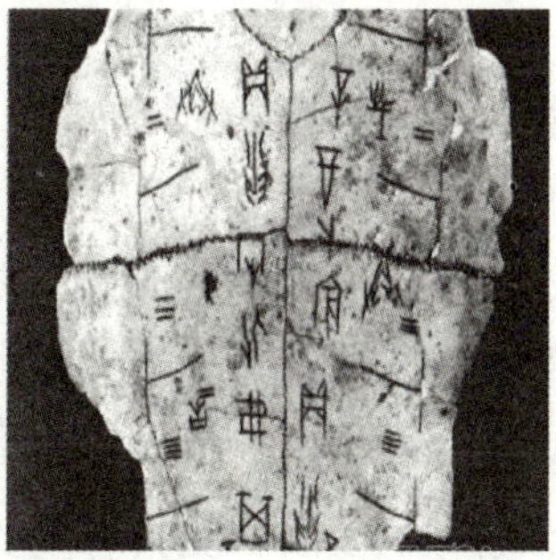

图2-1 甲骨

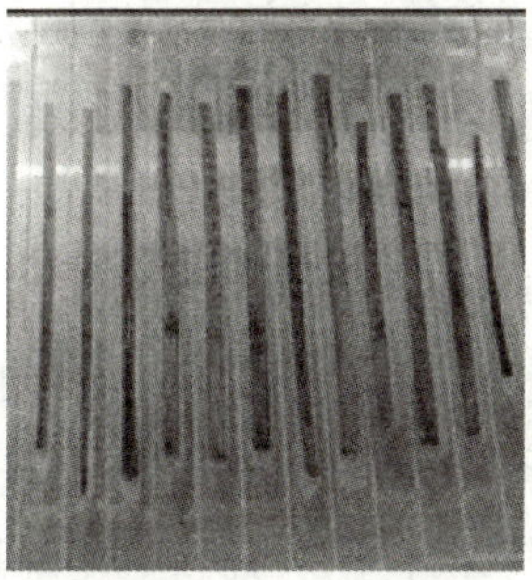

图2-2 朱帛

（二）文献型信息源

文献型信息是指通过各种载体传播的知识或医药信息，如期刊、图书、学位论文、发明专利、报纸、科技报告、标准文献、产品资料等，是最传统的信息源，也是药学信息交流的主要形式，如图2-3所示。

（三）电子型信息源

电子型信息是以电子技术为载体实现信息传播的信息源，如广播、电视、电子出版物等，便于信息的快速传递和利用。

（四）网络信息源

网络信息源是以网络为载体，采用多媒体技术，以数字化的形式将文字、图像、声音、动画等多种形式放置网络上的信息集合，通过网络通信、计算机等获取再现的信息资源。如数据库、电子论坛等，如图2-4所示。

图2-3 期刊

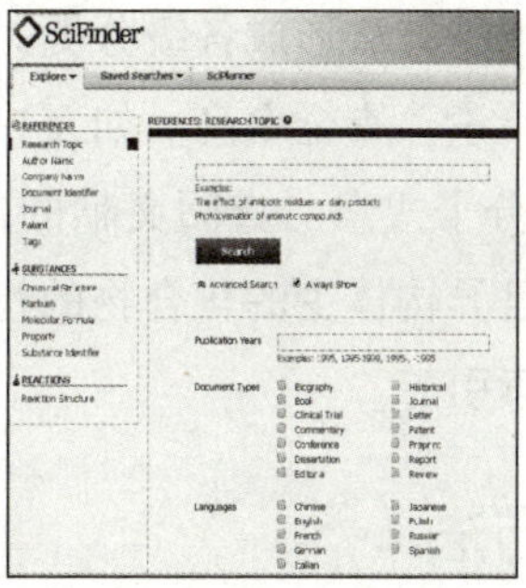

图2-4 数据库

二、医药文献检索途径

医药文献的检索途径与文献的特征有着密切的关系，文献检索工具都是按照文献的特征排列组织而形成的文献集合体。文献一般具有外表特征和内容特征两种，外表特征是指从文献载体的表面上直接标记的、可见的特征，它与文献主题内容没有关系或关系不大，如题名（书名、刊名、篇名等）、责任者（著者、编者、专利发明人、出版机构等）、号码（国际标准刊号、国际标准书号、专利号、标准号、报告号等）；由分析文献所载的知识信息中形成的隐含的、潜在的内容要素的特征与学科属性特征称为文献的内容特征，如主题词、关键词、分类号等，它与文献的主题内容密切相关。把文献的这些特征作为检索点，每个检索点就是一个检索入口，也就形成相应的检索途径，即外表特征的检索途径和内容特征的检索途径。

（一）外表特征的检索途径

1. 书名途径 是根据书刊名称查找医药文献的途径。以医药文献的书名、刊名、篇名等为检索入口，按照字顺直接到相应的索引中检索。

2. 著者途径 是根据文献著（编、译）者查找文献的途径。它主要是以著者姓名为检索入口，按照著者语言的要求，利用著者索引查找相关作者的文献。著者就是对文献内容负责或做出贡献的个人或团体机构等，他们的科研论文和成果大多侧重某一专业或学科范围，权威性作者的文献还往往反映了某一学科的先进水平和发展动向，该索引对了解和掌握该领域的发展状况具有重要意义。

3. 号码途径 是利用文献某些专一性序号，如专利号、标准号、报告号等检索文献的途径，主要是通过各种号码索引和目录直接查找到特定的文献，如利用美国化学文摘中的专利索引查找相应的专利文献。

4. 引文索引 是通过被引论文去检索引用论文的途径。被引论文按照作者排列，在被引论文之下，按照年代列出引用过这篇论文的论文。通过被引论文的论文查找被引论文的方法，可以得到一系列具有一定“血缘”关系文献，如美国《科学引文索引》。

（二）内容特征的检索途径

1. 主题途径 是利用文献主题索引进行检索的途径。主题索引的检索标识主要有主题词、关键词、标题词、单元词、叙词等，都是从文献中抽出来的，代表文献主要内容的，具有实质意义的词。该途径是按照字顺编排，查找有关某一主题或某一事物的文献，要求课题内容的专指度较高，尤适合特性检索，如《中国药典》中的中文索引。

2. 分类途径 是利用分类索引检索文献的途径，其检索标识是学科分类号，主要是按照信息的学科属性，运用概念划分与归纳的方法形成各级分类，从而形成有序化的知识体系。该检索途径要求检索的内容比较宽泛，适合族性检索，查全率高。如《中国图书馆图书分类法》的检索与利用。

3. 分子式途径 是利用分子式索引查阅文献的途径。它是以 Hill 系统的分子式为检索标识，主要适用于结构复杂、分子量大且异构体少的化合物的检索，以《美国化学文摘》中的分子式索引最常用。此外还有环系索引、杂原子索引等。

三、医药文献检索方法

医药文献的检索方法也是一个重要的技术、技巧问题，遵循一定的检索方法，可以快速、准确、有效地查找到所需要的信息。

（一）常用法

常用法是以主题、分类、著者等为检索点，通过各种检索工具如文摘、目录、索引等获得文献信息的一种方法，又称工具法、直接检索方法，包括顺查法、倒查法、抽查法等。

1. 顺查法　根据检索课题的时间范围，按从远及近的时间顺序，逐年逐卷检索，直到最近期为止，这种查找文献的方法称为顺查法。

（1）优点　该方法的系统性、全面性、可靠性好，便于研究人员了解课题研究发展的全过程。查全率、查准率高，一般不会出现漏查。

（2）不足　逐年查找，费时、费力，对检索年代较长的研究课题时，工作量较大。

2. 逆查法　与顺查法相反，由近及远，逆时间顺序回溯查找文献信息，直到满足课题对文献的需要为止。它侧重于近期文献信息，适用于了解课题研究当前水平、动向及早期发展概况。

（1）优点　一是新，可以较快地获取近期的最新文献信息；二是准，查准率高，省时省力。

（2）不足　可能会出现漏检。

3. 抽查法　是针对某一学科发展的极盛时期或某研究课题的高峰发展时期，对发表文献较为集中的某一时间段进行检索，目的是获得特定时间方位内的大量信息。

（1）优点　耗用时间少，效率高，能快速获得研究课题在某一特定时间段的新观点、新理论等较多的信息。

（2）不足　缺乏系统性，研究人员必须熟悉研究课题涉及的学科发展特点，否则容易造成漏检和误检。

（二）追溯法

追溯法又称回溯法，是一种传统的、跟踪式查找文献的方法。它主要是利用综述与专著等文献后附的“参考文献”的指引，由近及远进行追溯查找参考文献的原文，若有必要，还可以根据已追查到的原文后面的参考文献再继续追查参考文献的参考文献，以此类推，直到满足课题需要为止。

（1）优点　适于没有检索工具或检索工具不足的检索，得到的文献具有一定的“血缘”关系，且针对性较强。

（2）不足　漏检的可能性比较大，查全率不高。

注：引文检索途径就是追溯法的一种，它主要是追溯最新的文献。

（三）综合法

综合法又称循环法、交替法，它是采用常用法与追溯法相结合的综合检索文献的方法。既可以利用检索工具找到一批相关文献，利用这些文献后附的参考文献进行追溯检索，追溯 5 年左右，再用常用法查找一批文献，再次进行追溯，如此循环、交替使用，直到满足课题需要为止。

（1）优点　适于要求检索时间长的课题，节省时间，提高效率。

（2）不足　两种检索方法时间衔接时间不当，可能会造成漏检。

上述检索方法是医药研究人员常用的方法，每个研究课题具体选择哪种方法视课题的需求而定，如果检索工具齐全，主要采用常用法和综合法；检索工具缺乏时，常选用追溯法；研究人员非常熟悉课题的发展背景，在课题出版文献较多阶段选用抽查法。

PPT

第三节　现代医药信息获取方法

随着信息传递技术的迅速发展，人们已置身于以数字化、网络化为特征的信息时代，利用计算机信息数据库获取有用信息的技能日益被人们重视。同时，如何提高计算机检索的有效性和经济性，达到最佳、最合理的查全率和查准率，也越来越引起人们的关注。

网络化、数字化的图书馆、数据库、医药组织机构等正迅速融入我们的学习和工作中，现代医药信息源在文献检索、科技查新、申报课题、就循证医学领域等方面发挥着积极的作用，计算机检索为快速解决工作中遇到的问题，直接或间接地参与医药临床、科研和教学各方面提供现代化的获取信息手段。我们不但要学会用传统的方法从纸质书刊中获得信息，而且要掌握最新的网络和电子资源的检索手段，现代信息检索能力的高低决定了人们的自学水平、科研水平和知识更新能力，掌握计算机检索的技能是适应时代信息发展的需要。

一、计算机文献检索基础

（一）计算机文献检索概述

1. 计算机文献检索的含义与特点　计算机文献检索就是将大量分散无序的文献，按照一定的规则进行加工处理，以一定格式存储在磁盘、光盘等介质上，建成机读数据库。用户根据特定的信息需求，利用计算机从相关的机读数据库中识别并获取所需信息的过程。广义的计算机文献检索包括文献的存储和检索两个过程，狭义的计算机文献检索一般是指检索的过程。计算机检索的特点如下。

（1）资源共享，网络用户不受时间、空间的限制，共享网上信息。

（2）检索速度快，效率高。

（3）界面良好，检索简单方便，不需要太多的检索技巧。

（4）动态性好，信息更新快，尤为国外的检索工具，光盘多为周更新或月更新，网络数据库能实现每日更新。

（5）检索结果可以直接输出，可以选择储存、打印或通过邮箱发送等，有的可以直接得到原文。

2. 计算机发展的历程　1954 年美国海军军械实验中心研发了世界上第一个科技文献检索，开创了计算机信息检索的新纪元。到目前为止，计算机信息检索大致经历了五个阶段，见表 2－1。

表 2－1　计算机发展的历程

阶段	时间	特点	实例
脱机检索阶段	20 世纪 50 年代中期至 60 年代中期	首次将计算机用于信息检索，计算机没有终端设备，其内、外存容量有限，主要是利用单台电脑输入输出装置进行过期文献回溯性检索和新文献的定题检索	早期 MEDLARS 系统
联机检索阶段	20 世纪 60 年代中期至 70 年代初期	计算机处理功能提高，产生大容量的信息载体磁盘（机），形成一个主机带多个终端的联机系统。若干用户可同时直接和主机以“对话”方式进行检索	Dialog 系统和 MEDLARS 系统
国际联机检索阶段	20 世纪 70 年代至今	用户在计算机检索系统的终端上，通过通信网络，使用特定的指令和算符，以人机对话的方式，查询远程计算机检索系统核心的数据库从而获取信息。检索快而高效，信息资源质量高而更新快，费用较高	Dialog 系统 STN 系统

续表

阶段	时间	特点	实例
光盘检索阶段	20 世纪 80 年代至今	随着数据库生产和服务的市场迅速扩大，出现以高密度、大容量的光盘为载体的光盘数据库。该系统设备简单、使用方便、检索费用低，被广泛使用	美国 CA on CD 光盘检索系统
网络检索阶段	20 世纪 90 年代至今	随着光缆通信技术的发展，国际互联网的出现，实现了全球通讯和资源共享，数据库信息上万个，并有文字、数据、图像和声音等多种多媒体新式	Internet 系统

（二）计算机文献检索系统的组成

计算机文献检索系统主要由计算机硬件、软件及数据库三部分构成。

1. 计算机硬件　是指计算机系统中，由电子、机械和光电元件等组成的各种物理装置的总称，其组成如图 2－5 所示，包括运算器、控制器、存储器、输入设备和输出设备五个逻辑部件，其主要功能是输入并存储程序和数据，用户根据需要进行信息检索。

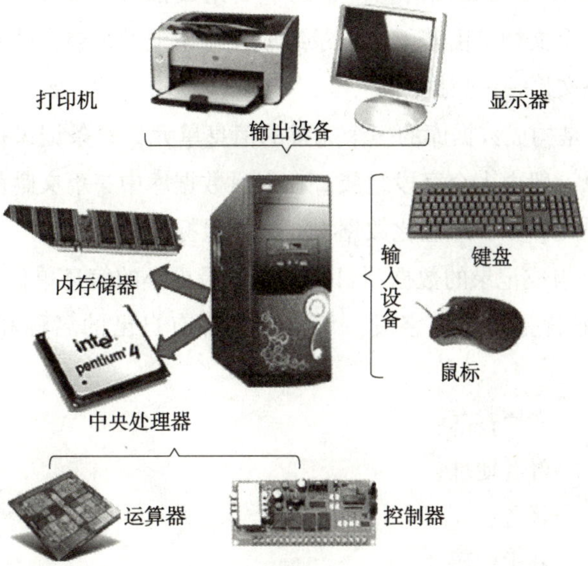

图 2－5　计算机的硬件组成

2. 计算机软件　是指计算机系统中的程序及其文档，总体分为系统软件和应用软件两大类。是用户与硬件之间的接口界面，用户主要是通过软件与计算机进行交流。

3. 数据库（databases）　是以特定的组织方式将相互关联的数据集合存储的总汇，即储存在计算机内、有组织的、可共享的大量数据的集合。它将各种数据中的信息单元经过有序处理、组织，按照特定的方法进行维护和检索。它是计算机检索系统的核心部分，根据数据库的存储内容的不同，数据库分为以下几种类型。

（1）全文型数据库　是一种存储文献全文或节选其中主要部分而形成的原始文献数据库，性质属于一次文献数据库，有对应印刷型文本的电子版，有纯电子版。医药文献方面的数据库越来越多，如 DIALOG 中，有 48 种医药期刊全文数据库；我国的《中国学术期刊（光盘版）》等全文数据库等，能为用户直接提供所需原文。

（2）书目型数据库　是由机读版的文摘、题录和目录等形式著录组成的数据库，属于二次文献数据库，主要为用户提供一些简单而基本的信息以及原始文献的线索，从而查找原始文献。特点是收录文献数量大，文献检索标识准确、完整、规范，检索途径多样，是使用最广泛、地位最重要的一种数据库，如许多图书馆提供的基于网络的联机公共检索目录（Web - based Online Public Access Catalogue）、MEDLINE、CBMDisc 等。

（3）事实型数据库　又称为指南型数据库或指示型数据库，储存有关人物、机构和事物等一般事实性资料信息的数据库，是经过加工整理的三次文献的信息。如美国医生数据咨询库 PQD（Physical Data Query），为医生提供肿瘤诊断、治疗、预后、临床研究等详细资料，是典型的事实型数据库。

（4）数值型数据库　是主要储存原始文献中的数值型数据信息的数据库，包括各种统计数据、科学实验数据和科学测量数据等，如医学的临床数据、药物的理化常数等。这种数据库能直接提供用户所需的信息，无须再索取原文，如《默克索引》（Merck Index），美国国立医学图书馆编制的化学物质毒性数据库 RTECS，包含了 10 万多种化学物质的急慢性毒理实验数据。

（5）超文本数据库　或称多媒体数据库，是指储存声音、图像、文字等多媒体信息的数据库，如多媒体光盘等。

4. 数据库的结构　数据库是计算机信息检索的重要组成部分，类型很多，但组成结构大致相同，通常由若干个文档组成，每个文档又由若干个记录组成，每条记录则包含若干字段。

即：字段——→记录——→文档——→数据库

（1）记录（record）　是构成数据库的一个完整的信息单元，每条记录描述了一个原始信息的外部特征和内部特征，一条记录一般由多个字段组成。在书目数据库中一篇文献就是一条记录，而其他数据库中的记录则是某种信息单元，如一组理化数据、一则质量标准等。

（2）字段（field）　是组成记录的数据项目，是比记录更小的信息单位。在记录中篇名、著者、出处、摘要等外部和内部特征就是一个个字段，每个字段都有自己的名称和缩写，常用数据库的字段6有：

AB　Abstracts　文摘；
AD　Address of Author　著者地址；
AU　Author　著者；
CC　Class Code　分类代码；
LA　Language　语言；
PY　Publication Year　出版年份；
SO　Source　文献来源
TI Tile　题名；

常见的网络检索工具常使用的字段有：

Title（t:、intile:）查找标题中包含指定检索词的页面；

Text：查找文本中包含指定检索词的页面；

Image：文件名，查找包含指定文件名图像的页面。

（3）文档（file）　它是数据库中一部分记录的有序集合，若干个文档形成数据库。杂乱无序的记录形成可以检索的数据库，必须经过合理的组织、加工整理，建立一个顺排文档和若干个倒排文档，两者相关关联，才能完成检索。顺排文档是以记录为单位，按照数据库中全部记录的入藏序号的大小排列而成。倒排文档是从顺排文档中选取的、具有检索意义的检索标识，如主题词、关键词、著者、来源等，按照字顺排列生成的索引文档（即索引）。检索时，先查倒排文档，然后从顺排文档中抽取查阅文献记录内容，其示例组成如图 2 -6 所示。

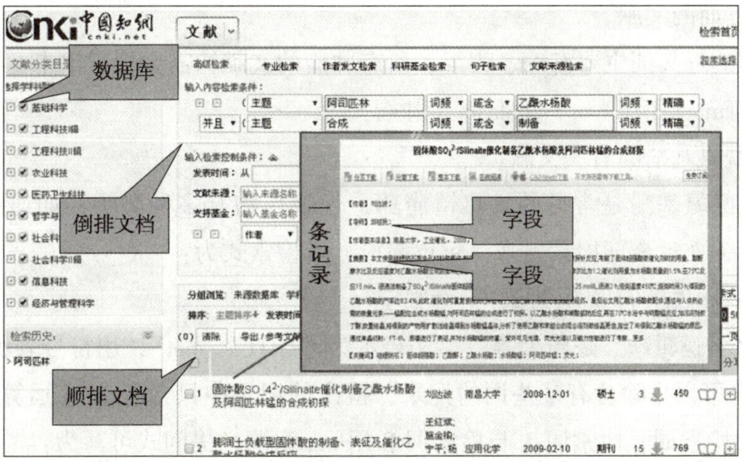

图 2 -6　数据库的组成

（三）计算机文献检索技术　微课 1

计算机文献检索的过程，就是计算机将用户的检索提问与数据库中的检索标识进行类比、匹配和逻辑运算的过程。一个课题往往需要多个检索词来描述其含义，检索词之间需要用一定的语法规则来组配，才能完整表达课题需要，检索词之间的关系通常是用布尔逻辑运算符、截词符、邻近位置运算符等技术描述的。

1. 布尔逻辑运算符　常用的布尔逻辑运算符主要有“逻辑与”“逻辑或”“逻辑非”三种，利用布尔逻辑运算符进行检索词的逻辑组配，充分表达信息需求，计算机系统根据算符要求进行逻辑运算以输出更为准确的检索结果。它是现代大多数计算机检索系统支持的一种检索语言。

（1）逻辑与　又名逻辑积、逻辑乘等，英文表示为“AND”或“and”，符号表示为“*”。用来组配不同概念的检索词，检索词 A 与检索词 B 用 and 组配，提问式可写为：

A and B 或者 A*B

如图 2 -7 表示：检索结果中每条记录必须同时含有 A 和 B 检索词，增强检索的专指性，缩小检索范围，提高了查准率。

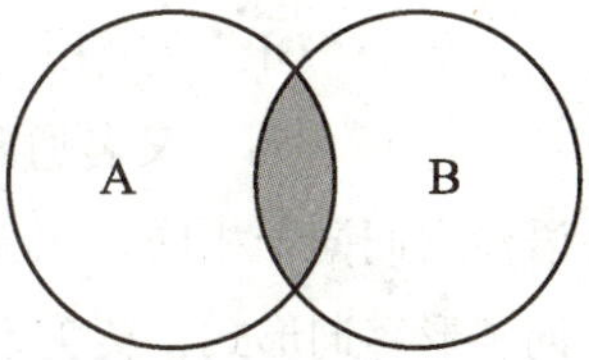

图 2 -7　逻辑与

例 1. 查找胰岛素治疗糖尿病的文献。

分析课题，两个不同概念的检索词胰岛素、糖尿病，检索结果中要求胰岛素治疗糖尿病的文献，所以检索式为：胰岛素（insulin）and 糖尿病（diabetes）。

例 2. 查找婴儿（infant）哮喘（asthma）方面的文献。

分析课题，两个不同概念的检索词婴儿、哮喘，检索结果中要求婴儿哮喘的文献，所以检索式为：婴儿（infant）and 哮喘（asthma）。

（2）逻辑或　又名逻辑加，英文表示为“OR”“or”，用符号表示为“+”。用来组配具有同义或同族概念的词，如同义词、相关词等，检索词 A 与 B 用 or 组配，提问式可写为：

A or B 或者 A+B

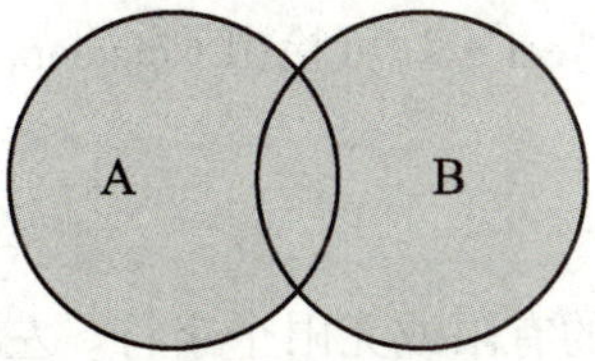

图 2 -8　逻辑或

如图 2 -8 所示：包含检索词 A 的文献或包含检索词 B 的文献或同时包含检索词 A 和检索词 B 的文献均为命中文献，逻辑“或”扩大了检索范围，提高查全率。该运算符尤其适应一药多名的文献查找现象，防止漏查。

例 1. 查找肿瘤方面的文献。

分析课题，肿瘤的近义词主要有癌、瘤等，所有肿瘤的文献均需要检索出来，因此其检索式为：

Cancer（癌）or Tumor（瘤）or Neoplasm（肿瘤）

例 2. 查找对乙酰氨基酚的有关文献。

分析课题，对乙酰氨基酚是常见的解热镇痛药，一个药物有多种名字，如通用名、商品名、化学名、俗名等，把其相关文献全部检索出来，防止漏检，其检索式为：

对乙酰氨基酚 or 扑热息痛 or 必理通 or 百服宁

（3）逻辑非　又名逻辑减、逻辑差等，英文表示为“NOT”“not”，用符号表示为“－”。

运用 NOT 运算符可以排除含有某些词的记录，检出的记录中只含有 NOT 运算符之前 A 的检索词，但不能含有其后 B 的检索词。检索词 A 与检索词 B 用 not 组配，提问式可写为：

A not B 或者 A－B

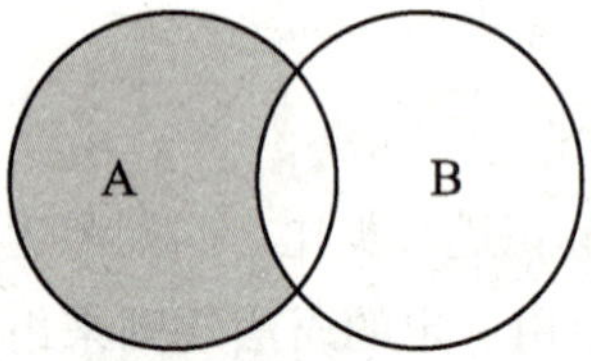

图 2－9　逻辑非

如图 2－9 表示：检索结果中每条记录必须包含检索词 A，但不包含检索词 B，排除了不希望出现的检索词，缩小了检索范围，去掉一些不相关文献以提高查准率。

例 1. 查“动物的乙肝病毒（不要人的）”的文献。

其检索式为：Hepatitis B virus（乙肝病毒）not human（人类）

例 2. 查找除锌之外其他微量元素的有关文献。

其检索式为：trace elements（微量元素）not zine（锌）

在一个检索式中，如果含有两个或两个以上的布尔逻辑运算符，运算符的优先次序是：NOT > AND > OR。大多检索工具支持布尔逻辑运算符，但符号的标识可能会有所不同，如在百度搜索引擎的三种逻辑运算符，逻辑与为“空格”，逻辑或为“|”，逻辑非为“－”；在常见中文数据库中，如中国期刊全文数据库等，逻辑与为“并且”，逻辑或为“或含”，逻辑非为“不包含”；中国专利信息网逻辑组配检索界面中设有关键词检索，多个关键词之间进行组配时也支持“AND”（或用空格、逗号、*、&）、“OR”（或用 +、|）、“NOT”（或用－）功能。

2. 截词符　又名通配符，截词检索主要是利用检索词的词干或不完整的词型进行检索。当某些英语检索词词干相同、词义相近，但词尾或词中间有变化时（多数英语单词的单、复数形式，动词、名词、形容词形式，英美不同拼写形式），为避免漏检，可以采用截词符，扩大检索结果。利用截词方法将检索词在某处截断，以通配符代表，可以检出满足该词所有字符（串）的信息。截词符常分为有限截词符“?”和无限截词符“*”。

（1）有限截词与无限截词

1）有限截词　常用“?”等表示，一个“?”最多代表 0～1 个字母，“??”最多代表 0～2 个字母，如 book? 可以检索出含 book 和 books。

2）无限截词　常用“*”表示，一个“*”代表 0～任意多个字母，如“cef*”可检出 Cefaclor、Cefazolin、Cefotaxime、Ceftriaxone、Cefoperazone 等。

（2）按照截词的位置　分为前截式、后截式、中截式。

1）前截式（后方一致）　是把截词符号放在字符串的左方，以表示其左的有限或无限个字符。左截断主要应用于检索某一学科在不同领域应用的文献。如“*cillin”，可获得 Oxacillin、Sulbenicillin 等。

2）后截式（前方一致）　是把一个截词符号置放在一个字符串的右方，用来表示其右的有限或无限个字符。涉及词的单复数、作者、年代、同根词等方面的检索时，选用后截断技术。如年代检索中输入“20??”可检出21世纪的文献。

3）中截式　是把截词符号置放在检索词中间的截词方法，它只允许有限截词。常用于检索词的单复数和英美不同拼法。如“wom？n”可以检索到Woman，Women。

网上检索工具支持截词检索的功能不尽相同，而且使用的截词符号也不同，如国家知识产权局网页中专利检索，支持截词检索，“+”可表示任意长度的字符串；“?”可表示最多一个的字符；“#”可表示一个强制存在的字符。

注意：使用截词检索应注意四个问题：①截词符要紧接在词干后面，截词符和词干之间不能有空格；②避免将检索词的词干截得过短，一般应在三个字母以上；③截词应该合理使用。一般不可能出现词尾变化的单词其后不必再使用截词；④从希望出现的单词中取尽可能多的公共字母作为词干，以提高查准率。

3. 邻近检索　是以原始记录中检索词间的特定位置关系为对象的运算，该检索主要用于一些网络数据库中，网络检索工具极少使用。常用的邻近检索有：

（1）Near　表达式：A near B可以检出检索词A和检索词B同时出现在一个句子中的文献，但两词出现的先后顺序不限。

（2）Near#（#代表一个正整数）　表达式：A Near# B表示检索词A和检索词B之间可以插入0～#个词，可在同一记录，同一字段里，且不论语序。

（3）With　用临近算符With连接两个检索词，要求两词间的位置比near宽一些，只需两词同时出现在同一字段（如篇名、文摘、Mesh等字段）即可命中检出。

4. 限定字段检索　是用于限定提问关键词在检索记录中出现的位置，以控制检索结果相关性，提高检索的精确度，常用于数据库检索中。表达式有：in、=、>、<、>=、<=等符号表示。如：

Aspirin in ti可以检出所有标题中含有Aspirin的文献。

Smith－ab in au可以捡出Smith ab发表的文献。

LA=english可以检出语种是英文的文献。

PY>=1995可以检出1995年以来发表的文献。

5. 字符串检索　是网络检索中常用的方法，用双引号将一个字符串括起来作为一个整体，进行严格匹配，可以得到与字符串完全匹配的字符串，提高了检索的准确度。几乎所有的检索工具都支持字符串减速。如利用搜索引擎检索“氧氟沙星的不良反应”，就是把“氧氟沙星的不良反应”作为一个整体进行搜索，如果不加双引号，搜索引擎具有自动断词的功能，就会搜索出含有“氧氟沙星”或“不良反应”的信息，使检索结果偏离主题要求。

二、网络医药文献检索 微课2

（一）网络医药信息资源的分类

网络医药信息资源是指放置在网络上，通过计算机网络发布、传播，可供即时查询、存取利用的各种医药信息资源的总和。医药信息资源涵盖医药的各个学科，主要涉及药品的研发、生产制备、药品流通、临床使用和教育监管等重要环节，按照不同的分类标准，主要有以下几种。

1. 按照医药信息资源的性质分类（即按信息资源的加工程度分类） 可分为一次信息资源、二次信息资源和三次信息资源，详见第一章。

2. 按照信息资源的表现形式分类

（1）数据库 是网络信息系统的核心和重点，也是医药信息检索的重要类型，主要有期刊、文摘、多媒体等多种类型最为常用。

（2）电子出版物 主要是指网上的电子出版物包括期刊、报纸、图书、手册等，尤其是期刊和报纸网上发行快，出版周期短，信息更新及时，大多世界报纸可以免费阅览，更便于知识的快速获取。

（3）动态新闻 是各单位、机构、公司发布的产品信息、会议消息、研究成果等。

（4）电子论坛 是为同一议题感兴趣的用户提供的交换意见和观点的园地，人们可以在论坛中共享某些专题的最新发展动态。

（5）图书目录 大多图书馆通过 Internet 对外开放，主要是提供图书目录供用户检索，如美国国会图书馆、大学图书馆及学术机构的馆藏机读书目数据库等。

此外，还有常见参考工具书，如牛津大辞典、大不列颠百科全书等也进入了互联网。电子邮件、新闻组、电子公告等也成为网络信息交流的重要工具。

（二）网络医药信息资源的特点

随着药学学科的迅猛进展，医药信息与现代信息技术的充分融合，促进各类医药信息呈几何式增长，并产生了巨大的经济效益和社会效益，在保障人们生命健康的全过程中发挥着重要作用。但是网上医药信息与传统载体的医药信息相比有着独特的特点。

1. 网络医药信息更新快，资源类型多样 医药信息更新代谢快，每年新产生的医药论文超过100万篇，新药物、新制剂、新方法、新设备层出不穷，医药信息资源成倍地增长。信息的网络化、多媒体化、检索手段的多样化，使网络资源类型多样，如数据库、电子出版物、图书馆网络资源、常见药学机构网站等，人们获取医药信息的方式更加方便、快捷。同时也加速了药学科学的发展和药学信息的进一步更新和利用。

2. 学科间交叉渗透，信息内容丰富多样 医药制造业是一个多学科先进技术和手段高度融合的高科技产业群体，药学与很多学科间交叉渗透，如化学化工、临床医学、生物检测技术、计算机等学科，相应地产生大量具有多学科渗透的医药信息。同时边缘学科不断产生，如药物警戒、药源性疾病等，使得网络医药信息的内容更加广泛庞杂、纵横交叉、类型多变、丰富多样。

3. 网上医药信息零散无序，具有待验证性 Internet 是一个没有统一体系和结构的分散型互联网，任何药学实体因涉及自身利益，都可以在网上发布信息，如企业信息、医药产品宣传、广告等，导致信息资源开放、分散、无序。网络医药信息与纸质为载体的期刊报纸不同，这些信息并非全部经过“专家”审核，质量良莠不齐，信息质量参差不齐，内容大量重复。由于药学信息直接和人民的生命健康相关，需求较大，影响范围广，对药学人员一定要学会正确地分析信息、利用信息。对一般用户而言，要清楚地意识到网上的信息并不完全真实，要学会取舍，不能照搬照用，查询医药相关信息时，最好选用权威性的药学网站和经典的数据库。

4. 网络医药信息及时性，传播迅速 Interne 极大地实现了全社会、国内外医药信息的共享，基本上与广播、电视、新闻、报纸等实现了同步传播，而且具有可重复阅读、大容量累积和分类保存的优点，获得一些医药政策法规、药学新闻、网站信息等更具独特的优势，体现信息的及时性特点。网络医药信息超越了时空的限制，在网络环境下，用户可以进行光盘检索、联机检索、网上浏览等灵活多样、快速便捷的网络检索途径，分秒之间完成检索要求。同时，也能使用户通过个人网站、论坛讨论、参加新闻组等方式充分实现信息的转化与传播。总之，现代化的信息服务，更加促进 Internet 技术与联机数据库及光盘数据库的全面结合和相互渗透，网络医药信息资源既有较高的学术价值和使用价值，为用户提供了方便，带来了效益，同时也为科研、教学提供素材和参考，便于人们了解科技发展动向，进一步促进信息时代的发展。

（三）网络医药信息的检索策略

网络医药信息的检索策略就是对整个信息检索过程的策划，目的是达到良好的检索结果，好的检索策略直接影响课题的查全率和查准率，使检索过程到达事半功倍的效果。

1. 分析课题内容　进行检索前，首先要分析课题的检索内容，确定查找的主题，选定多个符合检索内容的检索词。计算机检索系统的检索词一般分为两种。

（1）主题词　主要来自于文献，代表文献的主要内容，并经过规范化的，具有实质意义的词。一般使用药物的通用名作主题词，主题词包含其同义词和近义词，优点是保证了一定的查全率和查准率。

（2）关键词（又称自由词）　来自于文献的篇名、文摘或正文，是一种没有规范化的自然语言。使用自由词要注意它的不同表达形式，如近义词、同义词、缩写、符号和代码等。原则上首选主题词检索，提高检索效率，节省费用，达到满意的检索效果。没有合适的主题词时，选用关键词，注意防止漏检。

要明确查找的范围及预期的结果。在检索时，要合理调节查准率和查全率，从而达到最佳的检索效果。对课题内容要求查准率较高的，检索词的主题范围要窄一些，最好选用专业术语如主题词等，或者选用专业短语；对检索内容要求查全率较高的，一般检索词的选择要宽泛，专指度适当减低一些，多选用关键词；对检索内容预期目标较高的，多选择权威性的、学术性的网站或数据库进行检索。

2. 选择检索工具　根据检索内容涉及的主要学科范围，选定检索工具的类型和主要的信息资源。如进行主题范围较广的检索或一般浏览时，多采用目录式检索工具搜索引擎查找相关信息，如中文医药搜索引擎“中国医药网（http://www.pharmanet.com.cn）”，是建立在互联网上专门为国内医药企业提供产品交流和贸易的平台，提供了多种医药信息的检索，其中产品大全是全球最大的医药产品数据库，可以快速查询所需产品信息；查找专业性较强的医药信息时，可直接进入专业网站或网络数据库进行检索，如美国化学文摘数据库、Medline 数据库、常用药学网站等，也可以利用联机馆藏目录（OPAC）检索相关书目信息，如查阅某高校图书馆；查找新闻、图像等具体或特定的信息时，可选用专门查找新闻、图像的检索工具，如 Google 就有独到的图像搜索功能，并自称为“互联网上最好用的图像搜索工具。”为了达到更好的检索效果，可采用多种检索工具和多类型的医药信息资源同时结合使用。

3. 确定检索途径　网络信息资源和检索工具都提供多种检索途径，根据课题的学科领域特点，医药信息资源的收录范围、提供的检索方式及检索费用等，综合选择最易获取所需信息的途径。主要途径有以下几种。

（1）从医药学专业网站上查找所需信息　目前全国乃至全世界的许多药学组织机构、医药学研究团体、药学院校及信息服务机构都在网上设立自己的 WWW 服务器，如美国国立医学图书馆国家生物技术信息中心开发的 PubMed 系统（http://www.ncbi.nlm.nih.gov）在网上免费为用户服务，具有检索简便、文献收载范围广、更新速度快等优点，部分还可以在网上获得原文，被誉为网上检索

Medline 数据库最常用的网站；中国医药信息网（http://www.cpi.gov.cn）是国家药品监督管理局信息中心创建的，它收录了中国药学文献数据库、全国药品制剂数据库、OTC 数据库等，内容广泛，专业性强。

（2）从相关学科的网络信息中查　许多生物医学网络中的主要内容是现代医药学的信息，从这些网址中查到需要的信息。如 Free Medline 是美国国立医学图书馆 Medical 系统中使用频率最高的生物医药学数据库。

（3）利用搜索引擎进行查找　可以利用国内外著名门户网站提供的分类搜索引擎查找，在这些常用的搜索引擎中，药学信息分布在“医药卫生”等相关的栏目中。如新浪搜索（http://search.sina.com）中的药学信息在“医疗健康”下的“药学”栏目中；中文雅虎（http://cn.yahoo.com）是以主题为基础建立起来的 Web 资源的主题分类目录，药学信息在“健康与医学”栏目中。也可以利用大型的综合性搜索引擎进行查找，如百度（http://www.baidu.com）、谷歌（http://www.google.com）等。在 google 中药学信息位于目录的“Health”类目下，点击“Pharmacy”显示收藏的类目及网页介绍。同时也可以直接利用关键词搜索所需信息。

4. 选择合适的检索方法　好的检索方法直接影响到获取信息的质量，分析课题内容，确定检索途径和信息资源后，根据检索要求和学科的特点等选择合适的检索方法。目前网上常用的检索方法有浏览、分类检索、关键词检索等。

（1）浏览　是用户利用网页浏览器通过统一资源定位器（URL）检索资源，能够粗略、大概地了解一些信息，主要是扩大视野，丰富积累知识。当用户随意浏览某个网站时，可按照自己的兴趣进入网页，寻找自己感兴趣的信息。如点击国家药品监督管理局（http://www.nmpa.gov.cn），可以浏览一些药品监管动态、药品的法律法规、常见 OTC 药品说明书等信息；当用户的浏览目标明确时，可直接进入能提供课题信息的站点浏览。

（2）分类检索　是利用检索工具中的分类目录，对分类明确的信息进行的检索。如 Google、新浪等检索工具，对网上的信息进行了组织整理，并按一定的主题对网页设置了类目。每一大类下设若干小类，类目之间按学科等级排列，用户不需要输入检索词，按照类目链路层层点击，即可获得所需信息。一般情况下，药学类目的网站，有关的医药学信息多设置于健康、医疗、卫生、医学等类目下。使用前提是用户必须熟悉学科类目的才能快速找到相关的知识信息。

——点击“健康”类目，显示子目录。

——点击“医药”，显示其下级目录。

——点击“药品”，显示其下级目录。

——点击“常用西药”，显示其收录的目录。

——点击“抗感染药”如图 2-10 所示。

——依次点击查找课题所需信息。

（3）关键词检索　是目前网上查找信息最快捷、最方便、最常用的检索方法，搜索引擎、大型数据库以及许多专业性网站都提供关键词检索，关键词检索主要有基本检索和高级检索两种形式。关键词检索的关键是选择合适的关键词和确定关键词之间的逻辑、位置关系等。基本检索就是从待查课题中分析重要的关键词，只需在检索框内输入查询内容的关键词，点击搜索即可，如图 2-11 所示。

高级检索是多个检索词、检索项目的逻辑组合（与，或）检索，进入高级检索界面，在检索框内输入检索词，并选择检索词之间的运算方式，以及确定选择检索范围、检索时限和排序方式等，然后点击“检索”按钮，即可进行检索，如图 2－12 所示。

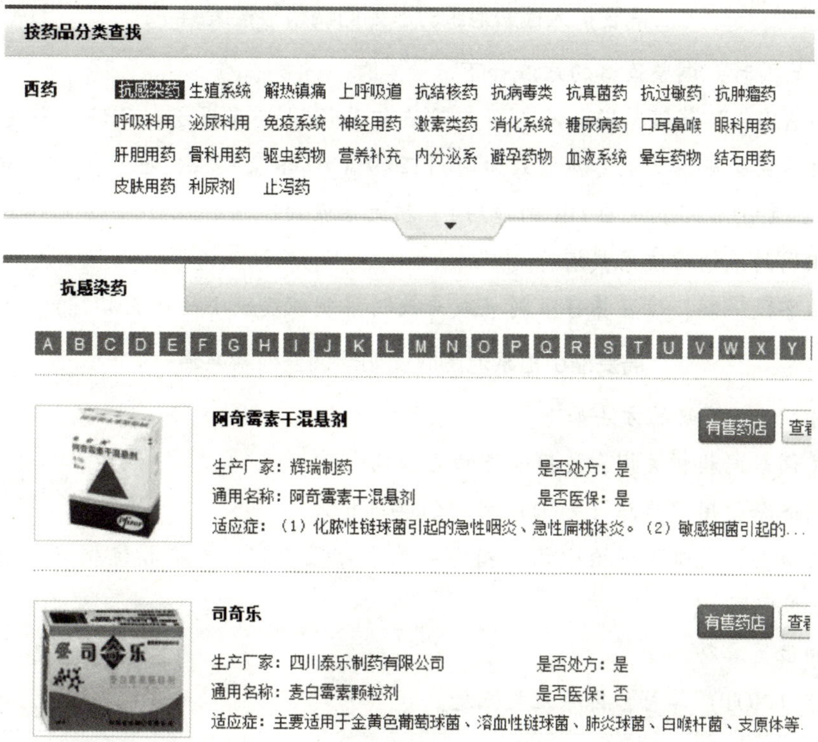

图 2－10　抗感染药

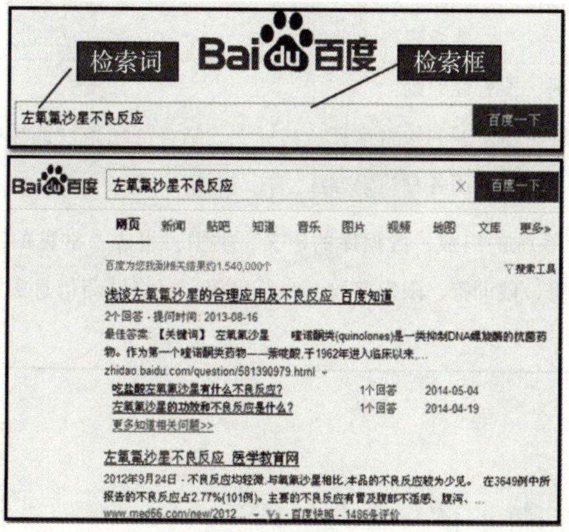

图 2－11　基本检索界面

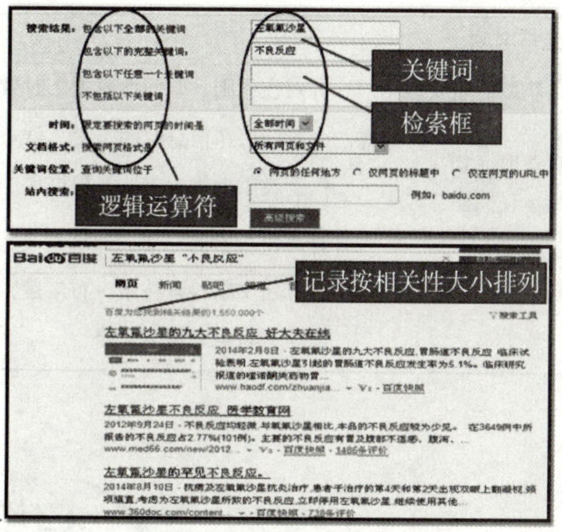

图 2－12　高级检索界面

关键词检索的针对性强，查准率高，缩小了检索范围。而且大多检索工具都提供了“检索结果按照其相关性大小排序”的功能，因此用户只需要阅读检索结果比较靠前的信息即可。

5. 检索结果的反馈调整　如果检索结果不够理想时，可以改变关键词、调整检索式、限定检索范围等，通过多次修改完善，直到满意为止。

6. 获得检索结果　根据获得的检索信息线索，可以在网站上直接获取原始文献，也可以到电子图书馆进行查阅，或者通过网上数据库有偿下载，或通过 E－mail 进行文献传递。

总之，制定合适的检索策略，才能快速、准确地获得题录、全文和整个网页。

拓展阅读

需要扩大检索范围时，如何调整检索策略

需要扩大检索范围时，调整策略的方法如下。

(1) 少“与（AND)”算符，增加同义词或同族相关词用“逻辑或（OR)”将它们连接起来；如查阅“阿司匹林的不良反应”文献，检索式为阿司匹林 AND 不良反应，也可为（阿司匹林 OR 对乙酰水杨酸 OR 巴米尔）AND（不良反应 OR 副作用)，扩大检索的范围。

(2) 在词干相同的单词后使用截词符“?”。

(3) 除已有的字段限制、位置算符限制（或者改用限制程度较小的位置算符)。

需要缩小检索范围时，如何调整检索策略

缩小检索范围，调整策略的方法如下。

(1) 减少同义词或同族相关词，使用专指的主题词。

(2) 增加限制概念，用逻辑与（AND）将它们连接起来。

(3) 使用字段限制，或者限制检索词在指定的基本字段出现，或者指定辅助字段，限制结果的文献类型、语种、出版国家。

(4) 用适当的位置算符。

(5) 用逻辑非（NOT）算符，排除无关概念。

重点小结

章节名称	重点内容
1. 医药信息获取的主要原则	针对性原则、全面性原则、时效性原则、预见性原则
2. 医药信息获取途径	常见的医药信息源的定义、特点；各种医药文献的检索途径及其标识，结合课题条件选择检索途径；医药文献的检索方法，根据课题要求，灵活运用各种检索方法
3. 现代医药信息获取方法	计算机检索的定义；计算机文献检索系统的组成；数据库的定义、类型、组成、常见的字段符号；计算机文献检索技术，布尔逻辑运算符、截词符、限定字段、字符串等；网络医药信息资源的定义、类型、特点、检索策略

目标检测

答案解析

2-1 根据我国药学家屠呦呦发现青蒿素的过程，谈谈获取医药信息的主要原则有哪些？

2-2 常见的医药信息源有哪些？期刊、学位论文、数据库、电子论坛、广播等分别属于哪种信息源？

2-3 医药文献检索的途径有哪些？什么是主题途径，举例说明？

2-4 利用专利号查找医药信息选择何种途径？查找结构复杂、分子量大且异构体少的化合物最好选择的途径是什么途径？

2-5 医药文献检索的方法有哪些？当检索工具不足时，最好选用哪些方法？

2-6 什么是计算机检索？计算机检索系统的组成有哪些？

2-7 什么是数据库？数据库的类型有哪些？数据库的组成有哪些？构成数据库的最小单元是什么？举例说明常见的字段及其缩写符号。

2-8 常见的布尔逻辑运算符有哪些？其定义、表达式和使用过程中应注意的事项有哪些？以查阅左氧氟沙星的不良反应为例，设计可以检索的途径和检索方法。

2-9 网络医药信息源的定义、特点。常见的网络医药信息源有哪些？

2-10 网络医药信息检索的途径主要有哪些？各自适合查找哪些信息？

2-11 什么是浏览、分类检索、关键词检索？各种检索方法的特点是什么？

2-12 利用新浪的分类检索、关键词检索两种方法，试查奥美拉唑的临床应用，思考两种检索的检索结果有何不同？

书网融合……

微课1　　微课2　　习题

第三章 传统文献资源与检索

学习引导

虽然在无线互联网时代电子书籍的流行极大地改变了人们的阅读方式，然而，纸质书籍作为传统的信息资源，仍是不可或缺的信息载体。掌握传统文献资源的检索方法，了解各国医药典籍的主要内容，有助于我们更快捷、全面地查找医药信息。

本章主要介绍传统文献资源的检索方法、国外药典的检索方法等。

学习目标

1. **掌握** 中国药学文摘、中文科技资料目录、默克索引、中国药典的检索方法；图书的分类方法。

2. **熟悉** 医药期刊论文的著录格式、期刊信息的获取途径；中国药学文摘、中文科技资料目录、默克索引的著录格式和收载内容；《有机化合物辞典》《Beilstein Handbook of Organic Chemistry》《CRC Handbook of Chemistry and Physics》的查阅方法；《中国药典》各部的收载内容、英国药典、美国药典、欧洲药典的检索方法；图书馆文献的组织与方法。

3. **了解** 常见的医药核心期刊收载内容；《药品红外光谱集》、英国药典、美国药典、欧洲药典的内容收载情况；图书馆信息服务的方式。

第一节 医药期刊的检索

PPT

医药期刊一般都有固定的刊名、年号、卷号和期号，并由专门的机构编辑出版的连续性出版物，汇集了多位作者分别撰写的多篇文章。具有出版周期短、内容新颖、报道速度快、发行及影响范围广等特点，反映国内外科学技术的新成果、新水平、新动向，是人们获取最新医药信息的出版物。尤其是医药专业的核心期刊，能比较集中地反映该学科或专业的文献，刊载的论文学术水平高，能反映学科或专业的最新成果或最高水平。据统计，科研人员从期刊中获得的信息约占65%以上，是十分重要的信息源，期刊组成如图3-1所示。期刊论文一般包括：篇名、作者及单位，文章的摘要、关键词、全文（包括图表和公式），最后列出参考文献，期刊论文的著录格式，如图3-2所示。

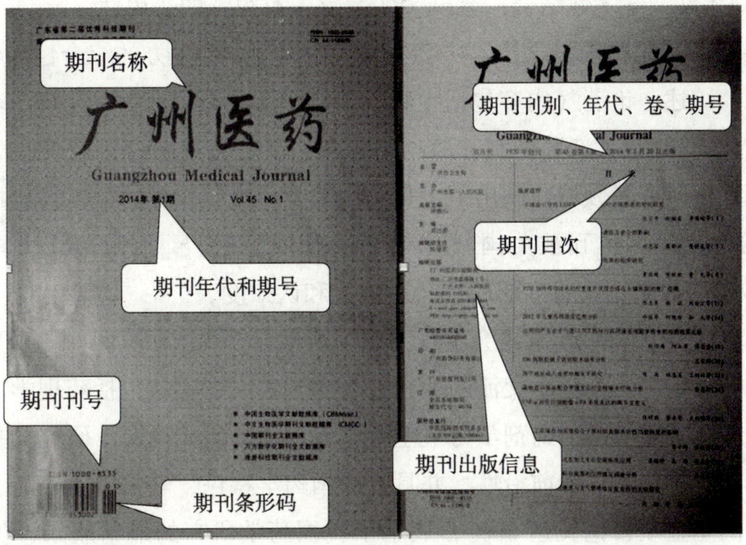

图 3－1 期刊的组成

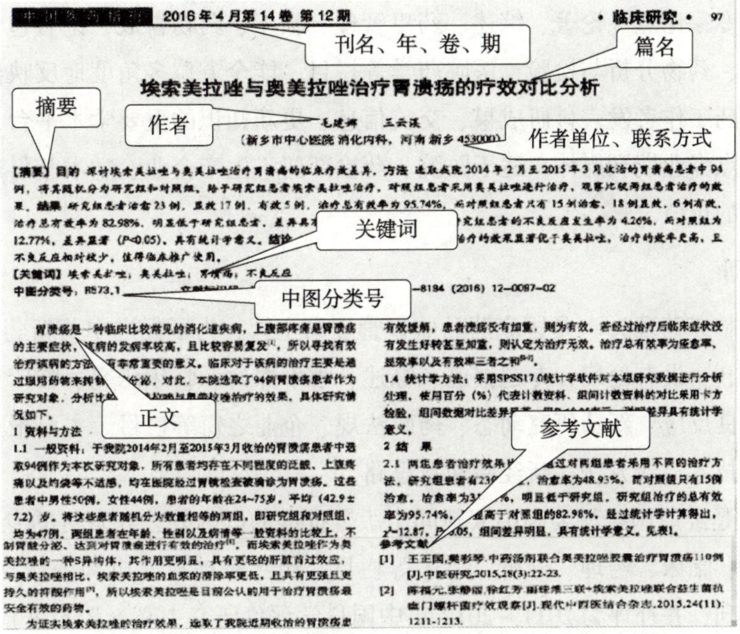

图 3－2 期刊论文的著录格式

一、常见的医药期刊

（一）医药综合性期刊

1.《中国新药杂志》 是国家药品监督管理局主管，中国药学会、中国医药集团总公司和中国医药科技出版社共同主办的国家级刊物，主要有综述与专论、实验研究、制剂与质控、临床研究、药师与临床、新药述评、新药申请与审评技术、国际新药资讯等栏目，是一份专门报道新药科研、生产、技术成果、临床应用及评介、新药质量、市场和管理方面内容，集学术、科研和信息交流服务一体，具有很强的专业性、实用性和新颖性的权威性科技情报期刊。特色是突出“新”字，反映新内容；突出“两个结合”，即医与药、技术性与学术性结合；突出“实”字，有很强的实用性。

2.《中国药学杂志》 是中国科学技术协会主管、中国药学会主办的综合性药学学术期刊，现设有院士笔谈、专家笔谈、综述、论著（内容包括生物技术、中药及天然药物、药理、药剂、临床药学、药品质量及检验、药物化学）、重大新药创制、药物与临床、新药述评、药事管理、学术讨论、科研简报等栏目，基本涵盖了药学研究各领域。刊出了大量国内药学科技工作者的最新科研成果，涉及重大发现的首报，重要成果的推广等。本刊被美国《化学文摘（网络版）》（CA）、美国《国际药学文摘》（IPA）等国际著名数据库收录，有着广泛的社会影响力和认知度。

3.《药学学报》 是中国科学技术协会主管，中国药学会、中国医学科学院药物研究所主办的，报道我国药学科研成果、促进国内外学术交流的综合性学术刊物。主要有包括药理学、合成药物化学、天然药物化学、药物分析学、生药学、药剂学与抗生素学等方面的研究论文、研究简报、综述、学术动态与述评等栏目。其论文具有创新性和前沿性，并具有中国药学特色、学术价值较高，有的达到或领先于国际水平。其中收录的基金项目论文达 80%，展示了我国药学研究的最新成果，促进了学术交流，对我国药学事业的发展起到了促进作用。

4.《中国现代应用药学》 是中国科协主管，中国药学会主办，国内外公开发行的国家级综合性药学科技期刊。主要有专家论点、论著、综述、药事管理、临床、药物警戒，论著包含药理、中药与天然药、药剂、药物化学、药物分析与检验、医院药学等栏目，能全方位多角度地反映国内药学领域的最新进展，是国内广大医药工作者发表科研成果、交流信息、更新知识的重要学术平台，也是发布药品及相关领域产品广告的重点专业期刊媒体，适于医院、药检部门、生产企业、学术和科研单位以及管理部门等各类医药卫生系统的单位。

（二）中药类期刊

1.《中药新药与临床药理》 是国家药品监督管理局主管，为了促进中药新药的研究和中药临床药理学科的发展的双月刊。设有论坛、专题报道、综述、学术探讨、临床研究、临床用药、药效与毒理学研究、合理用药和不良反应、新药研究动态、药政法规、企业之窗等栏目。主要报道中药新药和临床药理研究的新成果、新技术、新方法、新经验和新思路。

2.《中成药》 是经原国家科委和国家新闻出版署批准的国内外公开发行的专业学术刊物。主要设有制剂、质量、炮制、临床、药理、分析、综述等栏目，历年来被权威机构确认为全国中文核心期刊、中国自然科学核心期刊，并补评为 2011 ~ 2012 年中国科学评价研究中心（RSSCE）权威期刊。

（三）药物工艺研究类

1.《中国医药工业杂志》 是上海医药工业研究院主管，上海医药工业研究院、中国药学会和中国化学制药工业协会主办的，我国医药工业领域中办刊历史最长的、全国性医药科技刊物。设有药物合成、微生物药物与生物技术、中药与天然药物、药物制剂、药理与临床、药品分析与质控、制药装备与包装、药品管理与规范等主要栏目，报道我国医药工业和科研中的成果和经验，刊载了大量反映中国医药工业发展水平的论文和论著，密切关注国际上制药技术的发展新动向，刊登有指导意义的综述和专论。以医药、生物技术、化工等行业的生产、科研、教学、临床、经营管理人员以及卫生系统的临床药学人员为读者对象。

2.《中国药物化学杂志》 是中国药学会与沈阳药科大学共同主办的国内专门反映药物化学领域科研成果及科技信息的专业性学术期刊，设有研究论文、研究简报、新药信息、科研快报、综述等栏目，报道新化合物的合成及活性、计算机辅助药物设计、定量构效关系研究、药物合成方法、合成工艺改进、合成反应研究、天然产物分离鉴定及全合成研究等方面的科研论文以及新药信息、科研快报等，反映了国内药物化学最新的科技动态与科研成果，为广大医药科技工作者提供了解新药研究、制药工艺研究、天然药物化学研究的窗口，促进世界医药事业的发展。

（四）药学服务类期刊

1.《中国药房》　是中华人民共和国国家卫生健康委员会主管，中国医院协会、中国药房杂志社主办的国家级、国内外公开发行的药学技术类刊物。设有改革与探索、药业专论、市场经纬、实验研究、药房管理、医院制剂、药物经济学、用药分析等栏目，每月分上、中、下旬出版，上旬刊为“药房与药事版”，主要包括药业专论、药物研究、制剂技术、新药和辅料、社会药房等栏目；中旬刊为“药房与临床版”，主要包括药物经济学、用药分析、临床药学、药物配伍、药物警戒、不良反应监测等；下旬刊为“药房与中药版”，主要包括中药论坛、中药研究、中药应用、民族医药、中药制剂等栏目。主要为从事医院药房、社会药房（店）工作的各级各类人员以及药品研制、生产、经营、临床应用和监督管理人员提供信息。

2.《中国药师》　是国家药品监督管理局主管的药学学术期刊，是月刊。主要设有研究论文、继续教育、药学进展、研究报告、药学与临床、药品监管、科技交流、医药信息等栏目。主报道药品科研、生产、经营、管理及临床使用诸多方面的研究成果与工作经验，及时传播国内外药学领域的最新进展，积极宣传国家法律、法规，传播药学新理论、新知识、新技术、新工艺，开展药学人员继续教育，促进药师经验交流和医、药学人员间的信息沟通，深受药师和医师的欢迎。

（五）临床药学类期刊

1.《中国临床药学杂志》　是中国科学技术协会主管，中国药学会主办，复旦大学药学院承办，《中国临床药学杂志》社编辑出版的双月刊。设有论著、医师药师园地、经验交流、合理用药、药物不良反应、药物相互作用、综述等栏目，主要报道我国临床药学及相关领域的新成果、新技术、新方法，有关临床用药的基础研究。为我国广大临床药学和医学工作者提供一个学术交流、信息传递和了解国内外临床药学及相关学科发展情况的窗口与平台。适于医院药师、医师、临床药学研究人员和其他医药研究人员。

2.《中国临床药理学与治疗学》　由中国科学技术协会主管，中国药理学会主办，皖南医学院弋矶山医院承办的国家级学术性月刊，设有专论、基础研究、临床药理学（包括药物基因组学及药物蛋白组学等）、定量药理学（包括药代动力学、药效动力学及药物临床评价等）、药物治疗学、综述与讲座、短篇报道、读者·作者·编者等栏目，主要报道用药方案设计的临床研究、评价；药物联用以及药物与其他治疗手段联用的临床研究，临床药理学研究，基础药物治疗学研究，临床药物的试验与统计等，适于从事新药研发、临床药理学及药物治疗学研究的医疗、科研及教学人员为读者对象。

二、期刊信息获取途径

1. 购买　通过订阅、邮购、从网上书店购买。

2. 利用图书馆　到图书馆查馆藏目录、联合目录等。通常有以下获取途径。

（1）本地借阅根据刊名、年、卷、期（到本单位的图书馆或信息部门去获取）。

（2）馆际互借、文献传递，根据刊名、年、卷、期从国内其他图书信息机构获取。

(3) 电子期刊，直接阅读其相应的电子期刊或 PDF 格式文献。

(4) 数字图书馆，可通过一定的检索工具获取。

第二节　期刊式检索工具

PPT

期刊式检索工具，就是按照一定的学科或主题进行收集、整理、编排，并给以文献检索标识而形成的，便于用户查找所需期刊文献信息的二次文献。有固定的刊名、连续出版的检索性刊物。主要有文摘、题录型，如《中国药学文摘》《美国化学文摘》《中文科技期刊》文摘数据库（维普）等；引文型，如《科技论文引文分析数据库》(万方)；全文型，如《中国学术期刊》全文数据库等。由于网络技术、通信技术和电子出版物加工技术的迅速提高，期刊检索工具由过去的以印刷型为主过渡到现在的电子型为主。

一、中国药学文摘 微课 1

(一) 概况

《中国药学文摘》(Chinese Pharmaceutical Abstracts，简称 CPA)，由国家药品监督管理局信息中心编辑出版，创刊于 1982 年，1984 年以季刊形式正式发行，现为月刊，收集国内公开发行的 760 余种医药期刊以及会议论文和部分内部刊物的资料，以文摘、简介、题录等形式及时、准确、全面地报道药学领域的新知识、新技术、新进展、新药物。一年为一卷，每卷 12 期，每期文摘量约为 2000 多条，是国内最主要的药学文献检索性刊物。

目前，已有光盘或磁盘为载体发行，光盘专辑具有全文检索功能。中国药学文摘数据网络系统，拥有 30 余万条数据，每年以两万八千多条数据递增，可选择文献类型、主题词、关键词等 12 个入口检索、查询，内容丰富，查询方便。

(二) 文摘

1. 组成　文摘由期文摘（每卷 12 期）、年度索引两部分组成，如图 3－3、3－4 所示。

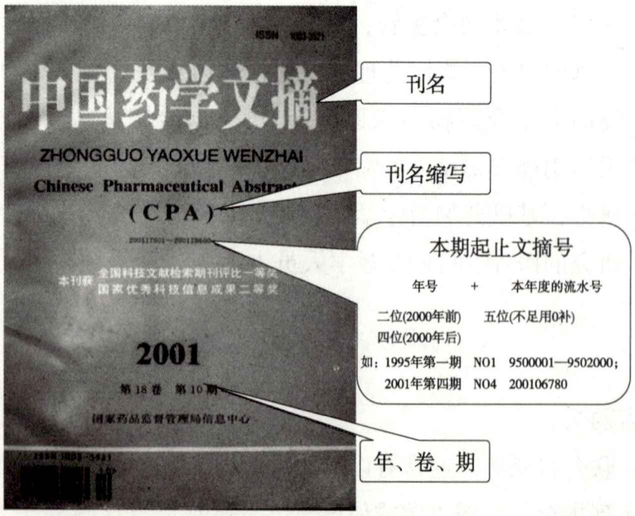

图 3－3　期刊封面及文摘号的组成

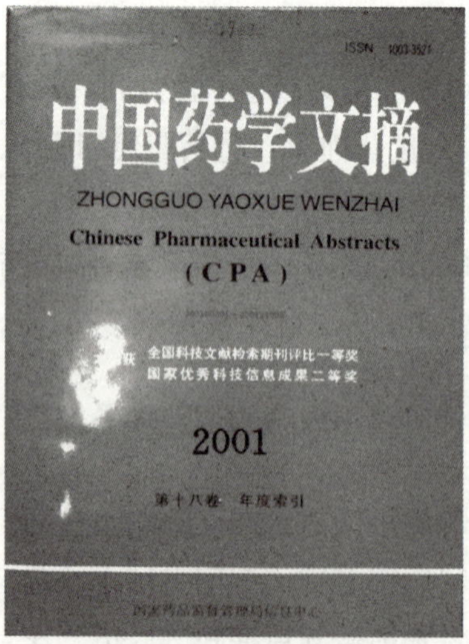

图 3－4　年度索引

2. 文摘内容编排　《中国药学文摘》的分类目次采用自编的分类体系，分成12大类，70小类。其12大类见表3－1。

表3－1　中国药学文摘的分类目次

01　药学理论、一般性药学综述和历史文献	07　生物药剂学
02　生药学和中药材	08　药物分析
03　药物化学	09　临床应用与药物评价
04　药物生产技术	10　药品生产管理和质量管理
05　药剂学和制剂技术	11　制药设备和工厂设计
06　药理学和毒理学	12　药品介绍与药品综述

3. 文摘的著录格式

R978. 15[③]　　053[②]　　9812958[①]

红霉素制剂的研究概述[④]/顾觉奋[⑤]（中国药科大学[⑥]）；王鲁燕[⑦]//中国医药情报．－1997，3（4）．－248－252，233[⑧]

就红霉素制剂的研究、生物利用度、药代动力学研究以及临床治疗学研究方面进行简要概述。(原刊提要)[⑨]。

说明：①文摘号；②药学分类号；③中国图书资料分类号；④文献标题（黑体字）；⑤首作者（姓在前，名在后）；⑥首作者所在单位；⑦合作者；⑧原文出处，包括期刊名、年号、卷号（期号）、起止页码；⑨正文（原文内容摘要）。

（三）索引

期刊式检索工具的索引体系分为期索引、卷索引和累积索引等。《中国药学文摘》主要有期索引和卷索引。期索引是指附在每期文摘之后，只查当期文摘，著录简单；卷索引是各期索引之和，查找该卷的文摘，单独成册，著录详细。其主要区别如图3－5所示。

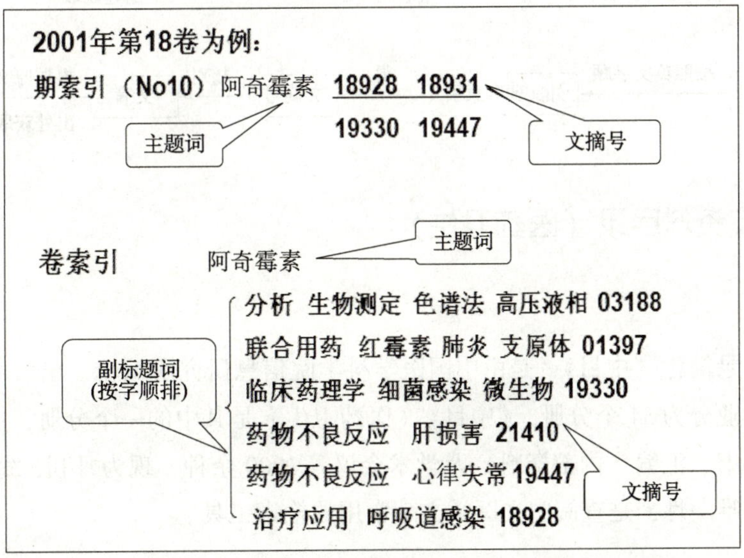

图3－5　期索引和卷索引的著录格式的区别

1. 主题索引 主题索引格式内容如下：

标识—主题词

编排—汉语拼音字顺

著录格式

(期索引) 主题词——文摘号

(卷索引) 主题词

副标题词——文摘号

备注：副标题词是对主题词进行限定和说明的。

2. 外文药名索引 将文摘标题或内容中出现的药物名，按英文字顺编排而成的一种索引，没有副标题词。它在按英文字顺编排时，不考虑药名前的取代基定位符号，立体异构符号和 αβγ 等符号，如图 3－6 所示。

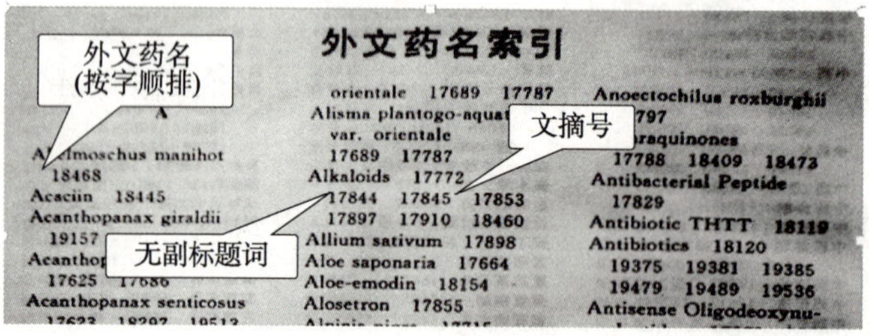

图 3－6 外文药名索引

(四) 检索方法

可通过分类、主题和外文药名等途径检索，三种分类途径的程序分别如下：

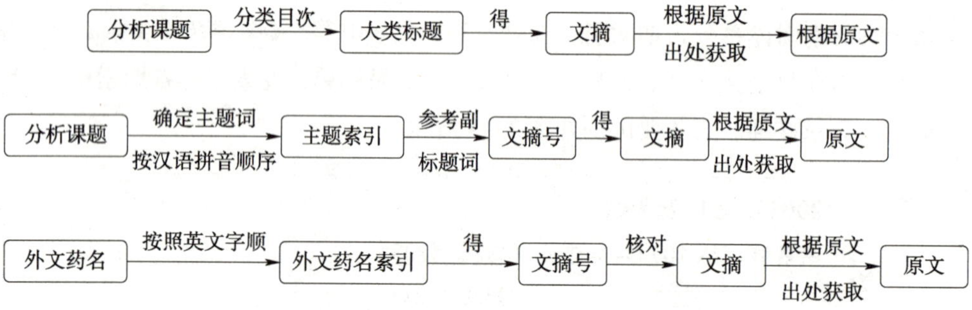

二、中文科技资料目录（医药卫生）

(一) 概况

中文科技资料目录简称《中目》，是由中国医学科学院信息研究所编辑、出版和发行的大型题录型文献检索刊物，按专业分为 34 个分册，《中目》（医药卫生）是其中的一个分册，主收录国内医学或与医学相关的期刊、图书、汇编（内部资料）及学术会议等 1000 余种，现为月刊，每期报道题录 5000 条左右，具有权威性和唯一性，是查阅中文医学文献常用的检索工具。

(二) 分类目次

《中目》（医药卫生）按照《中国图书资料分类法》进行分类编排。每期内容按照学科类别分成 26

大类、300 多个小类，每一类号后有相应的页码指示，如图 3－7 所示。

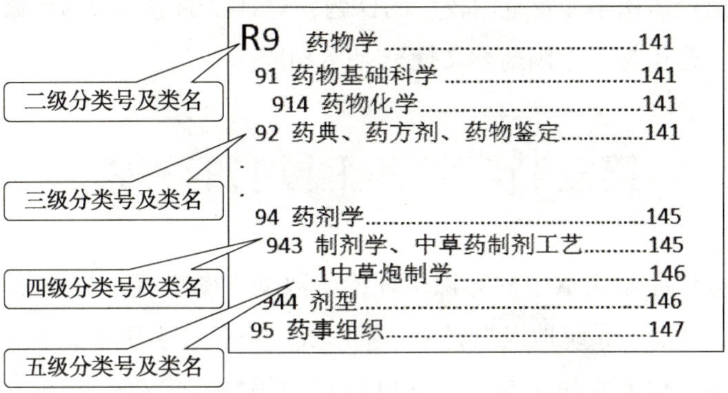

图 3－7　《中目·医药卫生》的分类编排格式

（三）正文的著录格式

题录的著录项目包括文献标题、作者（作者单位）和原文出处等。以期刊和图书的著录格式为例。

1. 期刊论文

0035290①颈椎后路钢板内固定的应用解剖学②/谢宁③（第二军医大学长征医院）④…//中国临床解剖学杂志．－2000，（1）：－5－7⑤

说明：①题录号（年号＋本年度的顺序号）；②文献标题（综述类在题名后加“［综述］”字样）；③作者；④作者单位；⑤原文出处，包括期刊名、年号、卷号（期号）、起止页码。

2. 图书

9713485①综合避孕方法（政策和服务指南）②人民卫生出版社③，－1997.3，1－96④

说明：①题录号；②图书书名；③出版单位；④出版时间及所在页码。

（四）检索途径

主要有主题途径和分类途径两种。

1. 主题途径　是利用主题索引进行检索，期主题索引用于最新资料的查找，年度主题索引用于回溯性检索。主题途径适用于专题检索。其著录格式如下：

A①
a 阿
阿尔茨海默病②—病理学③55655④　58854④　病因学③ 58861④
阿马林②—诊断应用③ 56157④
阿霉素②—副作用③ 59617④　化学合成③ 55566④　药理学 59794④
阿莫西林②—投药和剂量③ 55982④　药代动力学③ 59501④

说明：①主题词汉语拼音顺序字母；②主题词（以汉语拼音字顺排列）；③副主题词；④题录顺序号。

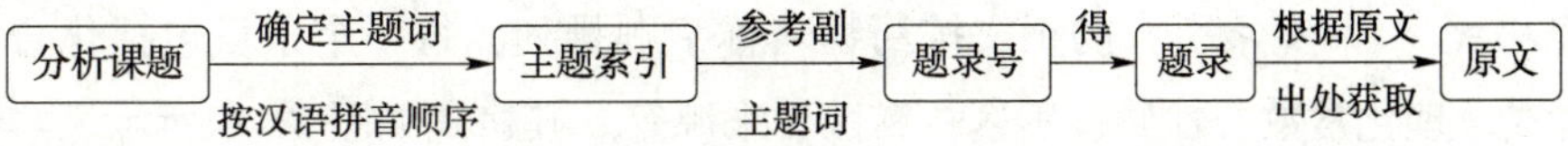

2. 分类途径 从分类目录入手，按类查找，检出所查类目在正文中的页码，在正文中进行浏览检索，找出切题文献。该途径适用于涉及范围较广的课题，对难以确定类别的检索词，可借助学科分类类名索引，便于族性检索，途径与《中国药学文摘》基本相同。

第三节 参考工具书的检索

PPT

参考工具书是将分散在原始文献中的知识、理论、数据、图表等，按照某一学科或某一方面的要求，用简明扼要的形式，全面、系统地组织起来，就形成了辞典、手册和参考书。具有浓缩性，属于三次文献，是数据检索和事实检索常用工具书，它以特定的编排形式和检索方法供读者学习、参考、使用。辞典、手册和参考书是确定性检索的一种工具，其编排结构和排检方法相近，见表3－2和表3－3。

表3－2 参考性工具书的结构编排

组成	内容
前言（preface）	主要说明编辑目的、基本内容、内容评价、使用价值等
凡例说明（note）	对正文中的共同内容加以解释和说明
目录（contents）	主要是介绍内容章节
正文（text）	编排的具体内容，具体编排方法有字顺、分类、主题等
附录（appendix）	特殊用途或来不及列入正文的资料
索引（index）	用来查找正文或附录内容的方法

表3－3 参考工具书的主要排检方法

排检方法	分类	含义	示例
按字序编排	音序法	按照汉字读音或英文的字母顺序逐字母排序，即A、B、C、D等，顺序相同而读音不同	《汉语字典》和《英文字典》等
	形序法	按部首、笔画法等排列。笔画法就是按照组成汉字的笔画由少到多排检，同笔画按起笔型排	《中华人民共和国药典》
按分类编排	分类法	正文的内容按照学科分章节编排	《新编药物学》
按时间编排	时序法	按事物、事件的发生和发展，人物生平事迹等排	《中国药学年鉴》
按地理位置编排	地序法	按照行政区划分或地理位置的次序编排	《中国企事业名录大全》

一、辞典 微课2

辞典是汇集语言中的词语，按一定的次序编排，注明其读音释义、用法的工具书。主要包括综合性词典、专业性辞典、语言对照辞典和分类辞典等。

（一）《默克索引》（The Merck Index）（印刷版）

1. 概述 《默克索引》由美国默克公司（Merck & Co.，Inc）编辑出版，是收载化学药品、药物和生理活性物质的综合性的百科全书，收录超过1万多条有关个别的物质和其相关组别化合物的专题文章，同时附录中收录有关有机化学的人名反应。现在医药企业多采用的是《默克索引》的光盘版。

2. 正文著录格式 《默克索引》的正文按药物名称字顺排列，每一个条目包括化合物的各种名称、商品代号、结构式、理化常数、性质、用途、毒性、来源等。其格式如图3－8所示。

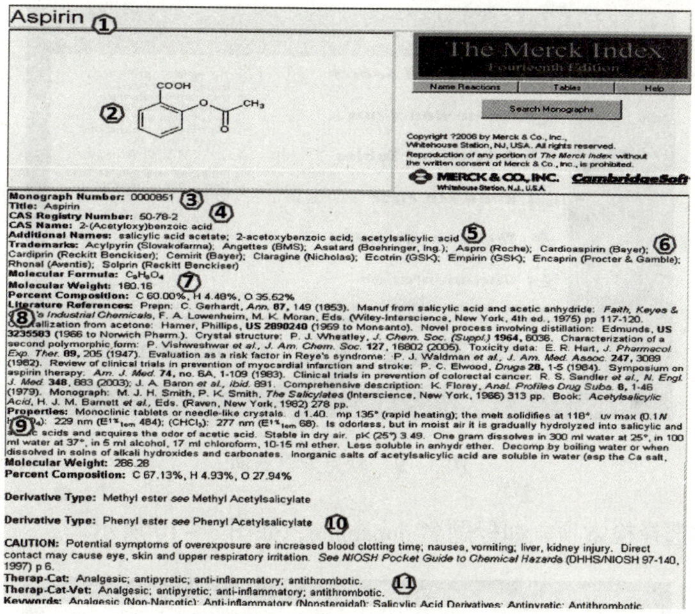
Aspirin ①

The Merck Index
Fourteenth Edition
Name Reactions | Tables | Help
Search Monographs

Copyright ?2006 by Merck & Co., Inc.,
Whitehouse Station, NJ, USA. All rights reserved.
Reproduction of any portion of *The Merck Index* without the written consent of Merck & Co., Inc., is prohibited.
MERCK & CO., INC. Whitehouse Station, N.J., U.S.A. CambridgeSoft

Monograph Number: 0000851 ③
Title: Aspirin
CAS Registry Number: 50-78-2 ④
CAS Name: 2-(Acetyloxy)benzoic acid
Additional Names: salicylic acid acetate; 2-acetoxybenzoic acid; acetylsalicylic acid ⑤
Trademarks: Acylpyrin (Slovakofarma); Angettes (BMS); Asatard (Boehringer, Ing.); Aspro (Roche); Cardioaspirin (Bayer); Cardiprin (Reckitt Benckiser); Cemirit (Bayer); Claragine (Nicholas); Ecotrin (GSK); Empirin (GSK); Encaprin (Procter & Gamble); Rhonal (Aventis); Solprin (Reckitt Benckiser) ⑥
Molecular Formula: $C_9H_8O_4$ ⑦
Molecular Weight: 180.16
Percent Composition: C 60.00%, H 4.48%, O 35.62%
Literature References: Prepn: C. Gerhardt, *Ann.* **87,** 149 (1853). Manuf from salicylic acid and acetic anhydride: *Faith, Keyes & ...'s Industrial Chemicals*, F. A. Lowenheim, M. K. Moran, Eds. (Wiley-Interscience, New York, 4th ed., 1975) pp 117-120. ...allization from acetone: Hamer, Phillips, **US 2890240** (1959 to Monsanto). Novel process involving distillation: Edmunds, **US 3235583** (1966 to Norwich Pharm.). Crystal structure: P. J. Wheatley, *J. Chem. Soc. (Suppl.)* **1964,** 6036. Characterization of a second polymorphic form: P. Vishweshwar *et al., J. Am. Chem. Soc.* **127,** 16802 (2005). Toxicity data: E. R. Hart, *J. Pharmacol. Exp. Ther.* **89,** 205 (1947). Evaluation as a risk factor in Reye's syndrome: P. J. Waldman *et al., J. Am. Med. Assoc.* **247,** 3089 (1982). Review of clinical trials in prevention of myocardial infarction and stroke: P. C. Elwood, *Drugs* **28,** 1-5 (1984). Symposium on aspirin therapy: *Am. J. Med.* **74,** no. 6A, 1-109 (1983). Clinical trials in prevention of colorectal cancer: R. S. Sandler *et al., N. Engl. J. Med.* **348,** 883 (2003); J. A. Baron *et al., ibid.* 891. Comprehensive description: K. Florey, *Anal. Profiles Drug Subs.* **8,** 1-46 (1979). Monograph: M. J. H. Smith, P. K. Smith, *The Salicylates* (Interscience, New York, 1966) 313 pp. Book: *Acetylsalicylic Acid*, H. J. M. Barnett *et al.*, Eds. (Raven, New York, 1982) 278 pp. ⑧
Properties: Monoclinic tablets or needle-like crystals. d 1.40. mp 135° (rapid heating); the melt solidifies at 118°. uv max (0.1*N* ...): 229 nm ($E^{1\%}_{1cm}$ 484); ($CHCl_3$): 277 nm ($E^{1\%}_{1cm}$ 68). Is odorless, but in moist air it is gradually hydrolyzed into salicylic and ... acids and acquires the odor of acetic acid. Stable in dry air. pK (25°) 3.49. One gram dissolves in 300 ml water at 25°, in 100 ml water at 37°, in 5 ml alcohol, 17 ml chloroform, 10-15 ml ether. Less soluble in anhydr ether. Decomp by boiling water or when dissolved in solns of alkali hydroxides and carbonates. Inorganic salts of acetylsalicylic acid are soluble in water (esp the Ca salt, ⑨
Molecular Weight: 286.28
Percent Composition: C 67.13%, H 4.93%, O 27.94%

Derivative Type: Methyl ester *see* Methyl Acetylsalicylate

Derivative Type: Phenyl ester *see* Phenyl Acetylsalicylate ⑩

CAUTION: Potential symptoms of overexposure are increased blood clotting time; nausea, vomiting; liver, kidney injury. Direct contact may cause eye, skin and upper respiratory irritation. *See NIOSH Pocket Guide to Chemical Hazards* (DHHS/NIOSH 97-140, 1997) p 6.
Therap-Cat: Analgesic; antipyretic; anti-inflammatory; antithrombotic. ⑪
Therap-Cat-Vet: Analgesic; antipyretic; anti-inflammatory; antithrombotic.
Keywords: Analgesic (Non-Narcotic); Anti-inflammatory (Nonsteroidal); Salicylic Acid Derivatives; Antipyretic; Antithrombotic.

图 3－8　默克索引的著录格式

说明：①标题；②结构式；③顺序号；④CAS 登记号；⑤CA 中的化学名及其他化学名；⑥商品名；⑦分子式、分子量、化学组成；⑧参考文献；⑨性质；⑩其他衍生物；⑪治疗指数等。

3. 索引　主要有药名字顺索引、分子式索引、化学文摘登记号索引、治疗范畴和生物活性索引等。

4. 检索途径

（1）药名途径

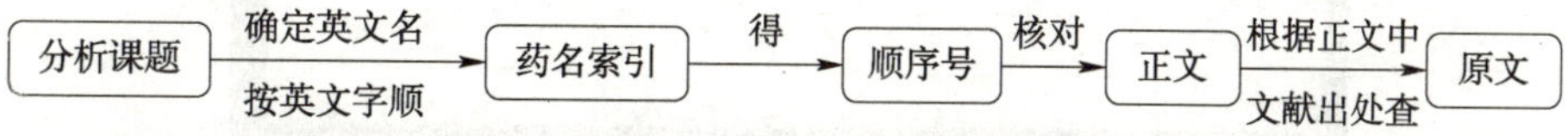

（2）分子式途径

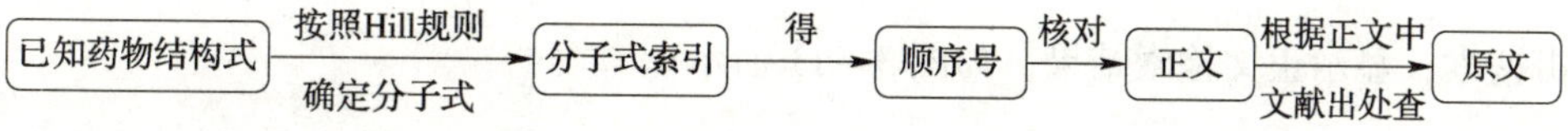

（3）登录号索引途径

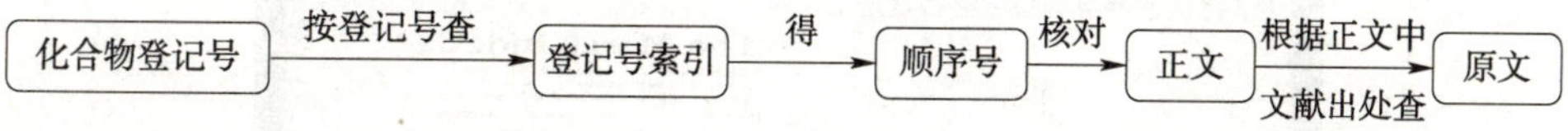

（4）治疗分类途径

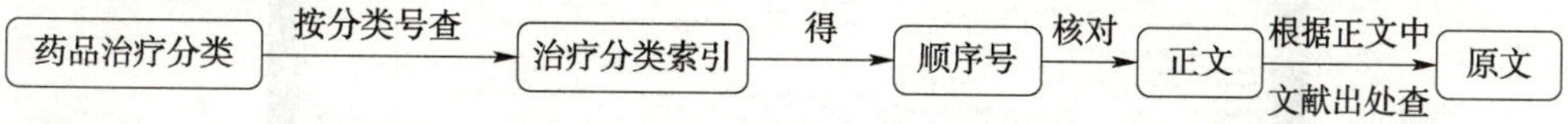

（5）其他途径

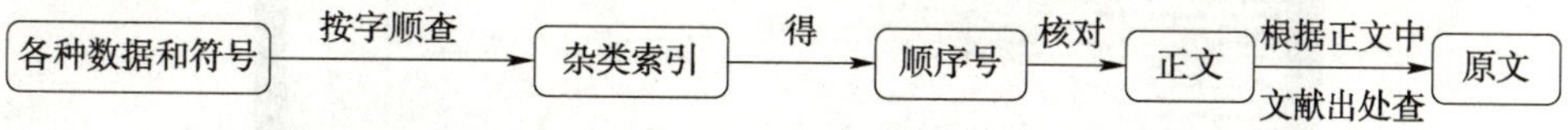

（二）《默克索引》（The Merck Index）（光盘版）

——登录默克索引界面，已知化合物名称选用 compound search 查找，如图 3－9 所示。

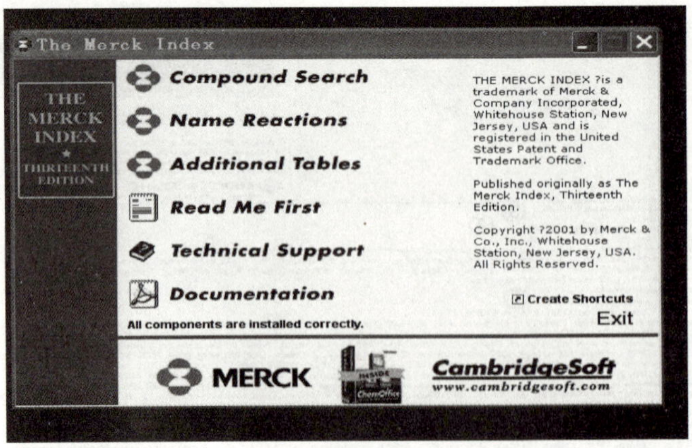

图 3-9 默克索引界面

——根据已知条件选择检索项，如标题名 dopamine，如图 3-10 所示。

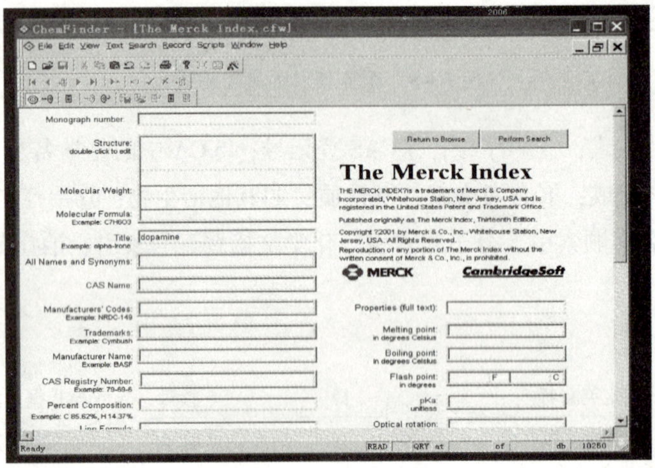

图 3-10 默克索引检索项

——点击搜索，显示正文检索结果，如图 3-11 所示。

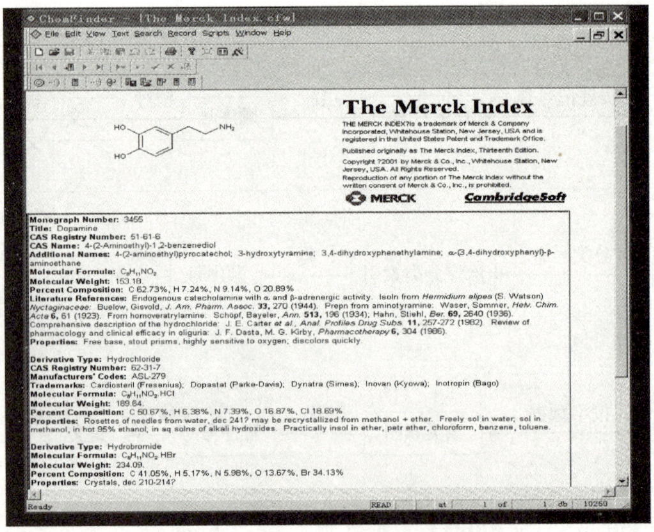

图 3-11 默克索引检索结果

（三）《Dictionary Of Organic Compounds》有机化合物辞典

该套辞典首次出版于1934年，1996年出版第6版，有机化学最常用的工具书之一，第1～4版由Eyre & Spottiswoode Ltd. 出版，第5版开始由美国Chapman & Hall出版发行，第6版9卷，另外还有两卷增补。共收录6.1万多个基本有机化合物、有应用价值的化合物、实验室常用试剂和溶剂、重要天然产物和生化物质等，列出了有机化合物的化学结构、理化常数、化学性质及其衍生物，并附有制备的文献资料和CAS登记号等。第6版有光盘版，第三版有中译本即《海氏有机化合物辞典》。

正文以化学物质名称字顺排列，每一条目包括化合物的各种命名、CAS登记号、结构式、立体化学、重要性和应用、各种物理数据、有价值的参考文献、毒性等。与The Merck Index比较，两者不完全重复，即使是同一化合物，摘录的内容也不尽相同。

书后附有化学物质名称索引、分子式索引和CAS登记号索引，可根据索引查阅所需内容。

二、手册

医药手册是以简明扼要的方式汇集某领域的基本知识、参考资料或数据的参考书，具有主题性强、信息量大、数据科学实用等特点，按内容和编排形式分为数据手册、图谱手册、条目型手册及总结性手册，一般篇幅不大，通常为一卷，是常用的医药参考工具。通常不定期修订。

1.《药品红外光谱集》　它是汇集药品各种红外光谱的图集，由国家药典委员会组织编写而成，是《中华人民共和国药典》（2020年版）的补充，目前是《药品红外光谱集》第五卷，本卷包括化学药品红外光谱图94张，广泛用于药品的鉴别检验，是药品生产企业、研发企业、高等院校、检验机构必备的工具书。

2.《Beilstein Handbook of Organic Chemistry》（《拜尔斯坦有机化学手册》）　它是由德国化学会Beilstein研究所编辑出版。1880年由Friedrich Konrad Beilstein编辑第一版，目前使用的第四版于1918年开始编辑。该丛书是全世界有机化学方面资料最完备、最权威的大型参考工具书。收集了科学文献中已报道的、叙述确切并能以足够纯的形式提取的、定了性的（具有一定成分和结构）的碳化合物的文献资料和数据。

Beilstein第四版共分正编和第一至第五补编（Supplement），大部分为德语，第五补编为英语。每一编都有固定的卷数（共27卷），将各种类型的化合物固定安排在第1～27卷相应的卷内，即将碳化合物分成三大类：非环化合物（1～4卷）、碳环化合物（第5～16卷）和杂环化合物（第17～27卷），第28卷是化合物名索引，第29卷是分子式索引。此外还有正编、第一至第四补编累积总索引。

Beilstein的检索有两种方法：一是索引查找法，是通过各卷册或累积的化合物名索引、分子式索引来查找文献的方法；二是系统查找法，是利用“系统号”和卷前的目录查找文献的方法。此外，各卷的卷首列有引用期刊及其他出版物的全称和缩写，还附有缩写词汇总表。

3.《CRC Handbook of Chemistry and Physics》（《CRC化学和物理手册》）　CRC化学和物理手册是美国化学橡胶公司出版的一部著名的化学和物理学科的工具书，出版于1913年，以后逐年改版，提供大量的化学和物理方面的数据。目前已有光盘版（2010年版），全书分有目录、正文、附录、索引等四部分，正文分有16部分，我们最常用的是有机化合物的理化常数和元素、无机化合物的性质等。一般按照英文字母的顺序直接在正文中查找。

三、参考书

(一)《中华人民共和国临床用药须知》

由国家药典委员会组织全国医药学知名专家编撰，是《中国药典》配套丛书之一。由各学科医药学权威专家，根据临床用药经验并结合国内外科学翔实、严谨公开的资料编写而成，内容丰富，与临床紧密结合，具有较高的实用性、学术性和权威性。是医药临床人员常用的参考工具书之一。

(二)《Physician's Desk Reference》(简称 P. D. R 或 PDR)

1. 概述 P. D. R 是由美国 Thomson Healthcare 公司编辑出版，FDA（美国《联邦食品药品及化妆品法》）批准的美国药典配套图书，是当今世界上最严格的法规，在国际上具有很高的权威性。无论是药品还是食品或化妆品，一经 FDA 批准认可即等于取得了药品、食品及化妆品进入国际市场的通行证，因此 PDR 是国际药品市场上药品生产、经营及临床应用等方面具有权威性的参考工具书。该套书共六个分册：①Physician's Desk Reference（PDR 医生桌面用药参考书）；②PDR Supplemented A&B（PDR 的增补本）；③PDR Guide to Drug Interactions side effects Indications（PDR 中药物的相互作用、副作用、适应证）；④PDR for nonprescription drugs（PDR 非处方药物）；⑤PDR for ophthalmology（PDR 眼科用药）；⑥PDR medical dictionary（PDR 医药词典）。

2. PDR 内容 PDR 是全套书的核心，分有治疗药物和诊断药物二部分，其结构相同，各种药品的详细资料都收集在此。收集的有处方药物和非处方药物，主体部分主要有：

第一部分 Product Information（white pages）药品信息（白色页码）；Diagnostic Product Information（green pages）诊断药品信息（绿色页码）。

Product Information（产品信息）是 PDR 的核心，是正文部分，收录药品信息有：适应证、药效、剂量、给药途径、给药方法、给药频率和给药周期以及相关的注意事项，禁忌证、副作用和预防等各项，都逐句逐字按照 FDA 的标准；

正文的编排是按生产厂商的字母顺序排列，然后各公司所生产的药品再按药品商品名的字母顺序排列。

每个药品信息，首先是商品名其后是注有 R（处方药物）或 OTC（非处方药）商品名是剂型，商品名下一行括号中是通用名，其后是药典收载情况，再后就是控制药品的分类。接下来是该药品各方面的具体信息：

（1）Description（药物分子式、化学名、剂量等方面的描述）；

（2）Clinical Pharmacology（临床药理）；

（3）Indications and Usage（适应证和用途）；

（4）Contraindications（禁忌）和 Warning（注意事项）；

（5）Precautions（预防）和 Adverse reactions（不良反应）；

（6）Dosage and administration（用法与用量）；

（7）How Supplied（储存）；

（8）References（参考文献）；

（9）Over dosage（过量产生的结果）。

第二部分各种辅助索引和检索途径。

（1）Manufacture's Index（white pages）药品生产厂商索引（白色页码）　可以了解到某厂生产的所有药品的商品名及全部的资料。收录所有的参加 PDR 的生产厂家，按厂商名的字母顺序排列。每个公司名下是公司及子公司的地址、电话号码、电传等，接下来是该公司生产的所有商品名按字母顺序排列，药品名后是药品在 PDR 中的页码，如有二个页码，第一个是 Product Identification Guide（产品鉴别指南）中的页码，说明此药品有制剂产品彩色图片；第二个页码是 PDR 正文页码，正文页码是黑体字说明收录该药品的完整信息，如是斜体页码表明是该药品的部分信息。商品名前有号码表明此药品在 Product Identification Guide 中有收录了该药品的制剂彩色图片，如商品名后无页码而是符号，说明药品是 OTC 收录在 PDR for Nonprescription Drugs（即 PDR 非处方药物）。

（2）Brand and Generic Name Index（pink pages）药品商品名及通用名索引（粉色页码）　读者可以用商品名或通用名了解某药品的全部信息，也可以通过通用名来了解某药品的所有商品名及生产厂商。该索引是 PDR 的主要索引，是以药品的商品名和通用名字母顺序排列的，每个通用名下有一黑体横线，其下列出该药品的所有商品名，在 PDR 中有详细资料的商品名列于首位，其他文摘性等资料的商品名按字母顺序排列。商品名后括号中是生产厂商，商品名前有符号其后有两个页码说明该药品有制剂鉴别图片，页码是黑体的为详细资料，斜体的为文摘性信息，无页码而用表示 OTC 药品收录在 PDR for Nonprescription Drugs（PDR 非处方药物）。

（3）Product Category Index（Blue pages）药品分类索引（蓝色页码）　可以按生物活性的类别来检索同一类中所有的药物商品名及详细资料。该索引是以药品的活性类别的字母顺序排列的，每类下是按药名字母顺序排列，药名后括号中是厂商，其后两个页码前者为鉴别图页码，后者为信息页码。

（4）Product Identification Guide（Grog pages）制剂产品鉴别指南（灰色页码）　PDR 中所收录部分药品剂型的鉴别图版，用灰色页码。该指南收录了 2000 多彩色图片，其中片剂和胶囊剂是 1∶1 的实际大小图片，其他剂型图片比实际小，目的是使读者迅速鉴别药品外观。图片是按生产厂商的字母顺序排列，每个公司下是其产品的图片，图片正上方是公司名，右上方是该药品的信息资料所在页码，图片下方是含量及主要成分及药品的商品名。如某制剂还有其他有效制剂，那么在药品前加“+”符号，在药品与数字间标有符号说明此数字是该公司该产品的专用数字代码，部分药品图片左上角有 R（处方药），OTC（非处方药）及 c－Ⅳ（控制药物分类，PDR 对控制药物分四类即Ⅱ、Ⅲ、Ⅳ、Ⅴ）。

（三）《Martindale the Extra Pharmacopoeia》（《马丁代尔大药典》）

1. 概述　《马丁代尔大药典》是由英国大不列颠药物学会（The Pharmaceutical Society of Britain）的药物科学部（Department of Pharmaceutical Science）所属的药典出版社（The Pharmaceutical Press）编辑出版的一部非法定药典，因其编者 William Martindale 而得名。是世界公认的最可信赖而又具有权威性的全球药物信息资源。

2. 内容　全书分为三个部分，第一部分为医院制剂，按药物作用类别分类；第二部分为辅助药物部分，按字顺排序；第三部分为专利药物部分。全书收录了 5500 多篇药物专论、6 万种专利制剂、660 种疾病治疗顾问、200 篇草药专论、5000 种草药制剂和 32 个国家的 10900 多家生产商的信息。可方便快捷地检索药品的用法、副作用、分子式、同义药名、制造商及商品名信息等。

3. 辅助索引　书末附有厂商索引、药物临床用途索引和总索引。General Index 是一部详尽无遗的索引，收录了有关药物、制剂、化合物、药理、治疗和临床应用等方面的款目共 15 万多条。在每个药品的通用名下列出其所有的商品名及相应页码，是一部集一般名、商品名及化学名为一体的辅助索引，按药品英文字母顺序排列，便于读者检索。

此外，还有 CD－ROM 以及在线订阅浏览的电子版，其大型参考工具书每 2 年更新一次。

四、药典

（一）概述

世界上已有 30 多个国家制订药典，第一部药典是于 1546 年在德国出版的《纽伦堡药典》，之后相似的药典在不同的城市中不时出现。坚持正常出版的除《中国药典》外有美、英、日、德和欧洲药典等，我国药典是每 5 年修订一次。

药典是国家颁布的有关药品质量标准的规定。它是药品生产、供应、使用和监督管理部门共同遵循的法定依据，是一个国家记载药品标准、规格的法典，一般由国家卫生行政部门主持编纂、颁布实施药品标准。现行版具有法定约束力，此外有辅助性的或解释性的药典的版物，如法定处方、临床用药须知等。药典内容组成一般包括四大部分。

1. 凡例说明　药典共性问题的解释使用说明。

2. 标准正文　法定药物质量标准，包括法定名称、化学名、化学结构、分子式、用途、用法、来源、性状、鉴别、纯度检查、含量（效价或活性）测定、类别、剂量、规格、贮藏、制剂等，编排方法除附录外一般按药名字顺排列。

3. 附录　主要有制剂通则、一般的检查和测定方法、试剂等重要的附录和附表等。

4. 索引　一般附有各种索引，用来查找附录和标准正文的内容。

案例导入

案例　患者，男，55 岁，患有冠心病，同时伴有高脂血症，近期服用降血脂药洛伐他汀，出现一些心脏不适的反应。他想从《中国药典》上查找该药可能引起的不良反应和用药注意事项。

讨论　1. 你觉得他选择《中国药典》是否合适？为什么？

2. 怎样帮助他查找该药的主要不良反应和用药注意事项？

答案解析

（二）《中华人民共和国药典》(2020 年版)

1. 概述　《中华人民共和国药典》，简称《中国药典》（Chinese Pharmacopoeia，ChP），是国家为保证药品质量、保护人民用药安全有效而制定的法典，是执行《中华人民共和国药品管理法》、监督检验药品质量的技术法规，也是我国药品生产、经营、使用和监督管理所必须遵循的法定依据。首版是 1953 年版，现行版是 2020 年版，第 11 版，于 2020 年 12 月 30 日正式实施。本版药典共分四部，一部收载中药；二部收载化学药品；三部收载生物制品及相关通用技术要求；四部收载通用技术要求和药用辅料。《中国药典》（2020 年版）新增品种 319 种，修订 3177 种，不再收载 10 种，因品种合并减少 6 种，共收载品种 5911 种。其中，一部中药收载 2711 种，其中新增 117 种、修订 452 种。二部化学药收载 2712 种，其中新增 117 种、修订 2387 种。三部生物制品收载 153 种，其中新增 20 种、修订 126 种；新增生物制品通则 2 个、总论 4 个。四部收载通用技术要求 361 个，其中制剂通则 38 个（修订 35 个）、检测方法及其他通则 281 个（新增 35 个、修订 51 个）、指导原则 42 个（新增 12 个、修订 12 个）；药用辅料收载 335 种，其中新增 65 种、修订 212 种。《中国药典》（2020 年版）稳步推进药典品种收载，进一步满足了国家基本药物目录和基本医疗保险目录品种的需求。《中国药典》（2020 年版）的颁布实施，将有利于整体提升我国药品标准水平，进一步保障公众用药安全，推动医药产业结构调整，促进我国医药产品走向国际，实现由制药大国向制药强国的跨越。

2. 凡例　是为正确使用《中国药典》，对品种正文、通用技术要求以及药品质量检验和检定中有关共性问题的统一规定和基本要求。

3. 品种正文　正文编排及内容详见每部的凡例部分，形式略有差异。

4. 索引　各部的索引情况，见表 3－4。

表 3－4　中国药典各部的索引

索引	索引名称	标识	编排	著录格式	示例
一部索引中药	中文索引	中文名	汉语拼音	中文名…页码	白果…112
	汉语拼音索引	汉语拼音名	汉语拼音	拼音名…页码	baiguo 白果…112
	拉丁学名索引	拉丁学名	字顺 ABC	拉丁学名…页码	*Acacia catechu* （*L. F.*） *Willd.* 儿茶…10
	拉丁名索引	拉丁名	字顺 ABC	拉丁名…页码	Aconiti Radix 川乌…40
二部索引化学药品	中文索引	中文名	汉语拼音	中文名…页码	阿卡波糖…660
	英文索引	英文名	英文字顺	英文名…页码	Acarbose…660
三部索引生物制品及相关通用技术要求	中文索引	中文名	汉语拼音	中文名…页码	白喉抗毒素…207
	英文索引	英文名	英文字顺	英文名…页码	Botulinum Antitoxins 肉毒抗毒素…221
四部索引	中文索引	中文名	汉语拼音	中文名…页码	澄清度检查法…124
	英文索引	英文名	英文字顺	英文名…页码	Agar 琼脂…755

以上索引，标识虽然不同，但是著录格式和编排方法相似，检索途径也相似。

5. 检索途径　《中国药典》中的索引，就是检索途径。用户关键是要确定自己待查的课题内容应该属于第几部药典收载的内容，从而选择适当的索引。主要检索途径如下：

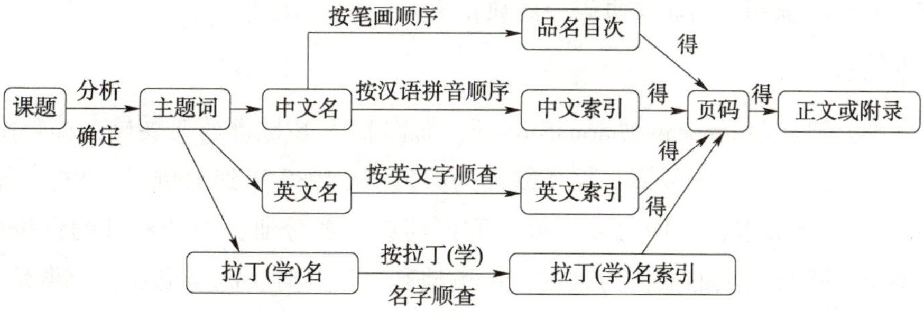

实例：查阅扑热息痛（Paracetamol）的制剂。

检索过程：分析检索要求，选择检索词，把检索词转化为主题词，扑热息痛属于化学药，选用二部药典的索引进行查找，具体检索途径如下：

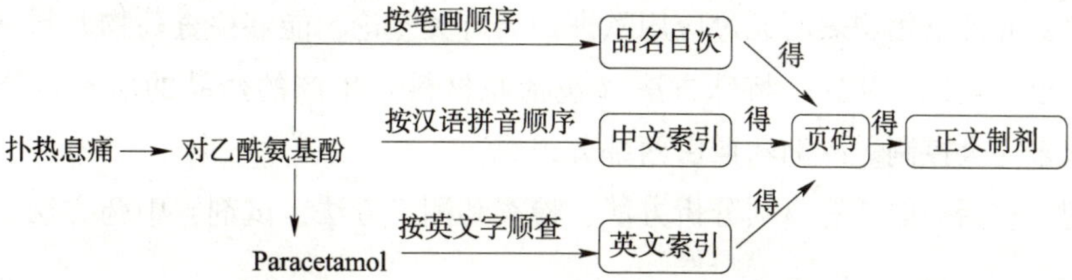

（三）《英国药典》

1. 概述 《英国药典》（British Pharmacopoeia，简称 BP）是英国药品委员会（British Pharmacopoeia Commission）的正式出版物，是英国制药标准的重要来源。该药典不仅为读者提供了药用和成药配方标准以及公式配药标准，而且也向读者展示了许多明确分类并可参照的欧洲药典专著。最新版本是 2021 年版，可网上查阅全文。

2. 组成 该药典由三卷本组成，包括英国药典和英国兽药典（兽医药品部分）。各条目均以药品名称字母顺序排列，内容包括药品性质、制法、血产品、免疫产品、电磁药品制法及外科材料等部分。对于制药厂和化学工业、政府管理者、医学研究院及学习制药的学生都是一部必不可少的工具书，是世界有影响的药典之一。

3. 索引 书后附有全部内容的关键词索引，按英文字顺编排，查阅方法简单。

（四）《美国药典》

1. 概述 《美国药典》（United States Pharmacopoeia，简称 USP）由美国药典委员会编辑出版，是美国政府对药品质量标准和检定方法做出的技术规定，也是药品生产、使用、管理、检验的法律依据，1820 年问世。1980 年与 National Formulary（国家药方集，简称 NF）合并。全称为：United States Pharmacopeia/National Formulary《美国药典 /国家药方集，简称 USP/NF》。起初 5 年一版，现在每年一版。

2. 正文组成 美国药典的正文药品名录分别按法定药名字母顺序排列，各药品条目大都列有药名、结构式、分子式、CAS 登记号、成分和含量说明、包装和贮藏规格、鉴定方法、干燥失重、炽灼残渣、检测方法等常规项目，正文之后还有对各种药品进行测试的方法和要求的通用章节及对各种药物的一般要求的通则。

3. 索引 SP 和 NF 的联合索引即药名辅助索引，按英文字顺排列。

4. 检索途径 已知药物名称→按英文字顺直接查阅→药典正文

已知药物名称→联合索引→得正文页码→药典正文

（五）《欧洲药典》

1. 概述 《欧洲药典》（European Pharmacopoeia，简称 EP）由欧洲药典委员会编辑出版。欧洲药典委员会 1964 年成立，于 1977 年出版第一版《欧洲药典》。从 1980 年到 1996 年期间，每年将增修订的项目与新增品种出一本活页本，汇集为第二版《欧洲药典》各分册，未经修订的仍按照第一版执行。欧洲药典委员会以协调欧洲药典的操作为目的，由奥地利、比利时、波斯尼亚、克罗地亚、塞浦路斯、捷克、丹麦、芬兰、法国、德国、希腊、匈牙利、冰岛、爱尔兰、意大利、卢森堡、荷兰、挪威、葡萄牙、斯洛伐克、斯洛文利亚、西班牙、瑞典、瑞士、马其顿、土耳其、英国和欧共体等组成。

2. 内容组成 欧洲药物质量理事会认证秘书处给予适应性证明书（COS），用以证明原料药生产商生产的产品的质量是以欧洲药典专论适当控制的。要取得此证书，生产商需要提交一详细的档案，其中可能含有机密资料，此证书用户表明通过应用欧洲药典有关专论，能够检查药物原料和辅料是否适用于人用药品的生产，也就是说，从这一特殊方法（包括原材料）生产的药品的所有可能杂质和污染能够由有关专论的要求来完全控制。欧洲药典由两部分组成：

第一部分通则，包括一般注意事项分析方法，检查和测定方法，试剂，中药方法，制剂技术等具体内容如下：

Ⅳ：一般注意事项及缩写

Ⅴ：分析方法

Ⅵ：制造仪器的材料及检验仪器

Ⅶ：试剂

Ⅷ：附录

第二部分各论，是按年度排列，每年内再按专题药物的拉丁名字母顺序排列。每个专题文献包括有药物的拉丁名，其下是英文名，后列①药物名称；②化学名；③结构式；④分子式；⑤分子量；⑥含量；⑦特性；⑧用途；⑨鉴别；⑩检验；⑪分析；⑫贮藏等项目。

3. 索引 共有三种索引，第一部分的通则总索引；第二部分的各专业文献的拉丁名总索引；第三部分各专题文献的英文名称索引。每年度后附有该年度之前的通则及各论的索引。读者可根据检验方法的英文词检索总论中的检验方法，也可用药物的拉丁名及英文名检索各专题文献。

此外，常用的还有《日本药局方》（The Japanese Pharmacopoeia，简称 JP），《国际药典》（Ph. Int）等。

PPT

第四节 图书馆信息资源利用

图书馆是收集、整理和保藏文献资料的文化机构。图书馆一词，源于拉丁文，意为藏书之所。据文献记录和考古发现，公元前 7 世纪中叶，亚述国王就在宫廷里建立了图书馆。在我国，殷代保存甲骨、卜辞的处所就是图书馆的萌芽。汉代以前就有了图书馆，称为藏书室、藏书楼，直到 1910 年在北京设立京师图书馆时，才开始采用“图书馆”这一名称。现代图书馆具有传递科学情报、进行社会教育、开发智力资源、丰富人民群众文化生活、保存人类文化遗产等方面的职能。我国图书馆类型主要有国家图书馆、公共图书馆、高等学校图书馆、科学与专业图书馆、工会图书馆、盲人图书馆、军事图书馆等。

图书馆工作是为实现其职能围绕文献和读者所开展的一系列工作。其内容大致有：制定图书馆的方针、任务、工作范围、服务对象；收集、加工、整理、保存文献资料；宣传、流通文献资料，供读者使用；编制书目、索引、文摘，开展参考咨询服务，传递交流科学情报；业务管理和业务辅导；广泛地开展馆际和馆内的协调与协作等。图书馆通过长期的文献收集，拥有数量巨大的馆藏资源，馆藏文献资源已从某一馆的实体资源而发展成为馆藏实体与网络虚拟资源共存一体的多维资源。如果不对这些文献资源进行必要的分类和按一定的科学方法进行排列，那么当需要某种文献时，读者难以迅速准确地获取所需的文献资料。因此，图书馆工作人员为了便于读者使用文献资源，在各类文献资料到馆后必须对其进行分类编目，使文献放在正确的书架上。

一、图书馆文献组织与方法

在整个图书馆文献系统中，图书占据着主导的地位，是我们获取各种知识的重要文献资源。随着互联网的发展，各种图书目录和索引纷纷上网，林林总总的网上书店不断涌现，同时作为一种新的图书类型——网络电子图书也获得了大规模的发展，这一切既为我们快速地获取图书信息提供了方便，同时又因其多样性和无序性为我们查找图书信息“设置”了无形的障碍。因此，在网络时代掌握图书信息的查找方法及技巧是当代大学生不可忽视的基本技能。

（一）图书分类

图书分类是指按照图书主题内容或其他特征对藏书进行划分，进而分门别类予以组织。包括编制图书分类表和对图书主题内容及其他有检索意义的特征进行分析、描述、并用分类号记录下来，作为存储和查询依据两部分工作。文献资料的分类依据就是分类法。我国有很多种分类法，我国大部分高校图书馆多按《中国图书馆分类法》（简称《中图法》）分类图书，将同学科同专业的图书集中存放，便于读者查找和比较。只有科学院系统和中国人民大学分别用《中国科学院图书分类法》（简称《科图法》）和《中国人民大学图书分类法》（简称《人大法》）。

要利用图书馆的文献资源，必须熟悉图书馆所采用的图书分类法。《中国图书馆分类法》（简称《中图法》）是目前我国图书馆和情报单位普遍使用的一部综合性的分类法，它既是图书排架的依据，又是编制检索工具的标准之一。

下面以《中图法》（第5版）为例，简单介绍分类法的基本知识。《中图法》是采用汉语拼音字母与阿拉伯数字相结合的混合制号码进行编号，以科学分类为基础，采取从总到分、从一般到具体的原则，把图书资料分为5个基本部类和22个基本大类，每个大类用一个大写字母表示，其序列如下：

一类：

A 马克思主义、列宁主义、毛泽东思想、邓小平理论

二类：

B 哲学、宗教

三类：

C 社会科学总论

D 政治、法律

E 军事

F 经济

G 文化、科学、教育、体育

H 语言、文字

I 文学

J 艺术

K 历史、地理

四类：

N 自然科学总论

O 数理科学和化学

P 天文学、地球科学

Q 生物科学

R 医药、卫生

S 农业科学

T 工业技术

U 交通运输

V 航空、航天

X 环境科学

五类：

Z 综合性图书

以上 22 个基本大类，称为一级类目，往下展开又分为若干个类，称为二级类目，再往下展开的，分别是三级、四级、五级类目。医药、卫生大类又细分为：

R1 预防医学、卫生学

R2 中国医学

R3 基础医学

R4 临床医学

R5 内科学

R6 外科

R71 妇产科学

R72 儿科学

R73 肿瘤学

R74 神经病学与精神病学

R75 皮肤病学与性病学

R76 耳鼻咽喉科学

R77 眼科学

R78 口腔科学

R8 特种医学

R9 药学

可以从下面的例子来认识图书分类的体系结构是如何展开的。

R	医药、卫生 …………………………………………………	（第一级类目）
R9	药学 ………………………………………………………	（第二级类目）
R92	药典、药房集（处方集）、药物鉴定 ………………………	（第三级类目）
R927	药物鉴定 …………………………………………………	（第四级类目）
R927. 1	药物检验 …………………………………………………	（第五级类目）

类目名称左边的字母和数字是其标记符号，称为分类号。如需借阅刘新春、高海青所著的《静脉药物配置中心与静脉药物治疗》一书，其分类步骤为：

一级类目	R 医药、卫生
二级类目	R94 药剂学
三级类目	R944 剂型
四级类目	R944. 1 液体制剂

该书的分类号为“R944. 1”，到图书馆书架上按此分类号就可查找到此书。

（二）图书排架方法

1. 排架方法　图书馆书架上的书刊，都是按照一定的次序排列便于读者查找。其排列方法众多，最常用的方法有分类排架法、代号排架法、固定排架法、刊名排架法等。普通图书大多利用分类排架法，图书的排放按照《中国图书分类法》分门别类排放，顺序是自上而下、从左向右排列，期刊按分类或刊名顺序排列。

2. 查找方法 查找馆藏图书的方法一般有两种，一是进入开架书库或阅览室到书架上直接查找，但这需要确定要查找的图书应归在哪个基本大类中，然后根据书架上的索引标识找到相应类目在书架上的位置，再根据需要按顺序查找，直到找到自己所需的书刊；二是利用馆藏目录查到要找图书的索书号及所在哪个书库中，再到图书所在书库中索取。

索书号（call number）又称为排架号，它由分类号+种次号（同类书中所排的位置）组成，是图书馆赋予每种馆藏图书的号码，这个号码具有一定结构并带有特定的意义。在馆藏系统中每种书的索书号是唯一的，反映了某种图书所属的大类，可借以准确地确定馆藏图书在书架上的排列位置，是读者查找图书非常必要的代码信息。

（三）图书馆目录

图书馆目录又称馆藏目录。它是揭示、识别和检索馆藏文献的工具，帮助读者了解馆藏文献的内容，完成揭示馆藏的作用。馆藏目录是图书馆开展文献采购、分类编目、读者服务、典藏等业务工作必不可少的工具。读者通过图书馆目录来了解图书馆藏书内容，确认图书，以便检索图书。目录的基本内容即目录的著录事项，是记录文献内容、外表形式和物质特征，包括题名和责任者、版本、出版、载体形态、丛编（丛书特征）、附注（补充说明）、文献标准号及提要等内容以及图书馆工作人员附加的主题词、分类号等。

由于计算机网络技术的应用发展，图书馆目录已经可以在网络上使用，已经建立了联机公共检索目录（Online Public Access Catalogue，OPAC），读者通过网络就可以检索、查找图书馆所收藏的文献，也可以通过互联网检索、查找其他图书馆收藏的文献资料。

联机公共检索目录包含两种形式，一种是馆藏目录，反映一个图书馆文献收藏情况的目录，如中国国家图书馆目录。另一种是联合目录，反映一个地区或一个系统甚至全国或世界范围的图书馆、信息服务机构文献收藏情况的一种统一目录，如全国中西文期刊联合、CALIS 公共目录检索系统等。

目前，国内外大多数文献服务机构都在自己的网站提供 OPAC 的全天候免费检索，无论馆藏目录还是联合目录，其查询方法基本相同，步骤多为：登录书目查询系统、选择查询方式（如简单检索或高级检索）、限定检索字段（常用的检索字段有书名、作者、年份、出版社、ISBN、分类法等）——输入检索词。命中记录主要显示图书的详细信息，如馆藏位置、是否有电子馆藏、可否借阅等信息。

二、图书馆信息服务

（一）参考咨询

参考咨询是读者在利用图书馆或电子资源过程中遇到困难时，向馆员寻求知识、情报方面的帮助。馆员以协助检索、解答疑问和专题文献报道等方式向读者提供事实、数据和文献线索的活动。是以文献为依据，有针对性地向读者提供具体的文献、知识和来源的一种服务活动。它具有服务性、多样性、针对性、智力性、实用性、社会性的特点。常见的咨询方式有馆内现场咨询、实时在线咨询、E-mail 咨询、电话咨询、图书馆主页的留言簿和常见问题解答（FAQ）等形式。近年来随着互联网网络的应用与普及，虚拟参考咨询得到了广泛的应用，服务效果良好。

虚拟参考咨询是图书馆利用现有的网络平台推出的一种参考咨询服务活动，馆员不受时间、地域的限制，在网上实时或非实时解答读者提出的问题，从而使读者能够及时得到问题的答案。国内知名的虚拟咨询系统有 NSTL 国家科技数字图书馆参考咨询系统、CALIS 分布式联合虚拟参考咨询系统、TRS 虚拟参考咨询系统（简称 TRS VRD）和北京高校网络图书馆虚拟参考咨询系统等。

（二）馆际互借与文献传递

馆际互借（Interlibrary Loan，简称 ILL）和文献传递是图书馆之间或者图书馆与其他情报文献机构之间相互使用对方文献资源来满足用户需求的一种服务方式。馆际互借是指在同一区域内，可互发集体借书证，由指定的工作人员凭证办理借阅手续；也可发通用借书证，由读者本人到有互借关系的任何图书机构借阅使用文献资源，归还时仍还至原出借机构，是一种返还式资源共享方式。文献传递是馆际互借的一种，由馆际互借发展而来，是非返还式的资源共享方式。文献传递服务活动分为两种情况，一种是因为本馆馆藏资源不足，工作人员代用户向其他图书馆或其他文献机构提出申请，获取文献全文；一种是为外馆用户提供本馆馆藏原文文献的服务。用户申请文献传递时需提供所需文献的作者、篇名、刊名或书名、出版社等题录信息，图书馆将查获到的图书或文献原文根据用户读者要求通过邮寄、传真、E－mail 等传递方式送达。

目前，国内主要馆际互借与文献传递机构有中国高等教育文献保障系统（China Academic Library & Information System，简称 CALIS）、中国高校人文社会科学文献中心（China Academic Social Sciences and Humanities Library，简称 CASHL）、国家科技图书文献中心（National Science and Technology Library，简称 NSTL）、读秀文献资料服务平台等。

（三）科技查新

科技查新工作是图书馆一项重要的咨询业务和文献信息知识服务内容。科技查新简称“查新”，是文献信息检索和情报调研相结合的信息研究工作，渗透到社会科技发展、技术创新的各个层面，现已成为博士论文开题和新产品鉴定、成果转化、科技进步奖、创新基金、专利申请和科研立项等项目申报鉴定过程中的重要环节。它是指查新情报机构根据查新委托人提供的有关科研文献资料，通过系统全面的文献知识检索，是以文献信息检索和情报调研为手段，以检出结论为依据，与课题查新点对比，对其新颖性做出结论并出具相关佐证文献资料的查新报告。通过查新能为科研立项，科技成果的鉴定、专利申请、验收、评估、奖励、转化成果等提供客观文献依据，也能为科技工作人员研究开发提供丰富、可靠、快捷的信息。

科技查新活动的基本流程是委托人提出查新委托→查新受理→根据查新课题的专业性安排查新员→查新员检索文献信息→撰写查新报告→审核查新报告→出具正式查新报告。医药科技查新的具体内容和方法详见第八章第四节。

（四）学科服务

与传统的参考咨询服务相比，学科服务是现代图书馆为适应新的信息环境，建设的一项主动参与式的创新服务活动。是以读者用户的需求为中心而推出的贴近读者用户新的服务活动模式，它打破了传统文献的工作流程，要求学科馆员深入用户读者的科研或教学活动中，按照学科、专业、课题等来获取、组织、检索、存储、传递与利用信息资源，帮助其发现和提供更多的专业信息文献和信息导航，为读者用户的研究和工作提供针对性很强的信息服务，是图书馆创新精神和个性化服务的具体体现。

学科服务一般由学科馆员来推动，通过电话、E－mail、课题组、研究室等方式，将信息服务延伸到读者用户中，是现代图书馆面向读者用户开展的一种多层次、全方位的服务，对学科馆员的素质具有较高的要求。学科馆员是指具有某种学科背景，熟悉一门或几门学科知识，同时具有丰富的图书馆理论与文献检索实践经验、有针对性地为相对应的学科领域的读者用户提供高层次、个性化的文献信息服务的图书馆员。

目前，高校图书馆学科服务的主要内容有：征求对口院系教师对文献信息资源的订购意见，咨询解答，向用户发送信息通报，进行读者用户培训和数据库资源介绍，建设电子资源导航，开辟网上学科博客，为院系教师提供专题文献信息资源、参与院系教师课题组的知识服务、信息服务和决策支持等方面的服务活动。

拓展阅读

以 ibuprofen 为例，如何快速查找最新电子版药典 BP、USP、EP

——登录电子版界面，选择最新版，点击打开页面；BP、USP、EP 的检索主页面，如图 3－12 所示。

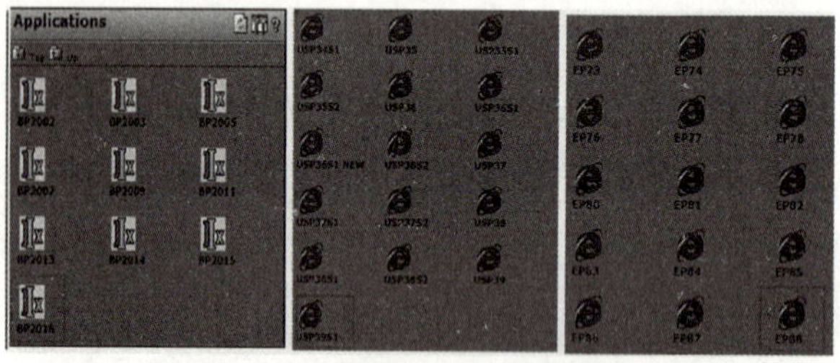

图 3－12　BP、USP、EP 的检索主页面

——检索框输入检索词 ibuprofen，点击搜索；如图 3－13 所示。

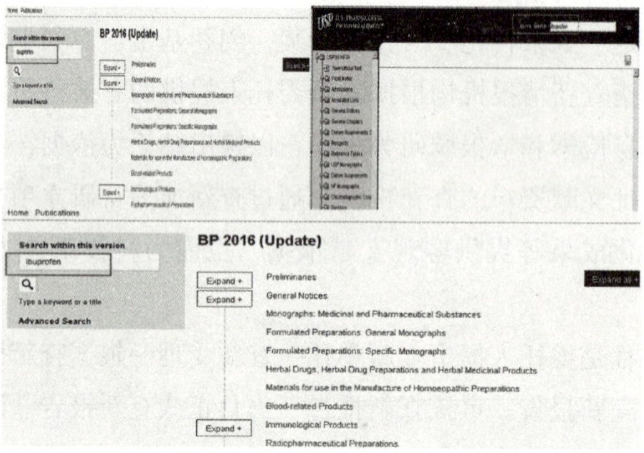

图 3－13　BP、USP、EP 的检索页面

——选择需要内容，复制粘贴检索结果。

总之，随着计算机检索的发展，现代医药企业大部分使用药典的电子版进行检索，快速方便。

重点小结

章节名称	重点内容
1. 医药期刊的检索	常见的医药期刊、主要栏目、收录特点；期刊信息获取途径
2. 期刊式检索工具	《中国药学文摘》的组成、文摘的著录格式、索引的特点，文摘的检索方法 《中文科技资料目录・医药卫生》的著录格式、检索方法

续表

章节名称	重点内容
3. 参考工具书的检索	《默克索引》的收载内容及检索方法；《有机化合物辞典》的查阅方法；《CRC 理化手册》的查阅方法；拜尔斯坦有机化学手册的查阅方法；《中国药典》的组成、各部收载内容及检索方法；英国药典、美国药典、欧洲药典的检索方法
4. 图书馆信息资源利用	图书馆文献的组织与方法，《中图法》的组成；图书的排架方法与查找方法

目标检测

答案解析

3－1　什么是期刊？期刊构成的要素有哪些？

3－2　我国常见的医药核心期刊有哪些？期刊论文的主要著录格式是什么？

3－3　期刊信息获取途径有哪些？

3－4　检索实例：如何利用《中国药学文摘》采用倒查法查找有关奥美拉唑的不良反应文献？

3－5　《中国药学文摘》的检索途径有哪些？什么是期索引？什么是卷索引？各有什么特点？

3－6　《中文科技资料目录·医药卫生》的检索途径有哪些？设计查找阿莫西林临床应用方面的文献途径。

3－7　文摘和题录两种工具书的相同点和主要区别是什么？

3－8　《默克索引》有几种索引？正文包含项目有哪些？

3－9　如何利用《默克索引》查阅头孢氨苄的化学结构和制备参考文献？设计检索途径和检索方法？

3－10　如何利用《有机化合物辞典》查阅水杨酸的理化常数、合成等资料？

3－11　如何利用《拜尔斯坦有机化学手册》《CRC 理化手册》查阅苯甲酸的理化常数？

3－12　药典的含义、组成是什么？

3－13　《中国药典》的中英文简称是什么？分几部？各部收载的内容是什么？常用的检索途径有哪些？

3－14　如何利用《中国药典》(2020 年版) 查阅室温、冷处、粗粉、细粉、易溶、难溶、密封、密闭、筛号等各自的含义？

3－15　如何利用《中国药典》(2020 年版) 查阅紫草的性味归经、阿奇霉素的制剂、崩解时限检查法、白喉抗毒素贮藏方法等内容？

3－16　如何利用英国药典、美国药典、欧洲药典查阅阿司匹林的检查方法？

3－17　图书分类号由几部分组成？什么是索书号？简述馆藏目录和联合目录的定义与作用。

3－18　图书馆信息服务的方式有哪些？

书网融合……

微课 1　　微课 2　　习题

第四章　电子医药文献资源与检索

学习引导

伴随着现代科技的不断发展，图书馆内的文献结构正在发生变革，电子文献在网络媒体时代的作用愈加明显。掌握电子文献资源的检索方法，了解常用的国内外医药信息检索系统，有助于我们更快捷地查找医药信息。

本章主要介绍电子文献资源的检索方法以及国内外医药信息检索系统等。

学习目标

1. **掌握**　中文医药文献检索系统中国知网、万方和维普的构架及使用方法；国家药品监督管理局官网的构架和数据查询使用方法。

2. **熟悉**　外文医药电子文献检索系统 PubMed 的构建及使用方法；国内外网络医药信息的检索方法。

3. **了解**　中国生物医学文献服务系统、ScienceDirect、EMBase、Google Scholar 等国内外网络数据库检索系统的基本构架。

案例导入

案例　小明是某高职院校中药学专业一名大三的学生，临近毕业，他的指导老师要求选取我国一种中药保护品种，撰写一篇有关该药在某临床疾病中应用现状的毕业论文，题目自拟，字数不少于1万字。为此小明焦头烂额，不知从何下手。

讨论　1. 小明应该去哪里找权威的中药保护品种目录？

2. 小明去哪里查阅相关的文献？

答案解析

第一节　中文电子医药文献检索系统

PPT

一、中国知网

（一）简介　微课1

中国知网（www. cnki. net），也称为中国国家知识基础设施（China National Knowledge Infrastructure，

CNKI)，1998 年由世界银行提出。1999 年 6 月由清华大学、清华同方发起。在党和国家领导以及相关部委的大力支持下，在全国学术界、教育界、出版界、图书情报界等社会各界的密切配合和清华大学的直接领导下，CNKI 工程集团经过多年努力，采用自主开发并具有国际领先水平的数字图书馆技术，建成了世界上全文信息量规模最大的“CNKI 数字图书馆”。

CNKI 凭借优质的内容资源、领先的技术和专业的服务，通过与期刊界、出版界及各内容提供商达成合作，向海内外读者提供中国学术文献、外文文献、学位论文、报纸、会议、年鉴、工具书等各类资源统一检索、统一导航、在线阅读和下载服务。涵盖基础科学、文史哲、工程科技、社会科学、农业、经济与管理科学、医药卫生、信息科技等十大领域。在 2007 年，中国知网旗下的《中国学术期刊网络出版总库》获首届“中国出版政府奖”，《中国博士学位论文全文数据库》《中国年鉴网络出版总库》获提名奖。这是中国出版领域的最高奖项。国家“十一五”重大网络出版工程——《中国学术文献网络出版总库》也于 2006 年通过原新闻出版总署组织的鉴定验收。

（二）主要数据库

CNKI 的资源总库包含源数据库、行业知识库、特色资源、作品欣赏、国外资源和指标索引六大部分，如图 4－1 所示。中心网站的日更新文献量达 5 万篇以上。提供国内国际期刊文献、博硕士学位论文、最新报纸会议文献、特色医药药品数据、数字出版合作、学术不端检测等服务。以下简单介绍几个重要的、医药相关的数据库。

图 4－1　CNKI 资源总库

1. 期刊　CNKI 的期刊数据库包含《中国学术期刊（网络版）》数据库、中国学术辑刊全文数据库、世纪期刊数据库、商业评论数据库和中国学术期刊网络出版总库五大部分。产品涵盖基础科学、工程科技Ⅰ、工程科技Ⅱ、农业科技、医药卫生科技、哲学与人文科学、社会科学Ⅰ、社会科学Ⅱ、信息科技、经济与管理科学。包含 WEB 版、镜像站版、光盘版、流量计费多种产品形式。其日出版包括中心网站版、网络镜像版，每个工作日出版，法定节假日除外；月出版包括网络镜像版、光盘版，每月 10

日出版。

（1）《中国学术期刊（网络版）》（国内统一连续出版物号 CN11—6037/Z） 是世界上最大的连续动态更新的中国学术期刊全文数据库，是“十一五”国家重大网络出版工程的子项目，是《国家“十一五”时期文化发展规划纲要》中国家“知识资源数据库”出版工程的重要组成部分。出版内容以学术、技术、政策指导、高等科普及教育类期刊为主，内容覆盖自然科学、工程技术、农业、哲学、医学、人文社会科学等各个领域。收录国内学术期刊 8720 余种，全文文献总量 5740 余万篇，收录自 1915 年至今出版的期刊，部分期刊回溯至创刊。

（2）中国学术辑刊全文数据库 是目前国内唯一的学术辑刊全文数据库。辑刊是指由学术机构定期或不定期出版的成套论文集。共收录国内出版的重要学术辑刊 960 种，累积文献总量 327068 篇，收录自 1979 年至今出版的论文集。

（3）世纪期刊数据库 是继《中国学术期刊网络出版总库（1994 年至今）》之后，将其部分学术期刊自创刊以来的全部文献进行回溯加工所形成的全文数据库。收录 4100 余种期刊，文献量 580 多万篇，收录我国正式出版发行的自创刊至 1993 年的重要学术期刊。

（4）商业评论数据库 收录了《商业评论》中文杂志自 2002 年 9 月以来的所有文章，内容覆盖管理学主要学科，文章体现第一手研究材料，具有相当的前瞻性和权威性。70% 的内容精选《商业评论》近期最受欢迎的经典文章，30% 的内容是针对中国本土案例进行的研究分析。产品分为服务管理、人力资源、信息技术、创新、创业、组织、市场营销、运营管理、领导力、战略、金融与财务和综合管理。收录从 2002 年至今的文献。

（5）中国学术期刊（网络版）——特刊 是《中国学术期刊（网络版）》的一个子集，收录独家授权数字出版的学术期刊文献。内容涉及科技、医学及人文社会科学等各个领域。已收录出版期刊 1326 种，累积文献总量 10467638 篇，收录自 1915 年至今出版的期刊，部分期刊回溯至创刊。

2. 学位论文 CNKI 的博硕士学位论文数据库是目前国内相关资源最完备、高质量、连续动态更新的中国优秀博硕士学位论文全文数据库，累积博硕士学位论文全文文献 480 余万篇。收录全国 490 余家培养单位的博士学位论文和 770 余家硕士培养单位的优秀硕士学位论文，包含 1984 年至今的博硕士学位论文。产品涵盖内容、产品形式、更新节奏与期刊文献数据库同步。

3. 报纸 CNKI 的中国重要报纸全文数据库是中国国内重要报纸刊载的学术性、资料性文献的连续动态更新的数据库。收录自 2000 以来国内公开发行的 650 多种重要报纸。产品分为 10 大专辑：基础科学、工程科技Ⅰ、工程科技Ⅱ、农业科技、医药卫生科技、哲学与人文科学、社会科学Ⅰ、社会科学Ⅱ、信息科技、经济与管理科学。10 专辑下分为 168 个专题文献数据库和近 3600 个子栏目。包含 WEB 版、镜像站版、光盘版、流量计费多种产品形式。其中心网站版、网络镜像版，每工作日出版，法定节假日除外；网络镜像版、光盘版，每月 10 日出版。

4. 会议 会议文献书库包含中国重要会议论文全文数据库和国际会议论文全文数据库。重点收录 1999 年以来，中国科协系统及国家二级以上的学会、协会，高校、科研院所、政府机关举办的重要会议以及在国内召开的国际会议上发表的文献。其中，国际会议文献占全部文献的 20% 以上，全国性会议文献超过总量的 70%，部分重点会议文献回溯至 1953 年。已收录出版国内外学术会议论文集 2 万本，累积文献总量 330 余万篇。

（三）医药卫生保健数据库

1. 人民军医知识库 是由解放军医学图书馆研发的医学类专业知识库，它打破传统图书分类方式，抽取医学图书中的知识因子并将其重组，进行结构形式上的归纳、选择、整理，以疾病为知识核心，包括疾病、药品、手术、辅助检查、循证证据、疾病研究进展、医保药品、手术图谱、临床操作规范等知识，并且通过这些知识之间的内在联系将其有机地结合起来，形成了符合当代医学整体化发展趋势的，更高层次上的概括和综合的知识产品。

该知识库是由解放军医学图书馆研发的医学类专业知识库，它打破传统图书分类方式，抽取医学图书中的知识因子并将其重组，进行结构形式上的归纳、选择、整理，以疾病为知识核心，包括疾病、药品、手术、辅助检查、循证证据、疾病研究进展、医保药品、手术图谱和临床操作规范等九大数据库。

（1）药品数据库（211.103.242.133:8080/Medicine/Fast.aspx） 该数据库的药品包括化学原料药及其制剂、抗生素、生化药品、放射性药品、血清、疫苗、血液制品、诊断药品、中药材、中药饮片和中成药等。本库按照药理学分类，收录了10349种药品的具体信息，包括剂型、药理作用、药动学、适应证、禁忌证、注意事项、不良反应、药物相互作用、用法用量、专家点评等内容。提供有关疾病、药品、循证、辅助检查、手术的知识元链接。

（2）医药保健品库（211.103.242.133：8080/MedicareDrug/Standard.aspx） 本库根据2009版《国家基本医疗保险、工伤保险和生育保险药品目录》收录了1618种西药，2213种中成药的具体信息，包括剂型、药理作用、药动学、适应证、禁忌证、注意事项、不良反应、药物相互作用、用法用量、专家点评、医保编号、报销剂型、限制类别等内容。

2. 中国医院知识总库（CHKD） 本库是专门针对医务人员临床疑难病症诊断治疗，医学科研项目选题、设计、撰写论文、成果鉴定，医院管理人员决策经营，医院科技项目查新和科研绩效评价，医务人员继续医学教育等多方面的知识信息需要，开发的专业化知识资源总库，是CNKI系列数据库的重要专业知识资源总库之一。包含期刊、学位论文、会议、报纸、科技成果、年鉴、标准与专利等资源。

3. 临床诊疗知识库 本库以病例大全为主线，以临床指南为参考，以疾病、药品、辅助检查、诊疗规范为主要内容，并辅以临床文献的扩展阅读来解决医生的诊疗过程需求。

4. 中医药知识资源总库 本库是专门为各级中医院量身制作的包括疾病的预防、诊断、治疗，医院决策管理等方面数据的知识库。收集了中医、中药、中西医结合、护理、西医实验室检查、辅助检查、卫生方针政策、医院决策管理等方面的期刊、博硕士论文、会议、报纸、科技成果、工具书等资源。

5. 社区卫生知识资源总库 本库是按照社区预防、保健、医疗、康复、健康教育及计划生育技术指导六位于一体的服务要求，按照学科分类设置导航，列举400多种常见病，并根据社区医院日常工作设计慢性病专题、社区医疗、防保康复、健康管理四大主题模块，收集了包括西医、西药、中西医结合、中医、中药、预防医学与卫生学、卫生方针政策等方面的期刊、博硕士论文、会议、报纸、工具书等资源。

6. 中国典型病例大全 本库整合我国专业医学期刊上数十年来发表的病例类文献，精选老专家、老教授的宝贵临床经验，模拟临床诊疗经过，医生可以根据患者症状、体征、辅助检查等信息在大全中查询相关的典型病例，辅助医生的临床诊断、制定治疗与护理方案，是临床医生辅助临床诊断的有效工具。

7. 医学知识库 本库是由解放军医学图书馆研发的医学类专业知识库，它打破传统图书分类方式，抽取医学图书、期刊等资源中的知识因子并将其重组，进行结构形式上的归纳、选择、整理，以疾病为知识核心，包括疾病、药品、手术、辅助检查、循证证据、疾病研究进展、医保药品、手术图谱、临床操作规范等知识，并且通过这些知识之间的内在联系将其有机地结合，形成了符合当代医学整体化发展趋势的，更高层次上的概括和综合的知识产品。

8. 中国医院数字图书馆 为各类医疗卫生机构、医务人员、医学科研工作者、卫生部门管理人员提供全面、权威、个性化医学信息资源服务系统。

9. 中国医院知识仓库 支持 CHKD 期刊、博硕士、会议、报纸、国家科技成果、年鉴、专利、标准全文数据库的单库和跨库检索，拥有主题词智能检索系统（MCI）、智能分组和排序、PubMed 等外文库统一检索、库间引文链接、知识网络等功能，为医学及相关专业人员提供资源齐备、功能强大的智能检索平台，是卫健委指定的医学科技查新全文数据库。

（四）登录与使用

1. 登录 浏览器地址栏中输入 www. cnki. net 登录中国知网主界面，如图 4 – 2 所示；或者在百度、搜狗等通用型搜索引擎中输入“CNKI”或者“中国知网”，查找官网进入主页。CNKI 系统提供的全文是需要付费的，大多数高校都有购买 CNKI 数据库，进入主页后可以先登录学校账户，方便查阅全文。用户也可自行注册账户，通过网银等方式购买文献全文。下面将主要介绍 CNKI 的基本检索、高级检索、特色导航、作者投稿服务、学术不端检测等主要功能的使用方法。

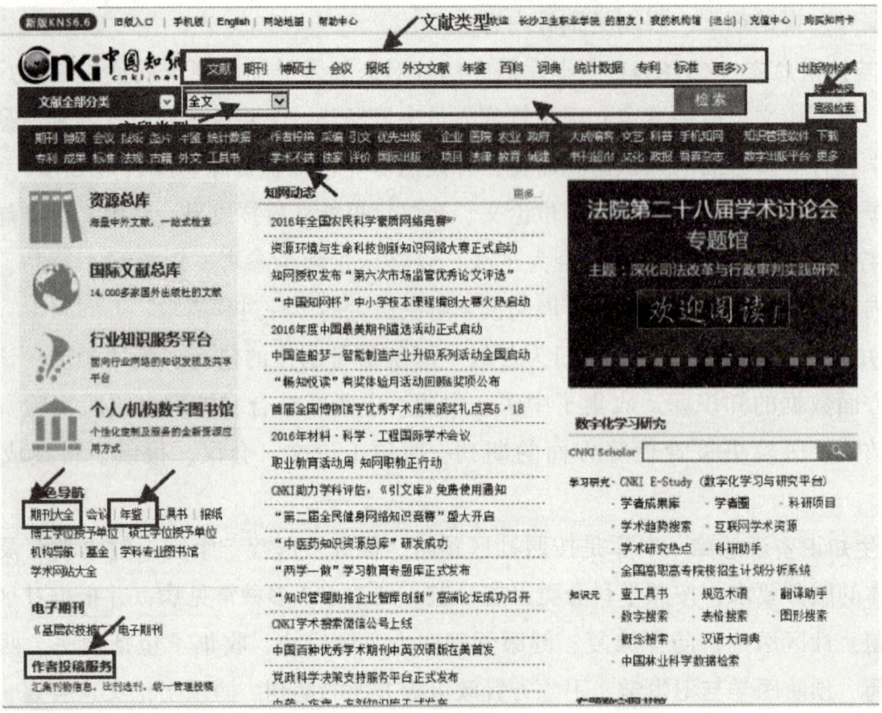

图 4 – 2 CNKI 主界面

2. 下载服务 CNKI 各库所收录的期刊论文、博/硕士论文、会议论文及报纸全文均包含 CAJ 和 PDF 两种全文格式，CAJ 全文浏览器能直接把图像文件转换成文本格式进行编辑。浏览 CAJ 格式全文时需要使用 CAJ 全文浏览器，PDF 格式全文时需要使用 PDF 浏览器。CNKI 主界面的“下载”中提供自主开发的 CAJ 全文浏览器和国际通用的 PDF 全文浏览器的下载服务。

CAJ 全文浏览器是中国知网的专用全文格式阅读器，它支持中国知网的 CAJ、NH、KDH 和 PDF 格式文件。它可以在线阅读中国知网的原文，也可以阅读下载到本地硬盘的 CNKI 文献。它的打印效果可以达到与原版显示一致的程度。CAJ 全文浏览器功能强大，且极具亲和力，如绑定工具书，遇到疑问，可以链接到工具书库进行查询，又如绑定了个人数字图书馆功能，对下载的文献进行管理，以及其他多种特色功能：如保存和复制原文中的文字、公式、图表或图片，写读书笔记，双面打印，屏幕取词，自定义搜索等，这些功能将让用户价值最大化。PDF 全文浏览器，可在 Adobe 公司的网站下载安装 Adobe Acrobat Reader 专用阅读软件，用 Acrobat Reader 提供的功能可以对 PDF 文件进行各种操作，如查找文字、复制文字、存盘、打印等。

（五）检索方法 微课 2

CNKI 提供多种类型的检索途径，如简单检索、高级检索、导航检索、专业检索、作者发文检索、科研基金检索、句子检索、来源期刊检索等。

1. 基本检索　登录 CNKI 主界面就是该系统的简单检索区。主界面映入眼帘的就是检索框上方的文献类型选择，如期刊、博硕士、会议、报纸、外文文献、年鉴、百科、词典、专利、标准等，默认为“文献”，即所有文献类型。CNKI 系统检索字段，见表 4－1，有全文、主题、篇名、作者、作者单位、摘要、关键词、中图分类号、文献来源、参考文献等，系统默认字段为“全文”，用户可根据自己的需要选择相应的字段。

表 4－1　CNKI 各检索字段的意义

检索字段类型	意义
全文	检索在文章全文（包括文章全部内容）中出现检索词的文章
主题	在题名、关键词、摘要范围内检索，任一项中与检索条件匹配者均为命中记录
篇名	检索在文章篇名中出现检索词的文章
作者	检索某作者发表的文章
单位	输入机构名称，检索该单位的作者发表的文章
关键词	检索在文章关键词中出现检索词的文章
摘要	检索在文章摘要中出现检索词的文章
参考文献	以参考文献的名称进行检索
中图分类号	通过文章的中图分类号检索，检索某一领域的文献
文献来源	文献的出处，如期刊名称、毕业院校、报纸名称等进行检索

简单检索只需在检索框中输入任何检索词，在检索框前面选择相应的字段（题名、关键词、摘要等）点击检索按钮或回车键，即可进行检索。检索词可以是单个，也可以是多个，多个检索词之间可以用逻辑符号连接。

举例：撰写一篇“乳腺癌病人术后用药原则和用药指导”的文章，请在 CNKI 中检索相关的文献。

检索步骤：

第一步：分析题干，提炼出 3 个关键词“乳腺癌”“术后”“用药”；

第二步：分析两者之间的逻辑关系为“与”，检索式可为“乳腺癌 AND 用药”或者“乳腺癌 AND 术后用药”；

第三步：直接在简单检索框中输入“乳腺癌 AND 用药”或者“乳腺癌 AND 术后用药”；或者不用逻辑符号连接，直接输入：“乳腺癌 用药”或者“乳腺癌 术后用药”；

第四步：在检索框前面选择相应的字段，可以是关键词、主题词、标题、全文等；

第五步：点击检索按钮或回车键即可输入相应的检索结果。

2. 高级检索 是一种比初级检索要相对复杂一些的检索方式。可以由高级检索通过逻辑关系的组合进行快速查询。该检索界面包含高级检索、专业检索、作者发文检索、科研基金检索、句子检索、文献来源检索五种检索路径。其中使用最多的是默认的高级检索界面，如图 4－3 所示，逻辑关系有“AND、OR、NOT”，本检索方式的优点是查询结果检准率高，检出率较低。在主页初级检索框的右侧有高级检索按钮，点击即可进入高级检索界面。同初级检索，高级检索可以点击右上方的“跨库选择”选择数据库类型，有期刊、博硕士、会议、报纸等数据库。

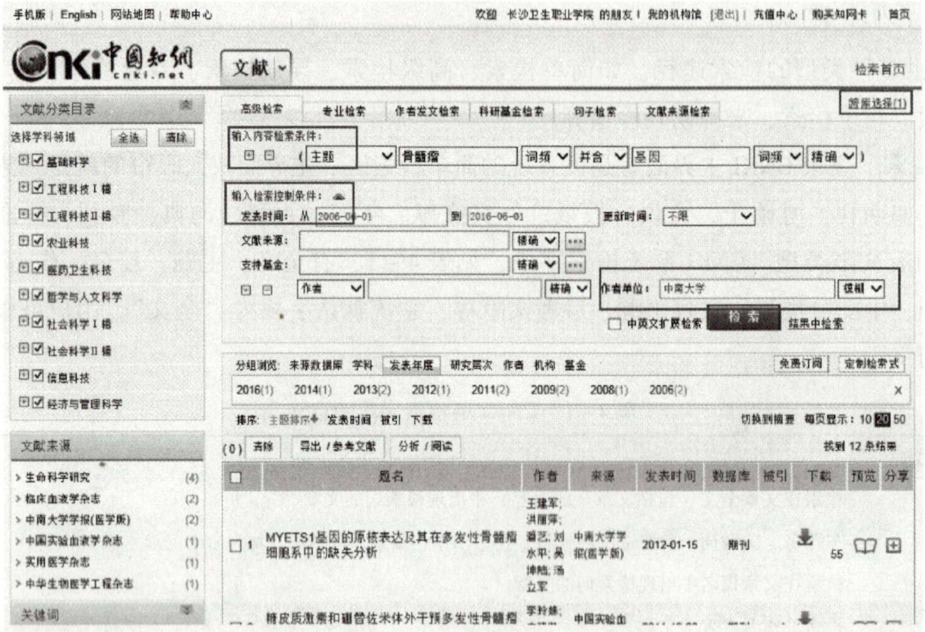

图 4－3　CNKI 高级检索界面

高级检索主要包括检索内容和控制条件两个部分。

（1）检索内容条件的输入　高级检索提供了多项双词逻辑组合检索，即多项是指可选择多个检索项，每个检索项可选择不同的字段；双词是指一个检索项中可输入两个检索词，检索词可选择“AND、OR、NOT”三种逻辑关系进行组合。在检索框中输入检索词，并选择相应的字段（如全文、主题、篇名、摘要、关键词、中图分类号、参考文献等），再选择逻辑关系，不同字段间使用“并且”“或者”“不含”（相当于逻辑符号 AND、OR、NOT）连接，同字段内使用“并含”“或含”“不含”（相当于逻辑符号 AND、OR、NOT）连接。如果有多个检索内容可点击“＋”增加一行逻辑检索项。

另外系统还在检索框后提供两个选择项。

1）词频控制　含义是检索词在检索项中出现的次数要大于或等于所选择的次数，可选择范围为 2～9，系统默认为不限，一般用户不需更改。

2）精确或模糊选择　精确匹配，意思是输入的检索词在检索结果字序、字间间隔是完全一样的。例如输入的检索词为“普萘洛尔”，检索结果即精确包括检索词普萘洛尔的文献。那么包括心得安或 1－异丙氨基－3－（1－萘氧基）－2－丙醇的文献不会被检出。模糊匹配，是指搜索系统自动按照用户输入关键词的同义词进行模糊检索，从而得出较多的检索结果，用于搜索关键字的同义词。例如输入的检索词为“普萘洛尔”，包括普萘洛尔、心得安或 1－异丙氨基－3－（1－萘氧基）－2－丙醇的文献均可被检出。用户可以根据需要进行选择。

（2）检索控制条件的输入　系统提供的控制条件检索项包括发表时间、文献来源、支持基金、作者和作者单位，用户可以根据需要填写或不填。在文献来源和支持基金后面都有选择按钮，如文献来源选项，如图4－4所示，点击即可进入相应的选择界面，可根据需要进行选择，也可不操作。另外作者可用精确检索，可以剔除不相关的作者，例如输入作者“李小”，如果选择模糊检索，则将作者姓名中包含有“李小”的文献都检索出来了，例如李小荣、李小庆等，使用精确检索则只检索作者名为“李小”的文献。作者单位建议使用模糊检索，这样可防止单位名称使用缩写或者单位下属机构部门的文献被漏检。举例：检索“中南大学关于肺癌临床用药指导的研究”近10年期刊论文。

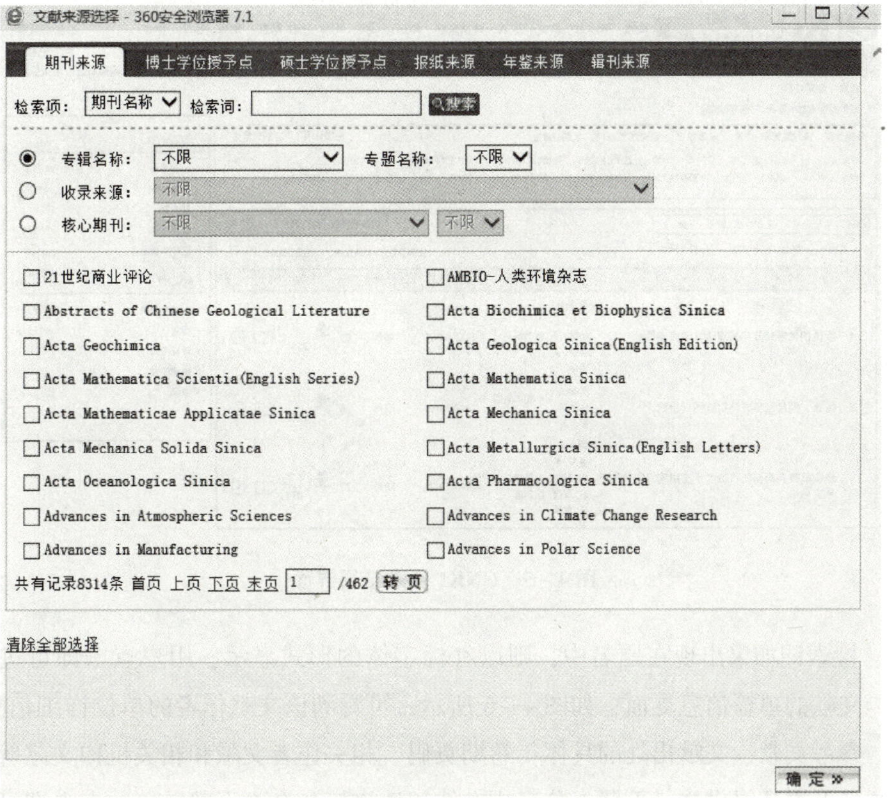

图4－4　CNKI高级检索文献来源选择界面

检索步骤：

第一步：题干分析，一要求是中南大学，二要求是近10年内，三要求是期刊论文；

第二步：提炼出2个关键词：肺癌、用药，两者之间的逻辑关系为“与”；

第三步：选择中国知网，进入主界面，点击右侧的“高级检索”；

第四步：在输入内容检索条件项目内，选择检索字段“主题”，输入检索词“肺癌”并含“用药”；

第五步：在输入检索控制条件项目内，“发表时间”选项选择相应的10年；“作者单位”处输入中南大学，选择默认模糊检索；界面右上角的“跨库检索”勾选“期刊”即可；

第六步：点击检索按钮或回车键即可获得检索结果。

3. 二次检索　CNKI中的二次检索即“结果中检索”，在执行完第一次检索操作后，如果觉得检索结果范围较大，可以在此基础之上多次点击“结果中检索”，以便缩小检索范围。

（六）检索结果的阅读与输出

1. 结果的阅读　在简单检索或者高级检索等界面输入检索内容和检索条件后，点击检索按钮即进入检索结果界面，如图4－5所示。在这个界面中，检索结果默认多篇文章的题录列表显示，包括文章的篇名、刊名、发表年月等内容，每页显示20条，以主题排序（内容相关度）由高到低排序。用户可以根据需要调整，例如可以切换到摘要格式，页面命中记录可选择“每页显示”10条、20条或者50条，排序可以选择按主题、发表时间、被引次数、下载次数。题录列表中显示了每条命中记录的题名、作者、来源、发表时间、来源数据库以及被引次数和下载次数。每条记录中的题名、作者和来源都提供有相关链接。

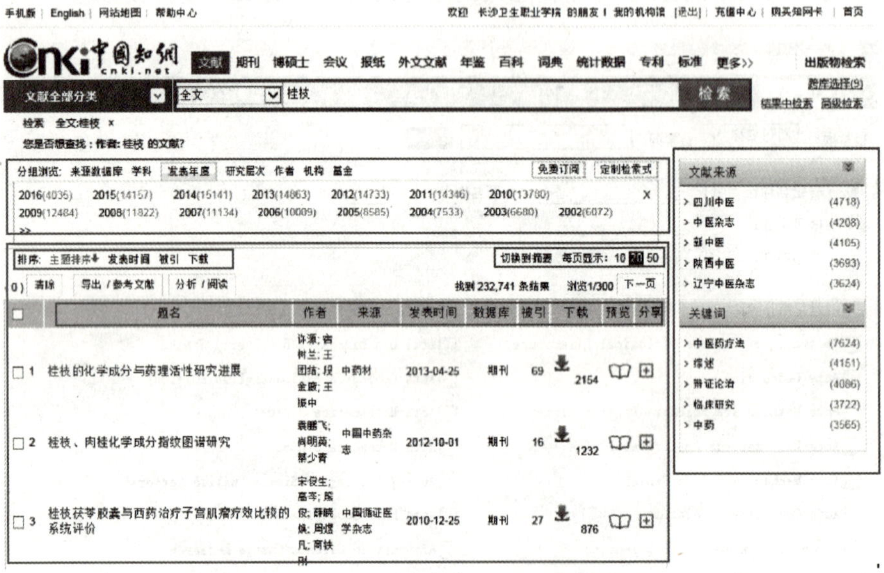

图4－5　CNKI检索结果界面

（1）题名　检索词如果出现在题名中，则以红标字体的形式显示，用户点击即可进入该篇文献的相关信息界面。文献的单篇信息界面，如图4－6所示，可看到该文献作者的单位详细信息、详细文摘、分类、关键词、参考文献、文献出处的具体年卷期页码、相关作者文献和相关机构文献等一些更加具体的信息，文献题目下方还提供文献下载、分享或在线阅读链接和全文下载链接，点击即可下载全文（免费或付费），在页面下侧提供了参考文献、相似文献、同行关注文献、相关作者文献链接。

（2）作者　点击即可进入该作者发文情况界面，并且按照不同数据库来源（如《中国学术期刊（网络出版）》《中国硕士学位论文全文数据库》《中国重要会议论文全文数据库》等）进行显示，点击任意一条文献的题目即可链接进入该篇文献的相关信息界面。

（3）来源　点击即可进入文献来源的界面，如是期刊，则显示该文献所在期刊的具体信息，如是学校，则显示作者所在高校的一些相关信息。

（4）数据库　此列可显示该文献的来源数据，同时帮助作者区分文献的基本类别（如期刊、学位论文、专利、会议文献等）。

（5）其他　被引列和下载列分别显示了该文献被引用和被下载的情况，点击预览则可在新的界面用以图片的形式预览该文献的具体信息，并提供该文献的下载链接，分享列则可将文献分享到微博、朋友圈、QQ空间等客户端。

在题录的上方提供了文献分组浏览功能，帮助用户按照不同的分类筛选检索结果，系统提供的分类包括来源数据库、学科、发表年度、研究层次、作者、机构以及基金，在每个子分类后面都有文献检出数量。例如，点击发表年度，下方将显示每年文献数量，点击2016年即可只显示命中结果中2016年发表的相关文献。

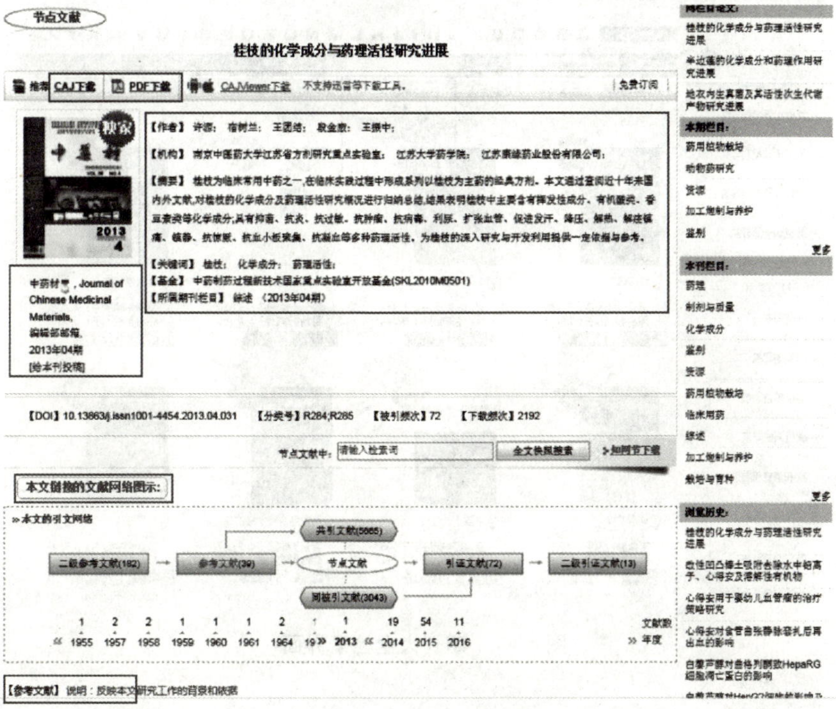

图4－6　CNKI单篇文献信息界面

2. 检索结果的输出　“题录”是指文献的基本信息，包括题名、作者、文献来源等。检索结果的界面中勾选需要的条目，点击导出/参考文献，可以选择“导出”即可导出参考文献格式的文本，也可选择xls表格或doc文档的形式进行输出保存，还可以直接打印。系统允许在一次检索页面中导出参考文献500条、分析150条、阅读50条、定制50条。另外系统还提供文献分析和生成检索报告等功能。题录的保存亦可采取传统的屏幕抓取方法，可用鼠标直接从屏幕上抓取题录的内容，以文本方式自动临时存入剪贴板中，然后使用各种文字处理软件进行编辑后保存到磁盘中。

3. 下载全文　在检索结果界面或单篇文献信息界面，CNKI系统提供有CAJ下载和PDF下载两种格式的全文下载链接，用户可下载两种全文浏览器即可阅读或浏览全文。

（七）特色导航

从导航目录，一步一步进入下一级目录，直达用户所需要的内容。用户不需要输入任何检索词，只要选择自己关心的栏目名称就能直接查到所需专题的文章。CNKI提供期刊大全、会议、年鉴、工具书、报纸、博士学位授予单位、硕士学位授予单位、机构导航、基金、学科专业图书馆、学术网站大全11种导航检索。以下主要介绍两种常用的医药类检索导航。

1. 期刊大全　在CNKI的主界面中部左侧的特色导航中点击“期刊大全”，即可进入期刊导航界面，如图4－7所示。

（1）系统提供了期刊简单检索入口，首先选择检索项，如刊名、ISSN、CN，再在检索框中输入检索内容。

举例：在CNKI中检索与中药有关的期刊。

图 4-7　期刊大全检索界面

检索步骤：

第一步：点击在 CNKI 主页中特色导航中的“期刊大全”；

第二步：选择检索项“刊名”，在检索框输入“中药”，点击检索或 ENTER，系统默认以图形方式显示所有含中药名称的期刊。

（2）系统按照期刊特征进行分类，并提供相应的浏览方式，例如，期刊大全界面中部的首字母导航、左侧的专辑导航，具体包括期刊知识专辑相关的导航（自然科学与工程技术、人文社会科学、总库收录期刊导航）、独家授权期刊导航、数据库期刊导航（SCI 科学引文索引和 EI 工程索引）、出版周期分类（期刊导航）、出版地导航、主办单位导航、核心期刊导航等。

举例：在 CNKI 中检索与药理有关的核心期刊。

检索步骤：

第一步：点击在 CNKI 主页中特色导航中的“期刊大全”；

第二步：进入期刊页面后，点击左侧的专辑导航—核心期刊导航；

第三步：选择检索项“刊名”，在检索框输入“药理”，点击检索或 ENTER，系统默认以图形方式显示所有含药理名称的核心期刊。

（3）期刊检索结果　有三种显示方式：图形方式、列表方式、详细方式，系统默认图形方式，用户可以根据需要自选。另外，系统还可以对检出期刊进行排序，可选排序方式有复合影响因子、综合影响因子、被引次数和期刊名称四种，前三种都可以从一定程度上反映期刊的影响度。

用户可以点击需要的刊名进入期刊的具体信息界面，如图 4-8 所示，该界面的右侧有该刊的详细信息，如基本信息中的主办单位、出版周期、ISSN、CN、出版地等；出版信息中的出版文献量、总下载量、总被引量、专辑名称和专题名称，详细信息中提供了该刊物的复合影响因子、综合影响影子，数据库收录情况和期刊荣誉。在期刊信息界面的下方过刊浏览中可以查看该刊历年来的期刊电子版内容，只需点击本刊出版汇总下方的年份，再选择卷期号，该期的电子版目录将显示在对应的右侧，点击目录中的题目即可浏览该篇文献的全文。另外，在页面右上方还提供有“在本刊内检索”功能，只需在检索框内输入检索词并选择相应的检索字段，即可检索到该刊中包括检索词的相关文献，点击文献题目即可查看全文。

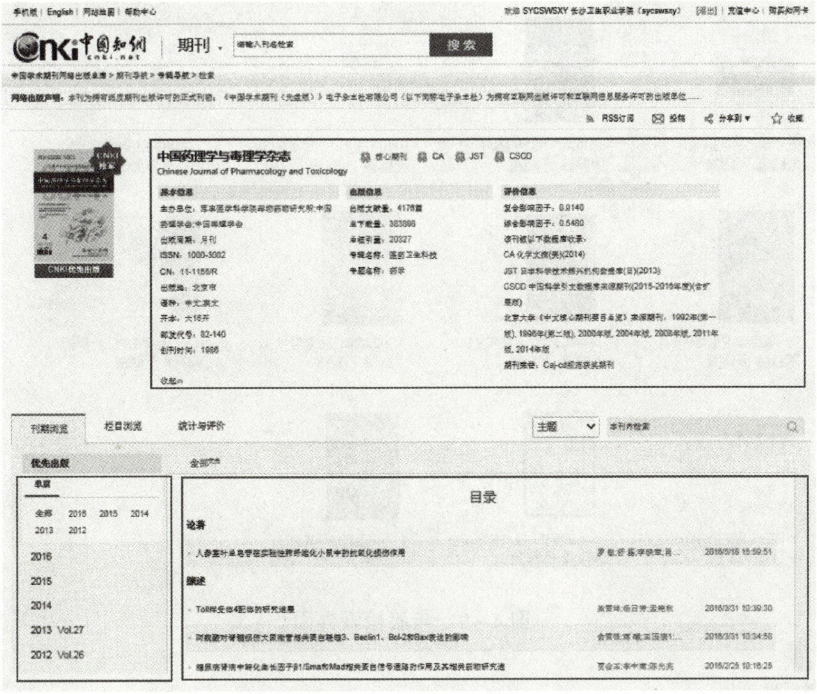

图 4－8　期刊信息界面

2. 年鉴　在 CNKI 的主界面中部左侧的特色导航中点击“年鉴”，即可进入年鉴导航界面，如图 4－9 所示。其检索项提供年鉴中文名、年鉴英文名、关键词、地域、主编、出版者、ISSN、CN 和 ISBN 等多种字段选择，默认年鉴中文名，在年鉴导航的检索词框中输入药，点击检索或 ENTER，系统默认以图形方式显示所有含药名称的中文年鉴，与期刊大全类似，点击相应的题名或图标即可进入该年鉴的相关信息界面。

（八）作者投稿服务

中国学术期刊论文投稿平台是一个论文发布平台，如图 4－10 所示。共收录了 10000 多本期刊，涵盖各个社会科学和自然科学领域。该平台与近八百家期刊保持密切合作关系，其中包括 SCI 刊物、CSSCI 刊物、中文北大核心刊物、科技统计源核心刊物以及国家级省级重点普通刊物，学科齐全也覆盖了医学、护理、教育、管理、经济、中文、法律、历史、计算机、电子信息、化工等十百个专业。该平台首页右侧还提供期刊分类、分级等百科介绍和论文写作发表相关指南。为广大学术研究和职称评定者免费提供专业信息咨询，为大学生、硕士生和博士生免费提供相关期刊资料在线查询服务。

该系统所有推荐期刊均可到国家新闻出版署网站查询，并且是正刊，不推荐非法刊物、假刊、增刊、带后缀的副刊等；制定严格的内部信息安全管理制度和安全可靠的技术手段，对客户所提供的资料进行严格的管理及保护；所有成功发表的论文均提供样刊、正规发票，作者的论文未确定发表前，不收取任何审稿费、版面费等费用。

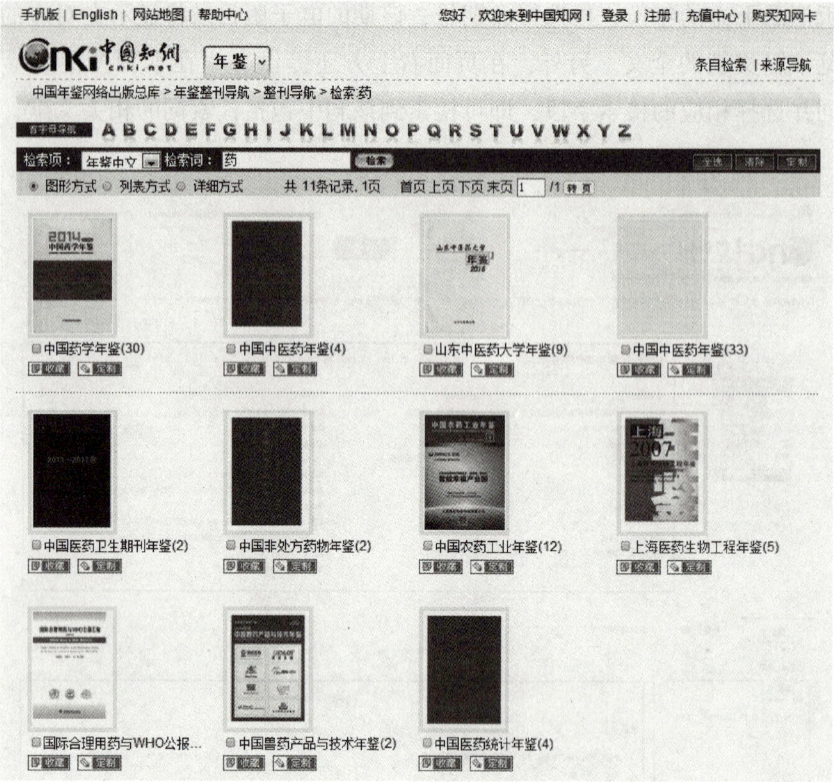

图4－9　年鉴检索界面

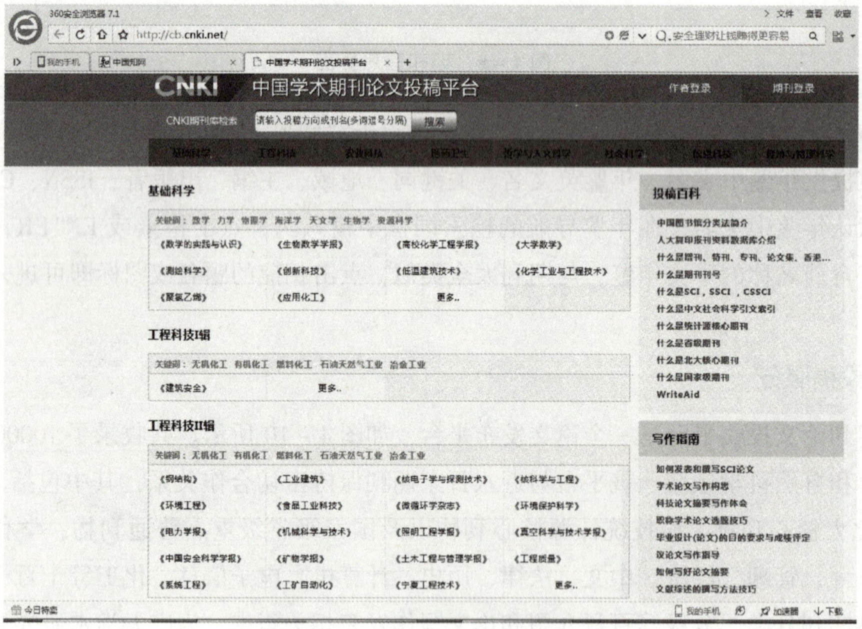

图4－10　作者投稿服务平台

二、维普网

（一）简介

维普网仓储式在线出版平台（www.cqvip.com）是由重庆维普资讯有限公司提供的，该公司一直致力于对海量的报刊数据进行科学严谨的研究、分析，采集、加工等深层次开发和推广应用，主要涉及数据库出版发行、知识网络传播、期刊分销、电子期刊制作发行、网络广告、文献资料数字化工程以及基于电子信息资源的多种个性化服务。维普收录的中国科技期刊全文数据库是目前收录国内期刊数量最多，回溯检索时间最长的中文全文数据库。

（二）主要数据库

1. 中文科技期刊数据库　是中国唯一以正式出版期刊为源本并保持期刊原文原貌的数据库，系统提供《中国科学引文数据库》《中国生物医学文献数据库》的全文链接数据库，是 Google 学术搜索频道国内最大合作资源。它是收录 15000 余种中文期刊，饱览 3000 余万科学文献，其中核心期刊 1983 种，刊载文献总量达 7000 余万篇文献，文献可回溯到 1989 年，部分期刊甚至可回溯到 1955 年，中心网站数据每日更新。中文科技期刊全文数据库涵盖了社会科学、自然科学、工程技术、农业科学、医药卫生、经济管理、教育科学和图书情报等 8 大专辑。系统提供五大文献检索方式：快速检索、传统检索、高级检索、分类检索、期刊导航。

2. 中文科技期刊数据库（引文版）　文献评价、科学家评价、研究机构评价、期刊评价、职称评定等，都需要引文检索。《中文科技期刊数据库》（引文版）是科技文献检索、文献计量研究和科学活动定量分析评价的强力工具。《中文科技期刊数据库》引文检索平台包括两个检索界面：源文献检索和参考文献，两个检索界面可互相切换。检索者通过检索参考文献获取源文献，该数据库收录自 1989 年以来国内 5000 多种重要期刊（含核心期刊）所发表论文的参考文献，是目前国内检索期刊种类最多的引文数据库，文献总量达 482 万余篇，检索者也可以直接检索这 482 万余篇文献所引用的 1830 万余篇参考文献。检索者可以查看参考文献的参考文献，越查越老，或参看引用文献的引用文献，越查越新，实现文献关联漫游，提高知识获取的效率。该数据库每周更新一次，涉及社会科学、经济管理、教育科学、图书情报、自然科学、农业科学、医药卫生和工程技术八大领域。检索方式可实现多次的二次检索、逻辑组配检索、提供按专辑导航、刊名导航、中图分类法导航检索等多种检索方式，可进行精确/模糊检索、限定期刊范围和检索年限。

3. 中国科学指标数据库（CSI）　是维普公司于 2009 年 6 月正式推出的一款全新资讯类产品，是目前国内规模最大的基于引文评价的事实型数据库，是衡量国内科学研究绩效、跟踪国内科学发展趋势的有力工具。CSI 涵盖了包括理、工、农、医和社会科学等方面的 4000 余种中文期刊和百万级中国海外期刊发文数据，数据评价时段从 2000 年跨度至当前，每双月更新。用户可以通过本产品查看关于学者、机构、地区、期刊的科研水平及影响力评价，并了解当前国内的科研动态、研究热点和前沿。产品具有内容全面、数据客观、评价公正等显著特征。

4. 中文科技期刊评价报告　以 8000 余种期刊作为来源期刊进行引文加工，涉及学科领域包括工业技术、医药卫生、农业科学、数理化及生物、天文地球、环境科学、交通运输、航空航天、经济管理、文教体育、图书情报、政治法律、人文社科等。从总被引频次、影响因子、立即指数、被引半衰期、引用半衰期、期刊他引率和平均引文率七个方面对期刊进行全面剖析。

5. 外文科技期刊数据库　该数据库提供 1992 年以来世界 30 余个国家的 11300 余种期刊，800 余万条外文期刊文摘题录信息。对题录字段中刊名和关键词进行汉化，帮助检索者充分利用外文文献资源。并联合国内 20 余个图书情报机构提供方便快捷的原文传递服务。完全满足中小型图书馆、科研机构对外文文献资源的需求。

6. 中国基础教育信息服务平台（CEIS）　CEIS 衍生于维普中文期刊数据库，以满足中小学基础教育的各方面需求为目的，教师、学生、校长（学校管理者）乃至学生家长，都能从中获取最新最全的中小学教育所必需的各种相关知识。CEIS 收录了涵盖教育科学、学校管理、教学参考、课程辅导等 9 大类 67 个小类的 2254 种期刊，是目前中小学教育数据库产品中收录期刊最多的数据库。

7. 维普 – google 学术搜索　维普 – Google Scholar 基于维普《中文科技期刊数据库》与 Google 检索的无缝嵌入，使读者随时随地均可享受用户单位、google、维普所提供的三位一体的整合服务。

8. 维普考试资源系统（VERS）　是维普资讯专门研发的集日常学习、考前练习、在线考试、模拟测试等功能于一体的大型教育资源数据库。系统采用开放、动态的系统架构，将传统的考试、练习模式与先进的网络应用相结合，可使学生完全根据个性化需要来进行有针对性的学习和考前练习。

9. 书馆学科服务平台（LDSP）　是一个学科馆员的网络服务平台。它整合利用了图书馆电子资源、集成了各种服务工具来提供各种人性化功能。适用于高校图书馆、单位图书馆等拥有丰富电子资源，致力于为特定目标用户提供专业、主动服务的信息服务机构。

10. 文献共享服务平台（LSSP）　是为社会信息服务机构量身打造的网络服务平台。它整合利用各类电子资源，集成各种网络信息服务手段，并以个性化的信息门户网站形象展示在用户面前。适用于科技情报所、公共图书馆等拥有丰富电子资源的社会信息服务机构。

11. 中国科技经济新闻数据库　该数据库收录了国内 420 多种重要报纸和 9000 多种科技期刊的 305 余万条新闻资讯，包括了各行各业的新产品、新技术、新动态和新法规的资讯报道。是科研机构、企业、政府部门获取行业动态，把握市场走向，建立竞争情报系统的重要信息来源，尤其是科技查新单位进行科技查新时重要的查询数据库之一。

（三）登录与使用

在浏览器地址栏中输入 www. cqvip. com. cn 登录维普网的主页，如图 4 – 11 所示；或者在百度、搜狗等通用型搜索引擎中输入“维普”，找到官网可进入主页。维普网系统提供的全文也是需要付费的，许多高校都有购买维普数据库，进入主页后可以先登录学校账户，方便查阅全文。用户也可自行注册账户，通过“网银”等方式购买文献全文。

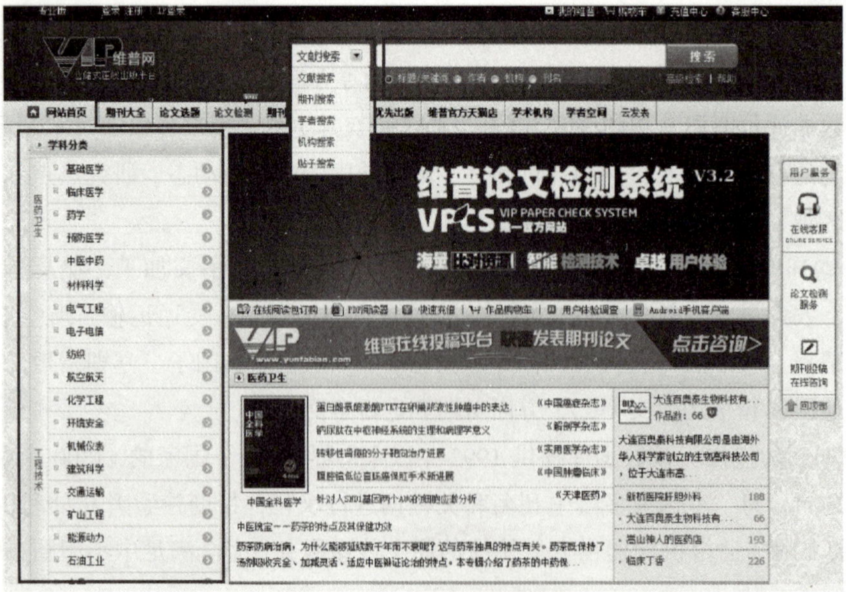

图 4 – 11　维普网主界面

维普数据库全文浏览使用的是 PDF 全文格式，需要下载 PDF 全文浏览器，可在通用型搜索引擎中搜索并下载安装 Adobe Acrobat Reader 专用阅读软件，用 Acrobat Reader 提供的功能可以对 PDF 文件进行各种操作，如查找文字、复制文字、存盘、打印等。

（四）检索方法

维普期刊资源整合服务平台提供文献搜索、期刊搜索、学者搜索、机构搜索和帖子搜索五大基本检索，首页默认的检索区域就是“期刊文献检索”，即《中文科技期刊数据库》的检索方式。

1. 简单检索　登录维普网主界面就是该系统的简单检索区，如图 4－12 所示。主界面映入眼帘的就是检索框上方文献类型的检索选项，如文献搜索、期刊搜索、学者搜索、机构搜索和帖子搜索等，默认为“文献搜索”，即“期刊文献检索”，不同于 CNKI 默认检索包含所有文献类型的检索。文献搜索的字段选择有标题/关键词、作者、机构和刊名四种选择，默认为标题/关键词，用户可根据自己的需要选择相应的字段。简单检索只需在检索框中输入任何检索词，在检索框前面选择相应的字段点击检索按钮或回车键，即可进行检索。检索词可以是单个，也可以是多个，多个检索词之间可以用逻辑符号连接。

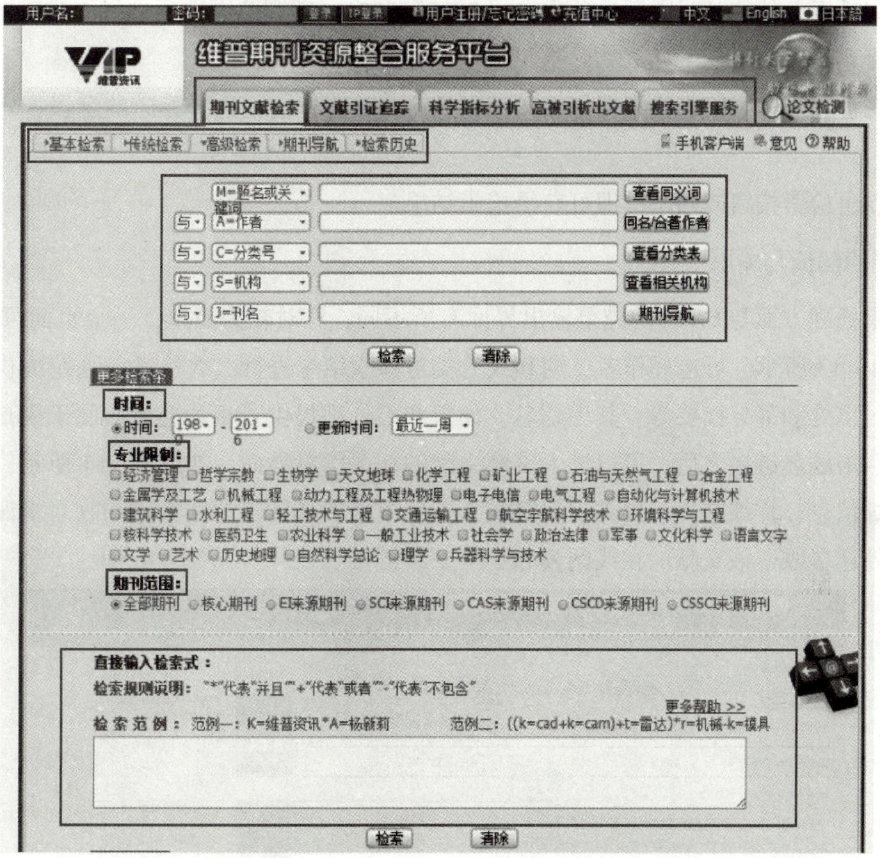

图 4－12　维普网高级检索主界面

举例：撰写一篇“中药在癌症治疗中的应用”的文章，请在维普网中检索相关的文献。

第一步：分析题干，提炼出 2 个关键词“中药”“癌症”；

第二步：分析两者之间的逻辑关系为“与”，检索式可为“中药与癌症”；

第三步：直接在简单检索框中输入“中药 癌症”或者“中药 癌”；

第四步：在检索框前面选择相应的字段；

第五步：点击检索按钮或回车键即可输入相应的检索结果。

2. **高级检索** 是一种比初级检索要相对复杂一些的检索方式，也可以进行简单检索，通过逻辑关系的组合进行的快速查询方式。该检索界面包含期刊文献、文献印证追踪、科学指标分析、高被引析出文献和搜索引擎服务五大部分。其中应用最多的是默认的“期刊文献检索”界面，如图 4 – 12 所示，其中包括基本检索、传统检索、高级检索、期刊导航和检索历史，其中高级检索的检索字段选项有题名或关键词（M）、题名（T）、关键词（K）、文摘（R）、作者（A）、第一作者（F）、机构（S）、刊名（J）、分类号（C）、作者简介（Z）、基金资助（I）、栏目信息（L）和任意字段，逻辑关系有“与、或、非”，本检索方式的优点是查询结果冗余少、命中率高。在主页初级检索框的右侧有高级检索按钮，点击即可进入高级检索界面。

举例：在维普中查找 2000 年至今发表在 CSCD 期刊上关于妊娠糖尿病的文献。

检索步骤：

第一步：时间限制为 2000 – 至今，期刊来源为 CSCD 期刊，内容检索条件，提炼出 2 个关键词“妊娠”“糖尿病”，分析三者之间的逻辑关系为“与”；

第二步：在检索条件的时间限制选项中选择 2000 – 2021，期刊范围选项选择 CSCD 来源期刊，专业限制可根据需要选择；

第三步：在检索框分别输入检索词妊娠、糖尿病；在检索框前面选择相应的字段；选择逻辑关系为“与”；

第四步：点击检索按钮或回车键即可获得检索结果。

（五）结果的阅读与输出

维普在结果处理方面与 CNKI 的结果输出界面有所不同，相对较为简单，一个页面可以显示 20 条题录信息，如图 4 – 13 所示，可选择作者、期刊或分类对检索结果进行二次检索。系统提供的题录信息包括题名、作者、出处和部分摘要等。其中题名、作者和出处都提供了相关链接，便于用户进一步了解具体信息。例如点击题名链接之后，可以进入该篇文献的相关信息界面，如图 4 – 14 所示，可看到该文献作者的单位详细信息、详细文摘、分类、关键词、文献出处的具体年卷期页码和收录情况等一些更加具体的信息，另外还提供了该文献的在线阅读和全文下载链接。

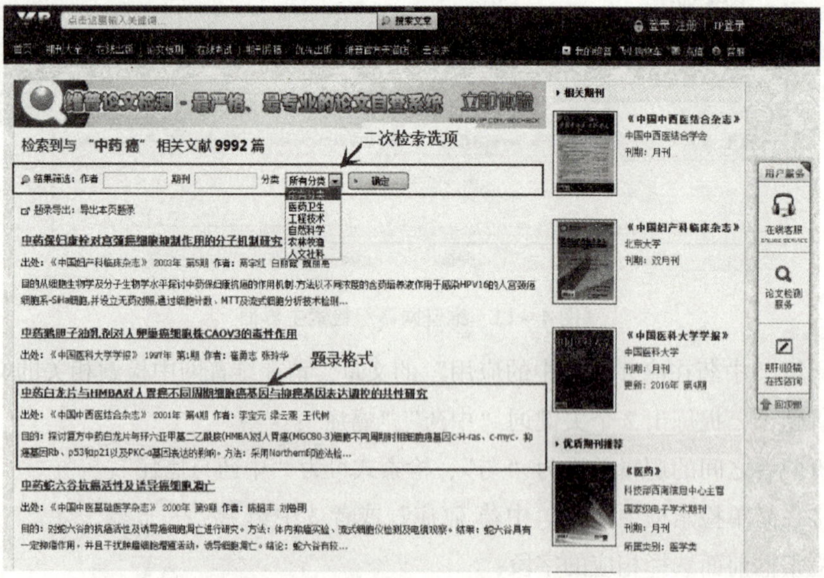

图 4 – 13　维普期刊文献检索结果界面

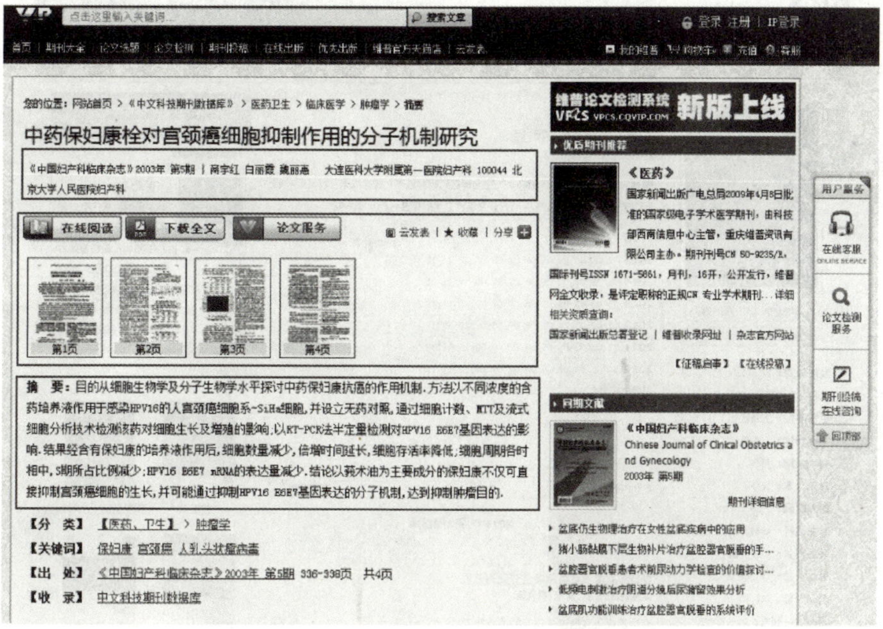

图 4-14　维普单篇文献信息界面

（六）期刊大全

在维普网的主界面的栏目中点击“期刊大全”，即可进入期刊大全界面，如图 4-15 所示。该系统右侧提供了期刊简单检索入口，首先选择检索项，如刊名、ISSN、CN，再在检索框中输入有关刊名的检索内容，点击检索或者 ENTER 即可。维普网期刊大全的主界面也提供了导航式的检索，用户可按照首字母顺序查找期刊，或者按照学科分类查找期刊。期刊默认以图形方式显示，点击期刊图形即可进入期刊的具体信息界面，如图 4-16 所示。

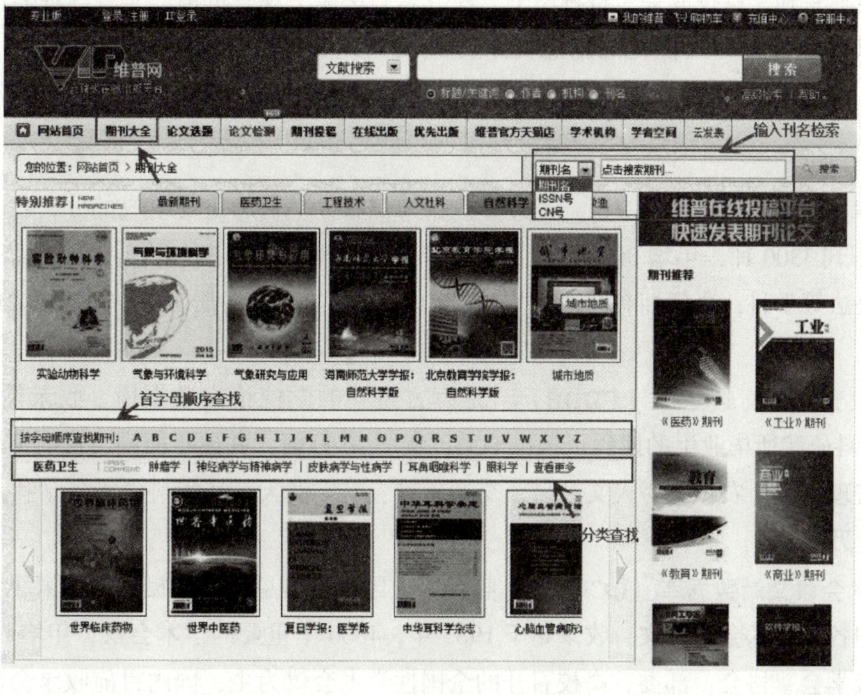

图 4-15　期刊大全主界面

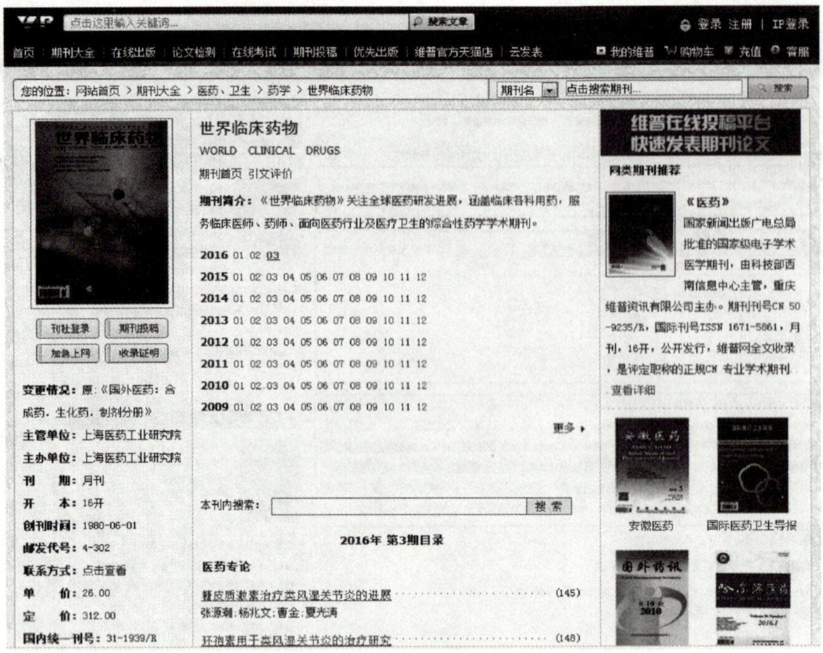

图 4－16　期刊信息界面

三、万方数据知识服务平台

（一）简介

万方数据知识服务平台（www. wanfangdata. com. cn）是国内重要的中文学术数据库服务平台之一，是由北京万方数据股份有限公司提供。收录了理、工、农、医、人文五大类 70 多个类目约 7600 种科技类期刊全文，平台出版的资源总量超过 2 亿条。万方数据库涵盖了中外学术期刊论文、学位论文、学术会议论文、标准、专利、科技成果、特种图书、新方志、法律法规、机构、专家等各类信息资源，提供检索、多维知识浏览等多种人性化的信息揭示方式及知识脉络、论文相似性检测、引用通知等特色服务。

（二）主要数据库

1. 中国学术期刊数据库（CSPD）　是万方数据知识服务平台的重要组成部分，收录始于 1998 年，8000 余种，核心刊 3300 种，年增 300 万篇，周更新 2 次，涵盖理、工、农、医、经济、教育、文艺、社科、哲学、政法等学科，全部拥有国内统一连续出版物号，免费注册 DOI。截至 2021 年 2 月初总计约 7100 万余篇。

2. 中国学位论文全文数据库（CDDB）　是万方重要的学位论文数据库，收录始于 1980 年国内 900 余所高校、科研院所毕业生的博硕士学位论文，年增 30 万篇，并逐年回溯，占研究生学位授予单位 85% 以上，涵盖理、工、农、医、人文社科、交通运输、航空航天、环境科学等各学科。截至 2021 年 2 月初总计约 670 万余篇。

3. 中国学术会议文献数据库（CCPD）　收录由中国科技信息研究所提供的国家级学会、协会、研究会组织召开的各种学术会议论文，收录始于 1983 年，4000 个重要的学术会议，年增 20 万篇全文，每月更新，国家级学会、协会、部委、高校召开的全国性学术会议为主，国内目前收录会议数量较多、质量较高、学科覆盖较广。每年涉及 1000 余个重要的学术会议，范围涵盖自然科学、工程技术、农林、医学等多个领域。截至2021年2月初总计约1400万余篇。

4. 外文文献 包括外文期刊论文和外文会议论文。外文期刊论文是全文资源。收录了1995年以来世界各国出版的20900种重要学术期刊，部分文献有少量回溯。每年增加论文约百万余篇，每月更新。外文会议论文是全文资源。收录了1985年以来世界各主要学协会、出版机构出版的学术会议论文，部分文献有少量回溯。每年增加论文20余万篇，每月更新。截至2021年2月初总计约5720万余篇。

5. 中文科技报告 收录始于1966年，源于原中华人民共和国科学技术部，20000余份，外文科技报告，收录始于1958年，美国政府四大科技报告（AD、DE、NASA、PB），110万余份。截至2021年2月初总计约116万余篇。

6. 中外专利数据库（WFPD） 收录始于1985年，4500余万项专利，年增25万条，涵盖11国：中国、美国、澳大利亚、加拿大、瑞士、德国、法国、英国、日本、韩国、俄罗斯；两组织：世界专利组织、欧洲专利局。截至2021年2月初总计约1.1亿余篇。

7. 中外标准数据库（WFSD） 收录37万余条，全文数据来源于国家指定标准出版单位，专有出版，文摘数据来自中国标准化研究院国家标准馆，数据权威。截至2021年2月初总计约239万余篇。

8. 其他 中外标准数据库（WFSD），收录37万余条，全文数据来源于国家指定标准出版单位，专有出版，文摘数据来自中国标准化研究院国家标准馆，数据权威。中国地方志数据库（CLGD），新方志收录始于1949年，4万余册，旧方志收录年代为1949年以前，预计近5万册。中国科技成果数据库（CSTAD），收录始于1978年，来源于各省、市、部委鉴定后上报国家、科技部的科技成果及星火科技成果，涵盖新技术、新产品、新工艺、新材料、新设计等众多学科领域。中国法律法规数据库（CLRD），收录始于1949年，数据源自国家信息中心，权威、专业，涵盖国家法律法规、行政法规、地方法规、国际条约及惯例、司法解释、合同范本等。中国机构数据库（CIDB），中国企业、公司及产品数据库，国内企业信息，中国科研机构数据库，国内科研机构信息，中国科技信息机构数据库，我国科技信息、高校图情单位信息，中国中高等教育机构数据库，国内高校信息。中国特种图书数据库（CSBD），图书内容针对性强，来源权威，保持原书原貌，享受原汁原味的阅读乐趣。《中国科技专家库》收录了国内自然科学技术领域的专家名人信息，介绍了各专家在相关研究领域内的研究内容及其所取得的进展，为国内外相关研究人员提供检索服务，有助于用户掌握相关研究领域的前沿信息。该数据库的主要字段内容包括：姓名、性别、工作单位、工作职务、教育背景、专业领域、研究方向、研究成果、专家荣誉、获奖情况、发表的专著和论文等三十多个字段。学者检索中的学者信息来自万方学术圈，万方学术圈是业内率先实现读者与学者近距离接触的平台，可快速获取学者的新情况、新研究领域、分享学术成果，学术圈的目标是建立学术交流的平台，营造良好的学术生态环境，促进学者间的交流合作。

（三）登录与使用

在浏览器地址栏中输入www.wanfangdata.com.cn登录万方的主界面，如图4-19所示；或者在百度、搜狗等通用型搜索引擎中输入“万方”，查找官网进入主页。万方网系统提供的全文也是需要付费的，许多高校都有购买万方数据库，进入主页后可以先登录学校账户，方便查阅全文。用户也可自行注册账户，通过网银等方式购买文献全文。

万方数据库全文浏览使用的是PDF全文格式，需要下载PDF全文浏览器，可在通用型搜索引擎中搜索并下载安装Adobe Acrobat Reader专用阅读软件，用Acrobat Reader提供的功能可以对PDF文件进行各种操作，如查找文字、复制文字、存盘、打印等。

（四）检索方法

万方数据库提供多种类型的检索途径，如简单检索、高级检索、专业检索、二次检索等。

1. 简单检索 登录万方主界面就是该系统的简单检索区，如图 4－17 所示。主界面映入眼帘的就是检索框左侧方文献类型的检索选项，默认为“学术论文”，即包含所有类型的文献。

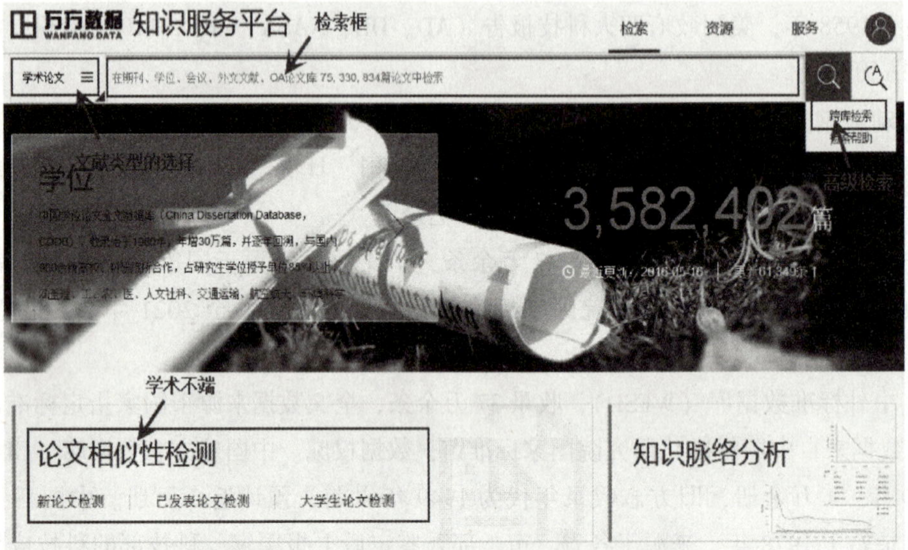

图 4－17 万方主界面

万方数据库提供的也是一站式检索，系统默认在期刊、学位、会议学术论文等所有数据库中直接检索，也可点击“资源”或者文献类型的检索选项选择单库检索，如期刊、学位、会议、外文文献、专利、标准、地方志、法规等，如选择“期刊”，则系统会提示选择题名、关键词、摘要、作者、作者单位和刊名等字段选择。用户选择文献来源后，输入相应的检索词即可进行简单检索。

举例：在万方数据库中检索有关奥美拉唑的相关期刊文献。

检索步骤：

第一步：分析题干，提炼出关键词“奥美拉唑”；

第二步：在检索框上方点击“期刊”选择文献来源，同时选择“摘要”或“题名”等字段；

第三步：直接在简单检索框中输入检索词“奥美拉唑”；

第四步：点击“检索论文”按钮即可获得检索结果。

2. 高级检索 在万方数据库简单检索右侧有“跨库检索”即可进入高级检索界面，如图 4－18 所示。该检索界面包含高级检索和专业检索两种检索途径。其中应用最多的是默认的“高级检索”，它主要包括以下几种选择控制选项。

（1）数据库选项 在高级检索界面左侧，可勾选选择文献类型即可选择相应类型文献的数据库，可是单个或者多个。

（2）检索字段选项 万方数据库提供的检索字段根据文件类型有所不同，以期刊数据库为例，系统提供的检索字段有主题、题名、关键词、创作者、作者单位、摘要、日期、刊名、期等，逻辑关系有“与、或、非”。精确或模糊：与 CNKI 类似，请参照 CNKI 中的相关介绍。

（3）时间选项 勾选时间选项，可以根据用户需要选择文献的时间段。

（五）结果的阅读与输出

在简单检索或者高级检索等界面输入检索内容和检索条件后，点击检索按钮即进入检索结果界面，如图 4－19 所示。

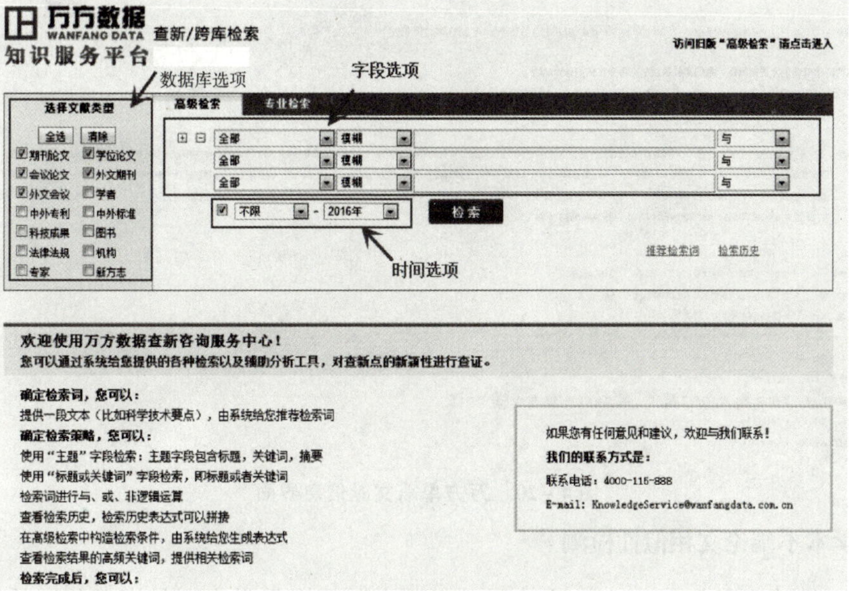

图 4－18　万方高级检索主界面

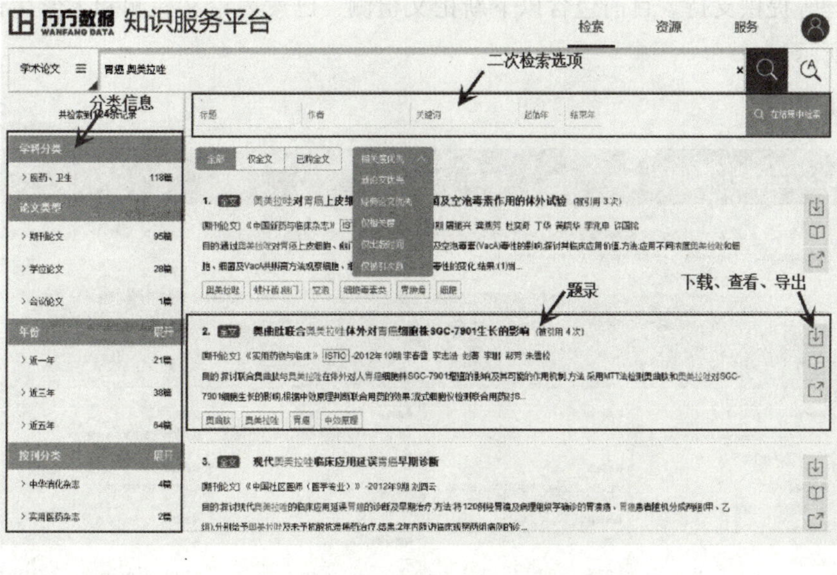

图 4－19　万方文献检索结果界面

在这个界面中，检索结果默认多篇文章的题录列表显示，每页显示 10 条。页面题录上方可选择标题、作者、关键词和年月对检索结果进行二次检索。页面左侧提供了简介结果的分类信息，如学科分类、论文类型、年份、刊物等。每条题录提供的题录信息包括题名、作者、出处和部分摘要等，其中题名、作者和出处都提供了相关链接，便于用户进一步了解具体信息，功能与 CNKI 节介绍的类似，题目的右侧提供了该文献的下载、浏览和导出链接标志。

例如点击题名链接之后，可以进入该篇文献的相关信息界面，如图 4－20 所示，包括文章的篇名、刊名、发表年月卷期、详细摘要、引用情况、相似文献等信息，同时提供了该文献的下载、在线查看、导出和分享等链接。

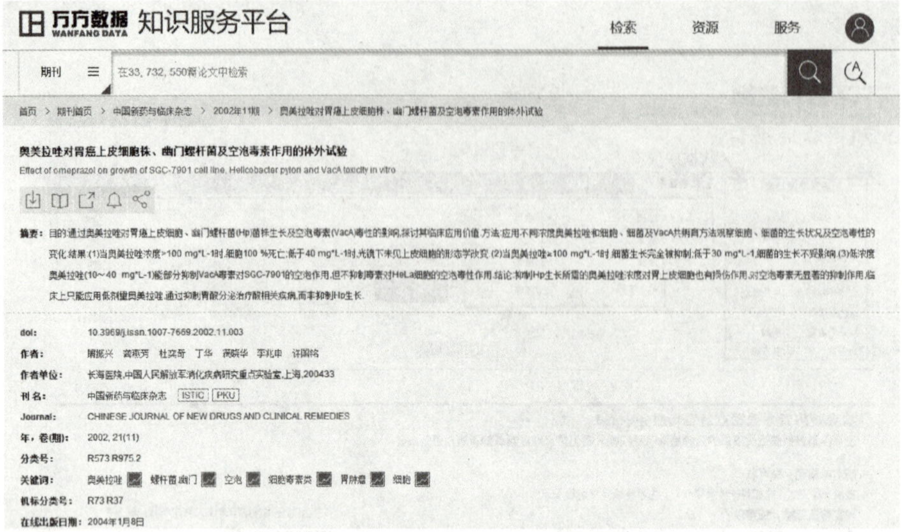

图 4－20　万方单篇文献信息界面

（六）万方学术不端论文相似性检测

万方论文相似性检测服务（PSDS）系统是基于万方数据海量学术文献资源，坚持客观、公正、精准、全面的原则，对学术成果进行相似性检测，为用户提供客观翔实的检测报告，为学术出版、科研管理、学位论文管理等提供支持。目前包含以下新论文检测、已发表论文检测和大学生论文检测三个系统，如图 4－21 所示。

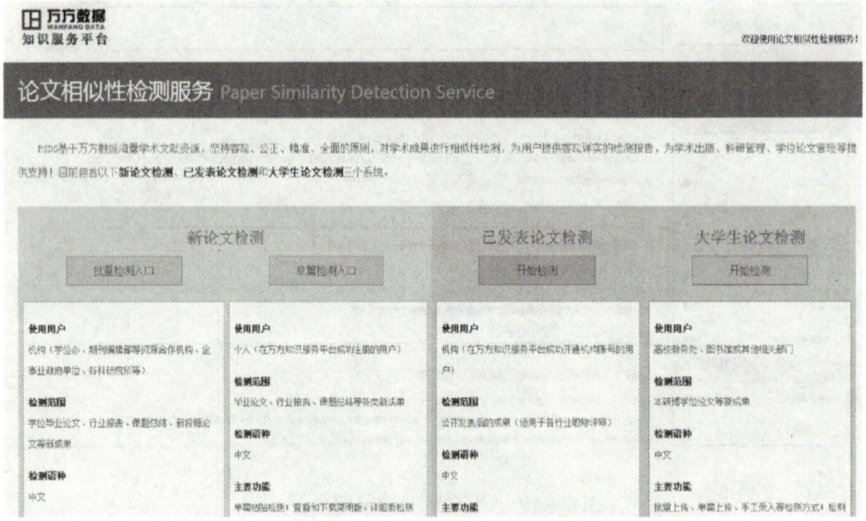

图 4－21　万方学术不端论文相似性检测系统主界面

四、中国生物医学文献服务系统

（一）简介

中国生物医学文献服务系统（SinoMed）是由中国医学科学院医学信息研究所图书馆开发研制，是集检索、开放获取、个性化定题服务、全文传递服务于一体的生物医学中外文整合文献服务系统。其涵盖资源丰富，能全面、快速反映国内外生物医学领域研究的新进展，功能强大，是集检索、统计分析、免费获取、全文传递服务于一体的生物医学中外文整合文献服务系统。

（二）主要数据库

SinoMed 收录资源较为丰富，整合了中国生物医学文献数据库（CBM）、中国医学科普文献数据库、北京协和医学院博硕学位论文库等八大数据库的资源信息。

1. 中国生物医学文献数据库（CBM）　CBM 是由中国医学科学院医学信息研究所于 1994 年研制开发的综合性中文医学文献数据库，学科涉及基础医学、临床医学、预防医学、药学、中医学以及中药学等生物医学领域的各个方面，是目前国内医学文献的重要检索工具。收录 1978 年以来 1800 余种中国生物医学期刊，以及汇编、会议论文的文献记录 900 余万篇，全部题录均进行主题标引和分类标引等规范加工处理，年增长量约 50 万篇，每月更新。

2. 中国医学科普文献数据库　此数据库主要收录 2000 年以来国内出版的医学科普期刊，主要涉及养生保健、心理健康、生殖健康、运动健身、医学美容、婚姻家庭、食品营养与医学健康有关的内容，每月更新。

3. 北京协和医学院博硕学位论文库　此数据库由中国医学科学院医学信息研究所/图书馆开发研制，收录 1981 年以来协和医学院培养的博士、硕士研究生学位论文，涉及医学、药学各专业领域及其他相关专业，可在线浏览全文。每季更新。

4. 其他　SinoMed 还收录了西文生物医学文献数据库、英文文集汇编文摘数据库、英文会议文摘数据库、俄文生物医学文献数据库和日文生物医学文献数据库五大数据库的相关文献资源。

（三）登录与使用

在浏览器地址栏中输入 www. sinomed. ac. cn 登录中国生物医学文献服务系统的主界面，如图 4－22 所示；或者在百度、搜狗等通用型搜索引擎中输入“SinoMed”或者“中国生物医学文献服务系统”，查找官网进入主页。此类参考型数据库一般科技查新等部门才购买，普通高校使用较少，使用方法和检索结果显示与 CNKI、万方等数据库大同小异。

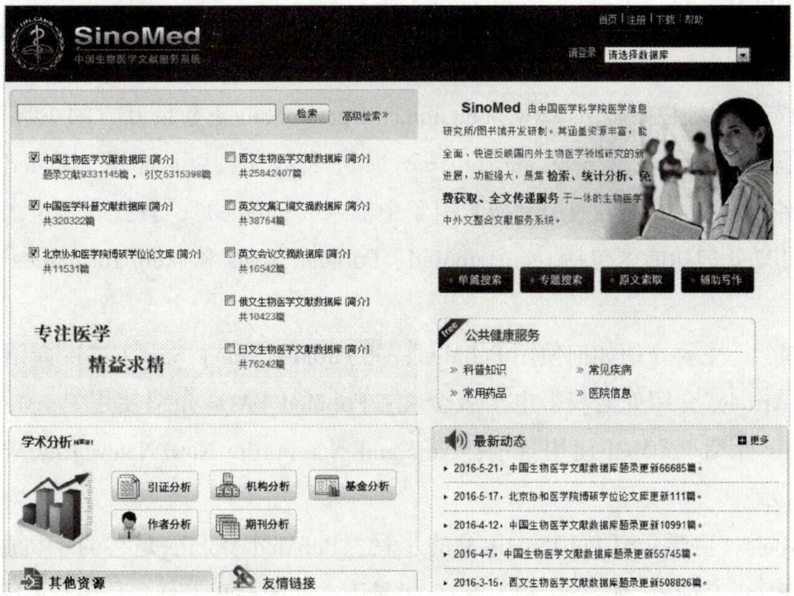

图 4－22　中国生物医学文献服务系统主界面

第二节　外文电子医药文献检索系统

PPT

一、PubMed

（一）简介

PubMed（www.ncbi.nlm.nih.gov/pubmed）是一个免费的搜寻引擎，是美国国家医学图书馆所属的国家生物技术信息中心（NCBI）开发的基于网络的生物医学信息检索系统，它是 NCBI 整个数据库查询系统中的一个，免费提供文献的题录和文摘，并提供原文全文的链接（付费或免费），PubMed 是检索外文医药文献最主要的题录数据库，其核心主题为医学，但亦包括其他与医学相关的领域。收录了世界 80 多个国家和地区出版的 5200 多种生物医学及相关学科期刊的文献，约 2400 万篇文献，每年以约 40 万篇的速度递增，每周 5 天更新数据。内容涉及基础医学、临床医学、护理学、口腔医学、兽医学、营养卫生、药理和药剂学、预防医学、卫生管理、医疗保健和情报科学等领域。由于近年来许多出版商通过电子期刊平台发布预出版的论文（纪录标记为 Epub 或［Epub ahead of print］），因此 PubMed 中的文献甚至要早于最新出版的纸质版期刊。

（二）数据来源

PubMed 的数据库主要来源为 MEDLINE，记录尾标有［PubMed - indexed for MedLine］。MEDLINE 是美国国立医学图书馆建立的，是当前国际上公认的最权威的、使用频率最高的生物医学文献数据库。其他部分数据来源有 PreMedline、Publisher Supplied Ciations、OldMEDLINE 等。PreMedline 是临时性的医学数据库，收录最新出版的文献，缩短文献报道时差，记录尾标有［PubMed - in process］。Publisher Supplied Ciations 是出版商直接向 PubMed 递送的电子文献，记录尾标有［PubMed - as supplied by publisher］。OldMEDLINE 提供的文献题录不含摘要，保持旧版 MeSH 词表的标引，记录尾标有［PubMed - OLDMEDLINE］。

（三）登录与使用

1. 登录　在浏览器地址栏中输入 www.ncbi.nlm.nih.gov/pubmed 登录万方的主界面，如图 4 - 23 所示；或者在地址栏输入网址 www.ncbi.nlm.nih.gov 后进入 NCBI 主页选择 PubMed 数据库即可进入 PubMed 主页；或者在百度、搜狗等通用型搜索引擎中输入“pubmed”，查找官网进入主页。

2. 功能区　PubMed 的功能区包括 Usin PubMed、PubMed Tools 和 More Resources 三大部分，分别行驶不同的功能。

（1）Usin PubMed　主要介绍如何使用 PubMed，如 PubMed Quick Start Guide 介绍如何快速掌握使用 PubMed；Full Text Articles 介绍如何获得电子版全文；PubMed FAQs 介绍使用 PubMed 时的一些常见问题；PubMed Tutorials 介绍 PubMed 使用指南；New and Noteworthy New/Noteworthy Web（RSS）Feed 是 PubMed 未来更新告示。

（2）PubMed Tools　主要介绍 PubMed 相关的工具，PubMed Mobile 是它的手机版链接界面；Single Citation Matcher 和 Batch Citation Matcher 是为单一/批量引文匹配检索工具，是用不完整的文献信息为线索来检索特定文献的工作；Clinical Queries 是检索范围缩小为临床诊断、治疗、病因和预后四方；Topic -

Specific Queries 指按某一类特殊主题来检索文献。

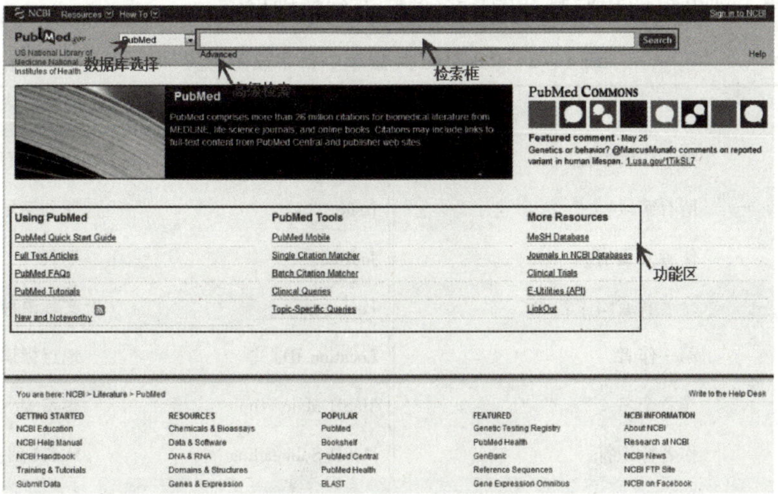

图 4－23　PubMed 主界面

（3）More Resources　是 PubMed 一些附带资源检索，其中 MeSH Database 是 MeSH 主题词数据库，可通过主题词组配副主题词来检索文献；Journals in NCBI Databases 是 NCBI 中的期刊信息数据，类似于 CNKI 的期刊大全；Clinical Trials 可浏览定期更新的有关政府和私人资助的临床研究项目信息；E－Utilities（API）可实现自动化大批量的从 Entrez 数据库下载数据；LinkOut 是 PubMed 一些外部资源链接。

（四）检索方法

1. 简单检索　PubMed 的主页即为基本检索界面，在检索提问框中输入检索策略，点击 search 或回车即可完成检索，结果将以默认的方式显示在下方。PubMed 不同于中文的 CNKI、万方等数据库，它不提供字段选择项，检索策略默认为各类字段，检索框输入的检索内容可以是任何有实质意义的词、词语、词组等，如主题词、关键词、篇名、作者、刊名、出版年月等。使用方法与中文常用的文献数据库基本一致。

2. 高级检索　一般情况下，基本检索能满足用的大部分需求，但是当检索的问题相对较为复杂时，用户可选择高级检索。通过点击 PubMed 的主页基本检索框下方的“Advanced”，即可进入高级检索页面，如图 4－24 所示。

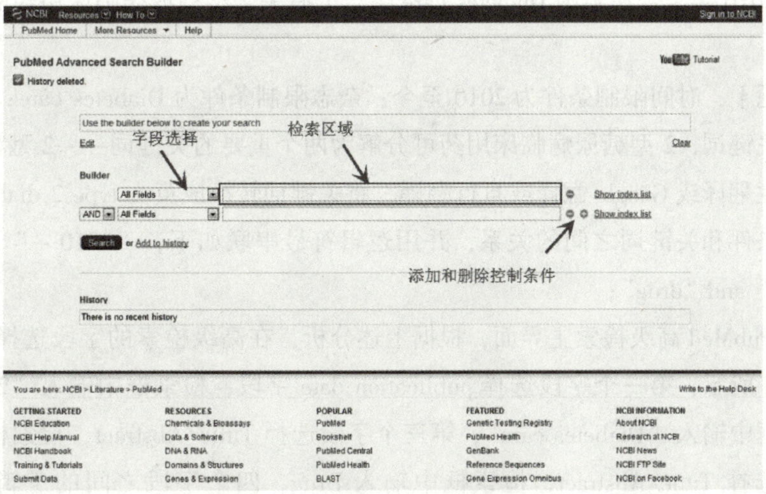

图 4－24　PubMed 高级检索界面

高级检索区可以在字段选择框中选择相应的字段（PubMed 中各字段的含义，见表 4－2），并选择适当的逻辑符号连接，即可组成相对复杂的检索策略进行精确检索。

表 4－2 PubMed 数据库中各字段的意义

字段名称	意义	字段名称	意义
Affiliation	第一作者单位	Investigator－Full	NASA 资助人的姓名
All Fields	所有字段	Issue	期刊期号
Author	作者（著者）	Journal	期刊
Author－corporate	合著者或团体著者	Language	文献语种
Author－First	第一作者	Location ID	地点标识
Author－Full	作者全名	MeSH Major Topic	主要 MeSH 主题词
Author－Identifier	作者标识符	MeSH Subheading	MeSH 副主题词
Author－last	排名最后的作者（常为通讯作者）	MeSH Terms	MeSH 主题词
Date－completion	文献完成日期	Other Term	非 MeSH 主题词
Date－Create	文献创建日期	Pagination	页码
Date－Entrez	题录收入 PubMed 的时间	Pharmacological Action	药理作用
Date－MeSH	题录输入 MeSH 的时间	Publication Type	出版类型
Date－Modification	文献修改日期	Publisher	出版社
Date－Publication	文献出版时间	Subject－Personal Name	文章研讨对象是人物时，人名作为主题词
EC/RN Number	酶号或化学物质登记号	Text Word	文本词
Editor	编者	Title	文章标题
Grant Number	项目资助号或合同号	Title/Abstract	标题/摘要
ISBN	国际标准书号	Transliterated Title	非英语语种的原文篇名或译音篇名
Investigator	NASA 资助的项目负责人姓名	Volume	期刊卷

举例：请检索 2010 年至今在美国 Diabetes care 杂志上有关 2 型糖尿病临床用药的文献。

检索步骤：

第一步：分析题干，时间限制条件为 2010 至今；杂志限制条件为 Diabetes care；

第二步：提炼关键词，2 型糖尿病临床用药可分解为两个重要的关键词——2 型糖尿病和药；

第三步：在百度翻译或 Google 翻译或自行翻译，将关键词转换成英文 type 2 diabetes，drug；

第四步：限制条件和关键词之间的关系，并用逻辑符号串联如下，“2010－” and “Diabetes care” and “type 2 diabetes” and “drug”；

第五步：进入 PubMed 高级检索主界面，根据上述分析，在高级检索的字段选择框中分别选择相应的字段，如图 4－25 所示，第一个字段选择 publication date 字段，检索框中输入“2010”；第二个字段选择 journal，检索框中输入“Diabetes care”；第三个字段选择 Tittle/Abstract，检索框中输入 type 2 diabetes；第四个字段选择 Tittle/Abstract，检索框中输入 Drug，四个字段之间的逻辑关系为 and，点击 search 或回车键即可输出检索结果。

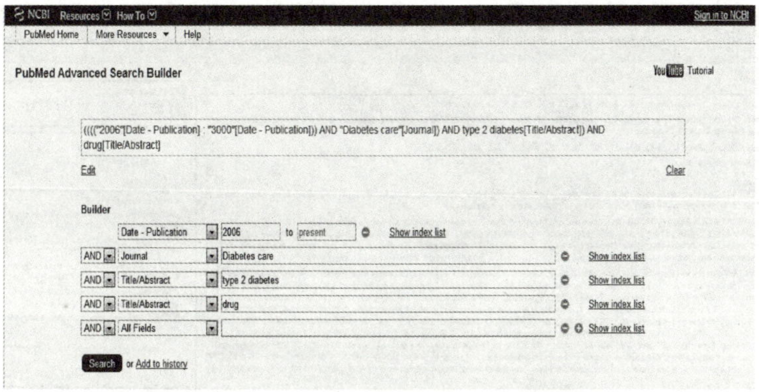

图 4－25　PubMed 高级检索实例分析

（五）检索结果的阅读与输出

在 PubMed 简单检索或者高级检索等界面输入检索内容和检索条件后，点击检索按钮即进入检索结果界面，如图 4－26 所示，该界面可简单地分为三个功能区：检索结果分类区（左侧）、题录区（中间）和相关信息区（右侧）。检索结果默认多篇文章的题录列表显示。

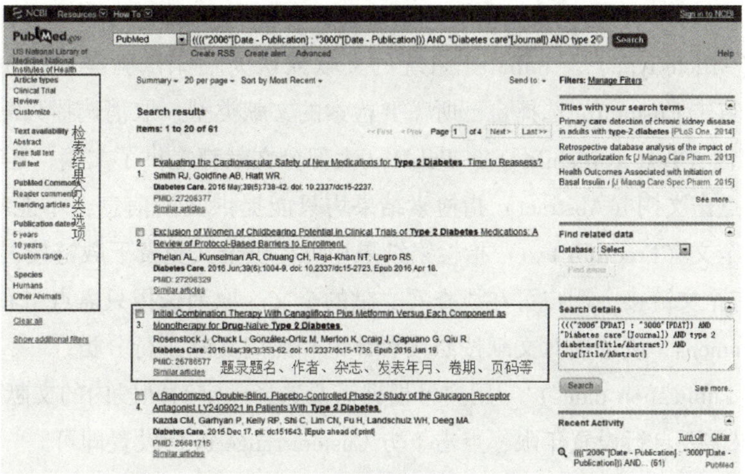

图 4－26　PubMed 检索结果界面

1. 题录区　区默认以 20 条每页的形式显示题录，每条题录均包含该文献的题名、作者、杂志名称、发表年月、卷期、页码等信息。

（1）题名　每条题录最下侧提供了相似文献的链接，用户点击其中任一文献标题即可进入该篇文献的相关信息界面，如图 4－27 所示，系统在此界面的主体部分提供了该篇文献的题名、作者和摘要等详细信息，右侧提供了该篇文章的全文下载链接（免费或者付费），下侧为该文献得 PMID 号和其他信息链接。在单篇文献界面点击杂志链接可在 PubMed 中搜索该杂志的其他文献，点击作者链接可以在 PubMed 中搜索该作者其他文献。

（2）PMID（PubMed Unique Identifier）　是 PubMed 中每条记录的唯一标志码，使用此码可快速检索到该 ID 号对应的文献。

（3）DOI（Digital Object Identifier）　是文献的一种标识符号，为数字信息提供了全球唯一的身份标识，就如同出版物贴上了条形码一样，无论走到哪里都有踪迹可寻。因而 DOI 被形象地称为数字资源的条形码或身份证。无论在任何地方，用户都可以固定的、永久的链接到 DOI 的相应内容。

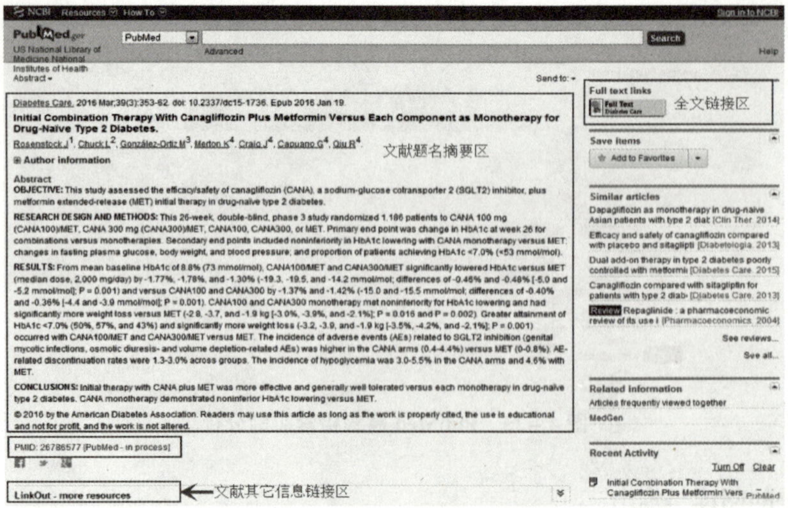

图 4-27　PubMed 单篇文献信息界面

（4）文献状态　Epub 或 Epub ahead of print 是出版商通过电子期刊平台发布预出版的论文标识。

2. 检索结果分类区　PubMed 检索系统从不同角度对检索结果中的文献进行了多种分类，显示在检索结果显示页面的左侧区域，有利于检索者对检出结果进行甄别和筛选。

（1）文献类型（Article type）　PubMed 系统的文献默认为临床试验类（Clinical Trial）和综述类（Review），用户也可点击 Customize 选择自己所需要检索的文献类型。取消选择只需点击右侧的 clear。

（2）文本的可用性（Text availability）　PubMed 大部分文献都提供了文摘，还有部分文献提供了免费全文阅读和下载。点击文摘（Abstract）指检索结果均只能提供文摘信息，不能提供全文阅读和免费下载链接；点击免费全文（Free full text）指检索结果均可提供全文免费下载链接；点击全文链接（Full text）指检索结果均有全文链接，用户可在线查看文献的全文。取消选择只需点击右侧的 clear。

（3）PubMed Commons　该选项对文献按照读者评论和热门文献进行分类。

（4）出版时间（Publication dates）　用户可根据需要选择一定时间段内的文献。系统默认的 5 年内和 10 年的选项，如果需要自行设置年限，点击下方 Custom range 进行设置即可。

（5）物种选项（Species）　文献根据研究对象按人类（Humans）和其他动物（Other Animals）进行分类。

（6）其他　检索结果分类选项区下方的 show additional filters 还提供了其他类别选项，如性别（sex）、语言（language）、对象（subjects）、期刊类型（journal categories）、年龄（ages）等，用户也可根据个人喜好和需求选择相关分类方式取代默认分类显示。

3. 相关信息区　检索结果界面的右侧还提供了一些文献的相关信息，例如检出文献年趋势图、相关研究的链接以及标题中包含检索词的文献等。

二、ScienceDirect

（一）简介

ScienceDirect（www.ScienceDirect.com）是由 Elsevier 公司提供的免费检索的全文数据库，得到全世界 70 多个国家的认可，截至到 2020 年 12 月底收录期刊 2500 余种，26000 多种图书，13400000 余篇文献，目前文献可回溯到 1995 年的数据，有些甚至回溯到创刊，最早的期刊是 LANCET（英国的《柳叶刀》）可回溯到1823年，内容涵盖物理学与工程、医学、药学、生命科学、社会科学与人文科学等学科。ScienceDirect全文文献数据库的访问方式有以下两种：ScienceDirect OnSite（SDOS），访问国内镜像（清华大学、上海交通大学的镜像站点）；ScienceDirect OnLine（SDOL），访问国外镜像（ScienceDirect在美国的主服务器）。相对于SDOS数据库，SDOL数据库的更新更为及时，并为用户提供了完备的个性化服务。一般未购买该数据库的用户可通过后者进入主页进行检索。

（二）登录方式

直接输入网址www.ScienceDirect.com，或者在百度等通用型搜索引擎中直接输入ScienceDirect进行搜索，再点击进入主页，如图4－28所示。

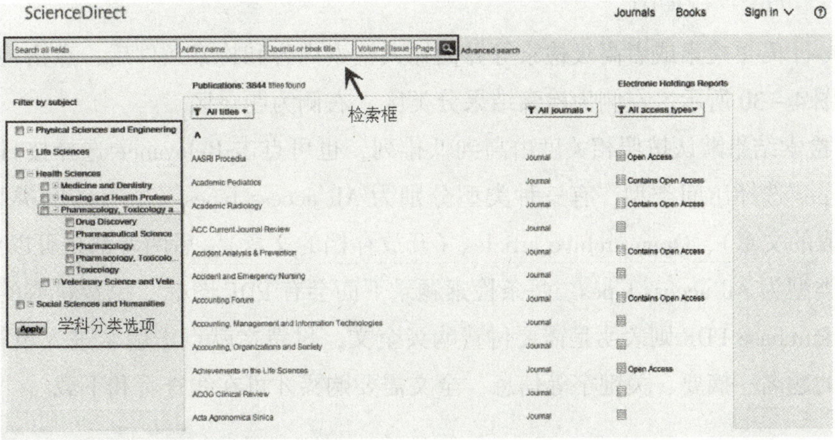

图4－28　ScienceDirect主页

（三）检索方法

1. 简单检索　简单检索的检索框分别为“Search all field（全文）”“Author's Name（作者）”“Journal and book title（期刊名）”“Volume（卷）”“Issue（期）”“Page（页）”字段。用户根据需要在对应的字段内输入检索词，点击检索按钮或者回车键即可开始检索。以高血压常用药科素亚为例，在Search all field内输入Losartan Potassium Tablets即可检索出所有相关的文献，与中文的CNKI使用方法相似。

2. 高级检索　在简单检索的界面或检索结果的界面中，点击右侧的“Advanced search”即可进入高级检索界面，如图4－29所示。它主要包括以下几种选择控制选项。

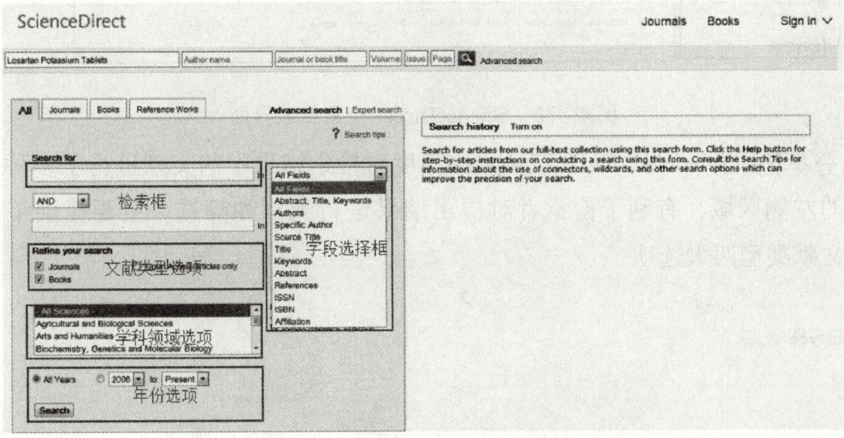

图4－29　ScienceDirect高级检索界面

（1）检索字段选项　系统提供的检索字段有 All Fields（全文）、Abstract \ Title \ Keywords（摘要、题名和关键词，即中文的主题检索）、Authors（文献作者）、Specific Author（文章研讨对象是人物时，人名作为主题词）、Source Title（文献来源，即出版物检索）、Title（题名）、Keywords（关键词）、Abstract（摘要）、Reference（参考文献）、ISSN、ISBN 和 Affiliation（作者单位），逻辑关系有“与、或、非”。

（2）文献选项　有期刊、书籍及文献是否可以全文查看选项（Open access articles only）。

（3）学科领域选项　学科领域选项根据字母顺序排列，用户可根据需要选择需要检索的学科领域。

（4）时间选项　可以根据用户需要选择文献的时间段。

（四）检索结果的阅读与输出

在 ScienceDirect 简单检索或者高级检索等界面输入检索内容和检索条件后，点击检索按钮即进入检索结果界面，如图 4－30 所示，左侧为检索结果分类区，右侧为题录区。

1. 题录区　检索结果默认按照相关度由高到低排列，也可点击 Relevance 选择按日期排序。另外可点击 All access types 选择访问类型，有三种类型分别为 All access types（所有访问类型）、Open access articles（开放存取的文章）、Open archive articles（开放存档的文章），后两者都是可以免费获取全文的，系统默认的访问类型为 All access types。每条检索题录下面会有 PDF 图标，免费获取的全文即为仅有图标和 PDF 字样，Purchase PDF 则表明是需要付费购买全文，付费文献点击题名进入单篇文献信息界面，尽可看到该文献的题名、摘要、关键字等信息，全文需要购买才可在线查看和下载。

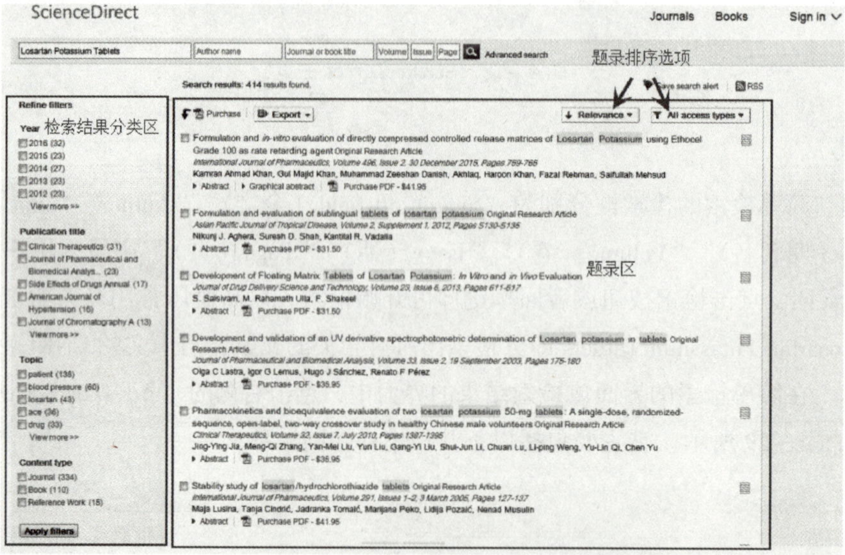

图 4－30　ScienceDirect 检索结果界面

2. 检索结果分类区　ScienceDirect 系统从不同角度对检索结果中的文献进行了多种分类，显示在检索结果显示页面的左侧区域，有利于检索者对检出结果进行甄别和筛选。主要提供年份、出版科学分类、文献主题、文献类型四大选项。

三、EMBase

（一）简介

EMBase 数据库（www.embase.com）全称 Excerpta Medica Database，由荷兰爱思唯尔（Elsevier

Science）公司出版，是印刷型检索工具 Excerpta Medica（荷兰《医学文摘》）的网络数据库，内容涉及药学、临床医学、基础医学、预防医学、法医学和生物医学工程等。EMBase 是全球最大最具权威性的生物医学与药理学文摘型数据库，将 1974 年以来的 EMBase 生物医学记录与 1966 年以来的 MEDLIN 记录相结合，拥有超过 2500 万条的索引记录以及超过 7600 本近期期刊，EMBase 除了包含 Medline 中所有数据，更涵盖了 Medline 中未包含的超过 500 万多笔的文献资料，涵盖期刊、会议摘要以及药名索引，并且每日更新 Articles in press 以及药物、疾病相关精确信息，每日添加 2000 多条记录，每年添加 60 多万条记录。MEDLINE 主要是医学及与医学相关的文献，而 EMBASE 除此之外还有药学等方面的文献。

（二）EMBase 数据库

EMBase 数据库中收录药物方面的文献量大，占 40% 左右，并设置了与药物有关的副主题词（连接词）17 个，与疾病有关的副主题词（连接词）14 个，2000 年又新增与给药途径的副主题词（连接词）47 个，设了许多与药物有关的字段，如药物主题词字段（DR），药物分类名称字段（EL），药物商品名字段（TN）等。其生物医学与临床医学主要涉及以下几大领域：药物研究、药理学、制药学、药剂学、不良反应与相互作用、毒理学；人体医学（临床与试验）；基础生物医学；生物工艺学、生物医学工程、医疗设备；卫生政策与管理、药物经济学；公共与职业卫生、环境卫生与污染控制；物质依赖与滥用；精神病学与心理学；替代与补充医学；法医学。

EMBase 收录的期刊主要是自 1947 年以来的生物医学文献，是最重要的国际性生物医学摘要索引数据库，内含超过 90 个国家的出版品并涵盖了 40 种语言，近年更以每年超过 100 万条的数据在增加。会议文献自 2009 年以来已涵盖超过 2000 个会议以及超过 60 万条。

（三）登录与使用

1. 登录 直接输入网址 www.embase.com，或者在百度等通用型搜索引擎中直接输入 embase 进行搜索，再点击进入主界面，如图 4-31 所示。EMBase 普通高职院校使用较少，而国内大多 985 高校均购买了该检索系统，使用方法和检索结果显示与 PubMed 等数据库大同小异。

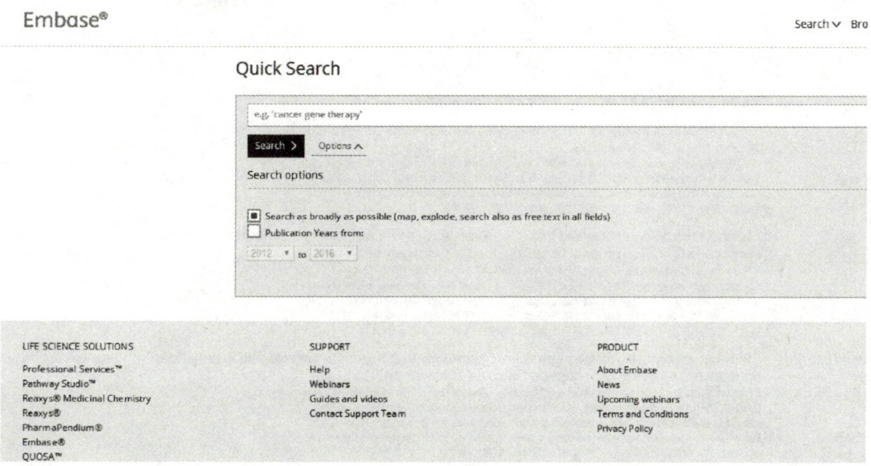

图 4-31 EMBase 快速检索主界面

2. 检索方法

（1）Quick Search（快速检索） 系统默认的检索方式，多为初学者用，操作容易，不需了解复杂的检索语言。

（2）Advanced Search（高级检索） 主要是利用主题词表的主题词进行检索，使检索的文献专指性更强。

（3）Field Search（字段检索） 利用各种不同的字段进行检索。

（4）Drug Search（药物检索） 利用药物的名称进行检索。

（5）Disease Search（疾病检索） 利用疾病的名称进行检索。

（6）Article Search（论文检索） 可用刊名或 ISSN 号及著者姓名等进行检索。

四、Google Scholar

（一）简介

Google Scholar（谷歌学术搜索）是一个可以免费搜索学术文章的网络搜索引擎，能够帮助用户查找包括期刊论文、学位论文、书籍、预印本、文摘和技术报告在内的学术文献，内容涵盖自然科学、人文科学、社会科学等多种学科。它为科研用户提供了一个强有力的学术搜索工具，帮助用户第一时间全面了解某一领域的学术文献，还可以通过强大的学术网页搜索立刻查证某一位专家到底对科学作过多大贡献，有多少人引用或继续他的研究结果，不仅补充了专业数据库学科面太窄的缺点，而且可以让科学家及其研究结果通过网络学术搜索引擎而公开化，使科学家的工作业绩变得更加透明，从而以防止学术造假、评审不公等弊病。

（二）登录与使用

直接输入网址 scholar. google. com. cn，或者在百度等通用型搜索引擎中直接输入进行搜索“Google Scholar ”或“Google 学术搜索”，再点击进入主界面，如图 4 – 32 所示。检索方法与通用型搜索引擎类似，检索结果也以题录的方式显示，点击题名即可进入该文献的具体信息界面。

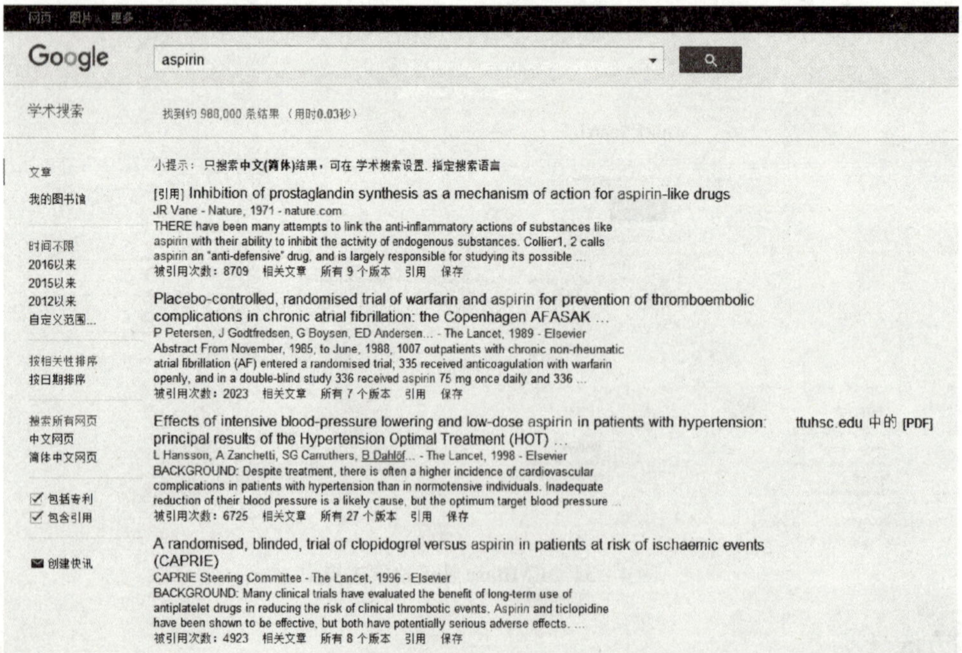

图 4 – 32 Google Scholar 搜索主界面

PPT

第三节　其他网络医药资源系统

一、国家药品监督管理局

（一）简介

中华人民共和国国家药品监督管理局是国家市场监督管理总局管理的国家局（简称为 NMPA）。国家药品监督管理局负责药品（含中药、民族药）、医疗器械和化妆品安全监督管理、标准管理、注册管理、质量管理、上市后风险管理；负责执业药师资格准入管理；负责组织指导药品、医疗器械和化妆品监督检查；负责药品、医疗器械和化妆品监督管理领域对外交流与合作，参与相关国际监管规则和标准的制定；负责指导省、自治区、直辖市药品监督管理部门工作等。

（二）主要职能

1. 负责药品（含中药、民族药，下同）、医疗器械和化妆品安全监督管理。拟订监督管理政策规划，组织起草法律法规草案，拟订部门规章，并监督实施。研究拟订鼓励药品、医疗器械和化妆品新技术新产品的管理与服务政策。

2. 负责药品、医疗器械和化妆品标准管理。组织制定、公布国家药典等药品、医疗器械标准，组织拟订化妆品标准，组织制定分类管理制度，并监督实施。参与制定国家基本药物目录，配合实施国家基本药物制度。

3. 负责药品、医疗器械和化妆品注册管理。制定注册管理制度，严格上市审评审批，完善审评审批服务便利化措施，并组织实施。

4. 负责药品、医疗器械和化妆品质量管理。制定研制质量管理规范并监督实施。制定生产质量管理规范并依职责监督实施。制定经营、使用质量管理规范并指导实施。

5. 负责药品、医疗器械和化妆品上市后风险管理。组织开展药品不良反应、医疗器械不良事件和化妆品不良反应的监测、评价和处置工作。依法承担药品、医疗器械和化妆品安全应急管理工作。

6. 负责执业药师资格准入管理。制定执业药师资格准入制度，指导监督执业药师注册工作。

7. 负责组织指导药品、医疗器械和化妆品监督检查。制定检查制度，依法查处药品、医疗器械和化妆品注册环节的违法行为，依职责组织指导查处生产环节的违法行为。

8. 负责药品、医疗器械和化妆品监督管理领域对外交流与合作，参与相关国际监管规则和标准的制定。

9. 负责指导省、自治区、直辖市药品监督管理部门工作。

10. 完成党中央、国务院交办的其他任务。

（三）登陆与使用

1. 登陆　在浏览器地址栏中直接输入网址 http：//www. nmpa. gov. cn，或者在百度等通用型搜索引擎中直接输入进行搜索“国家药品监督管理局”，两种方式均可进入主页面。点击进入主页面后，可再点击进入“政务公开”主界面，如图 4－33 所示。

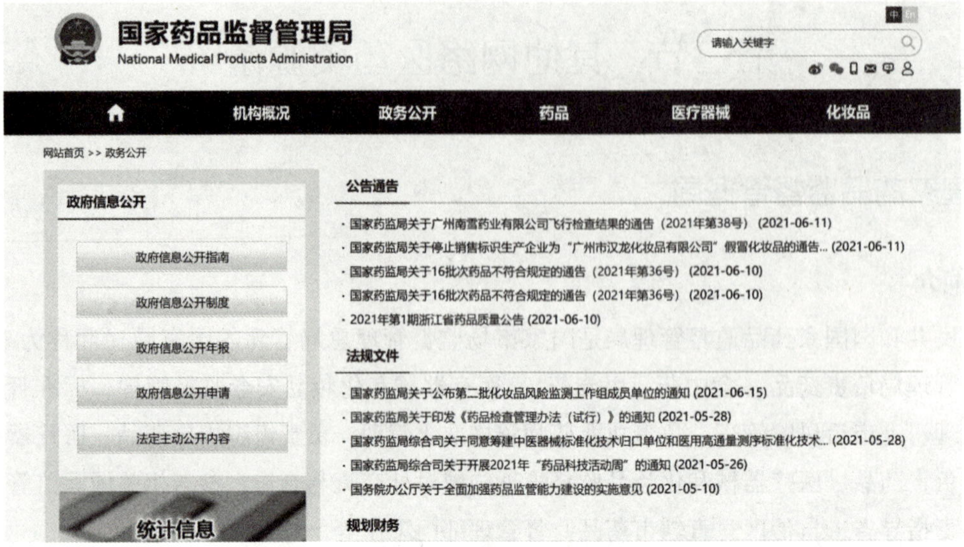

图 4－33　国家药品监督管理局"政务公开"主界面

2. 数据查询　国家药品监督管理局网站是信息发布、提供在线服务、与公众互动交流的平台。网站所有栏目均在首页直接展示或提供链接。按照"两品一械"业务，相关栏目同时在二级页面呈现。用户可在线查询"药品"、"医疗器械"和"化妆品"等有关信息。

（1）药品查询　在国家药品监督管理局网站主页面上，选中"药品"下拉式菜单中的"药品查询"菜单，再点击左侧"药品"栏目下的"国产药品"项，则可对药品的"批准文号"等相关信息的查询，查询界面如图 4－34 所示。

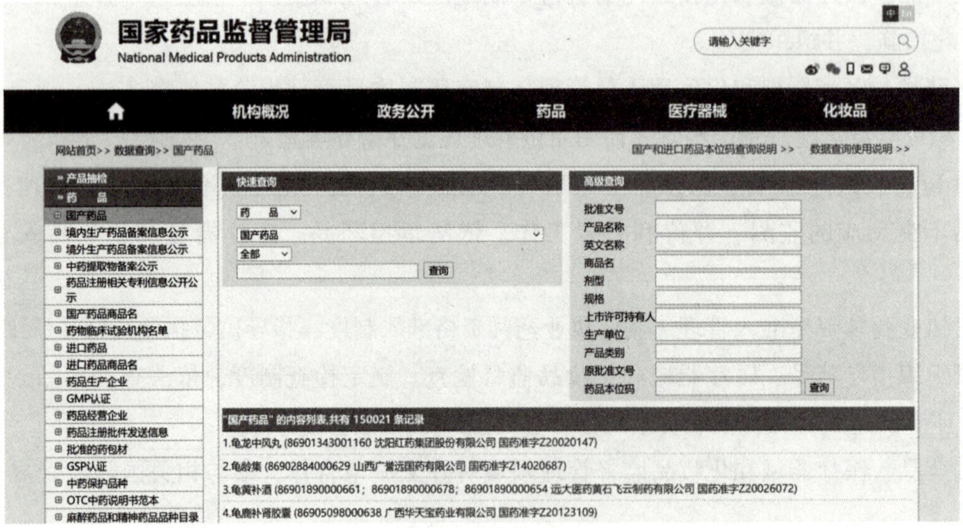

图 4－34　国家药品监督管理局"国产药品"查询界面

（2）医疗器械查询　在国家药品监督管理局网站主页面上，选中"医疗器械"下拉式菜单中的"医疗器械查询"菜单，再点击左侧"医疗器械"栏目下的"国产医疗器械产品（注册）"项，则可对医疗器械"注册证编号"等相关信息的查询，查询界面如图 4－35 所示。

（3）化妆品查询　在国家药品监督管理局网站主页面上，选中"化妆品"下拉式菜单中的"化妆品查询"菜单，再点击左侧"化妆品"栏目下的"国产特殊用途化妆品"项，则可对化妆品"产品名称”等相关信息的查询，查询界面如图 4－36 所示。

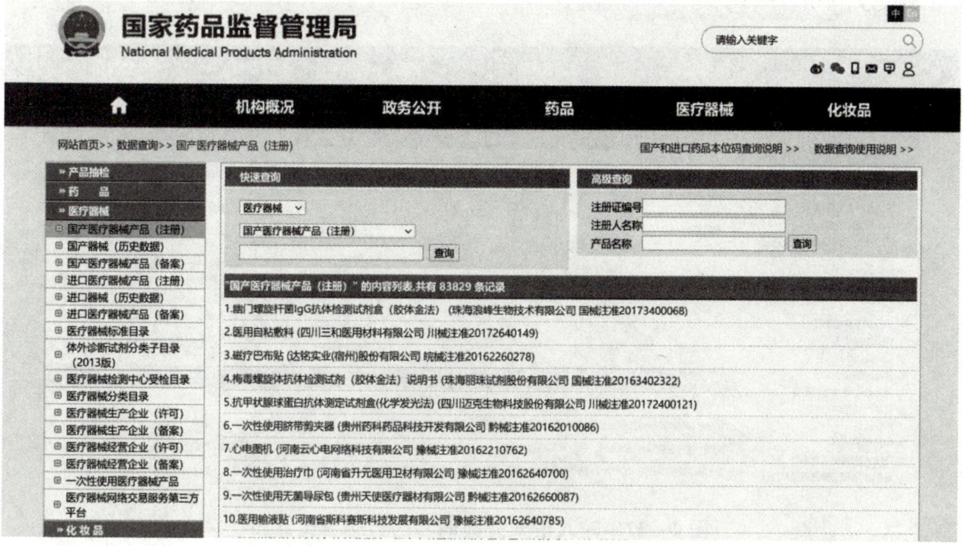

图 4－35　国家药品监督管理局“国产医疗器械产品（注册）”查询界面

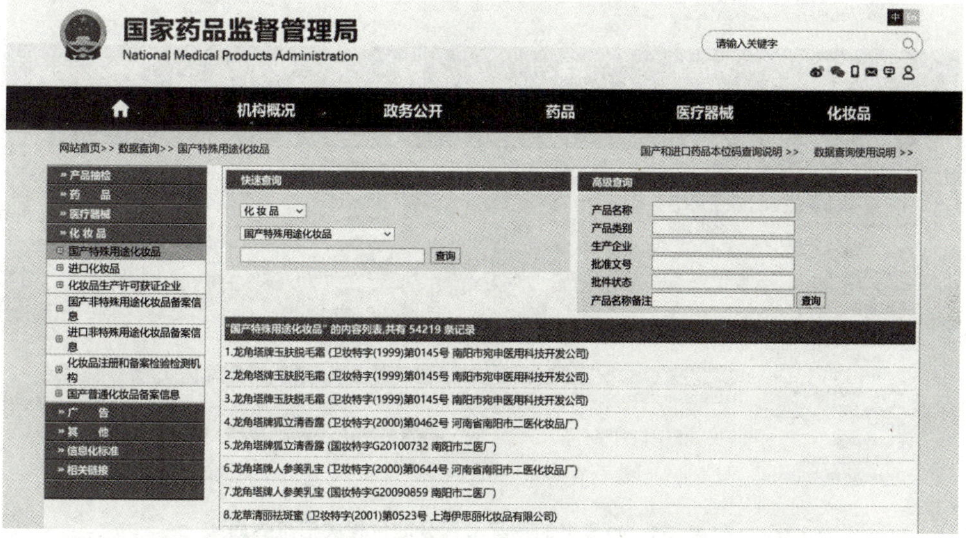

图 4－36　国家药品监督管理局“国产特殊用途化妆品”查询界面

3. 实例训练　利用国家药品监督管理局网站，查询国药准字 H19991146 罗红霉素分散片的商品名、英文名、生成厂家、规格。

第一步：分析题目，提炼关键词，一是“罗红霉素分散片”，二是国药准字“H19991146”。

第二步：在百度直接输入“国家药品监督管理局网站”（http：//www.nmpa.gov.cn），点击进入主界面。

第三步：在国家药品监督管理局网站主页面上，选中“药品”下拉式菜单中的“药品查询”菜单，再点击左侧“药品”栏目下的“国产药品”项，点击进入查询界面。

第四步：在相应的检索框输入检索关键词，左侧药品检索框中输入“罗红霉素分散片”，右侧的批准文号框中输入“H19991146”，界面显示如图 4－37 所示。

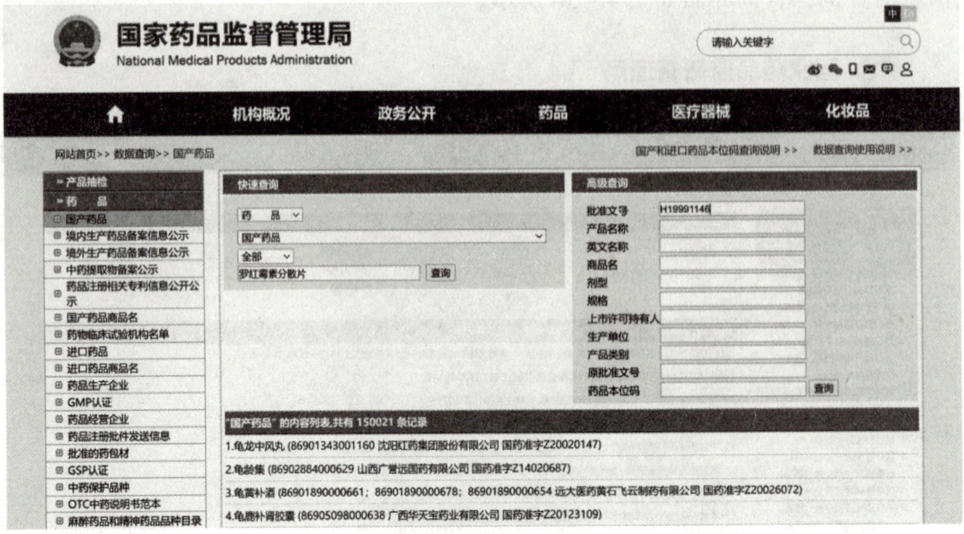

图 4-37　输入检索关键词后的药品查询界面

第五步：点击“查询”按钮，即可显示检索出的该药品相关信息，界面显示如图 4-38 所示。

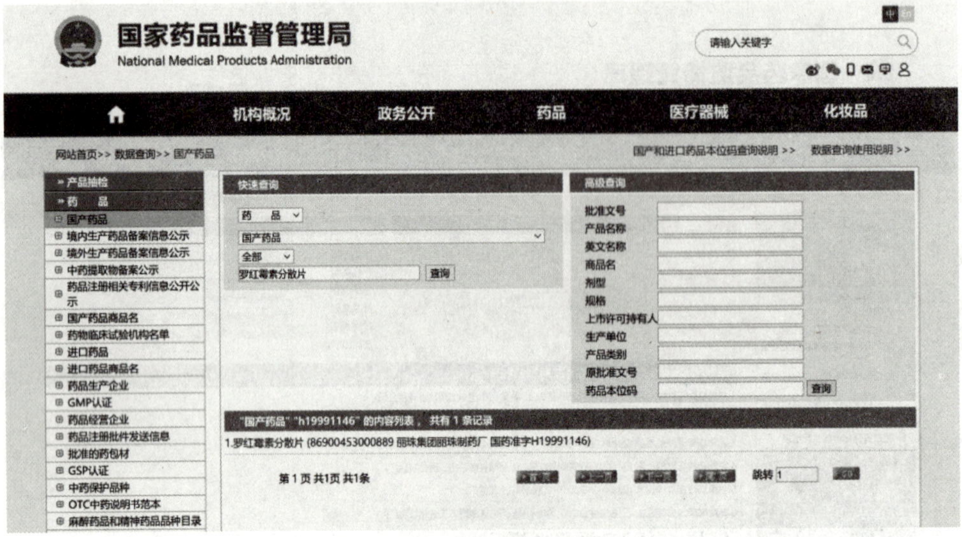

图 4-38　检索出的罗红霉素分散片相关信息界面

二、其他主要药学网站简介

（一）国家中医药管理局

国家中医药管理局是政府管理中医药行业的国家机构（http：//www. satcm. gov. cn，如图 4-39 所示），隶属于国家卫生健康委员会。具有研究拟定中医、中医中药结合、中西医结合以及民族医疗医药的方针、政策和发展战略；拟定中医医疗、保健、中药、护理等有关人员的技术职务评定标准和医疗、保健、护理等人员执业资格标准并监督实施；参加制订国家基本药物目录和执业中药师资格标准；拟定各类中医医疗、保健等机构管理规范和技术标准并监督执行；研究和指导中西医结合工作，拟定有关管理规范和技术标准；在国家教育方针指导下，组织拟定和实施中医药教育发展规划，加强中医药人才培养，注重中医药师承教育；组织拟定中医药人员职业道德规范，倡导并监督医德医风建设，加强敬业爱岗宣传，提高中医行业人员思想道德素质和医疗保健服务质量等职责。

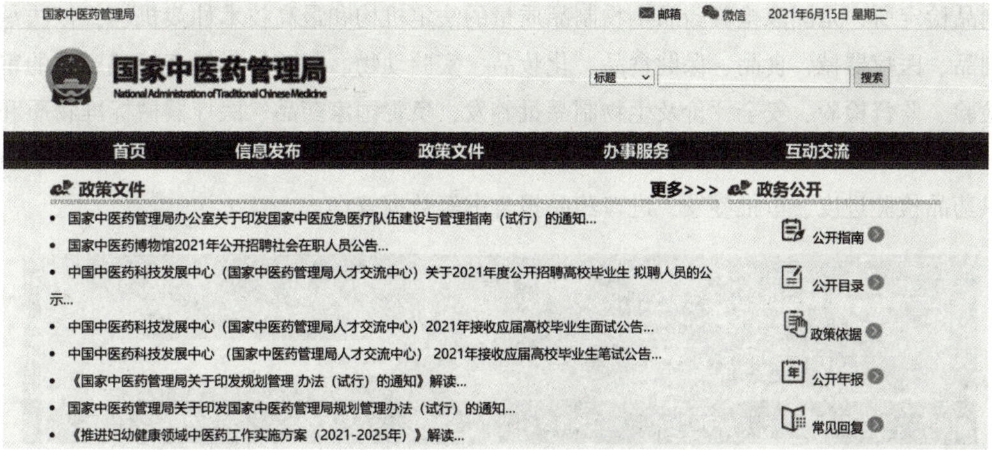

图 4－39　国家中医药管理局“政策文件”界面

国家中医药管理局主界面提供各种查询服务，如在主页面点击“办事服务”后可进入“便民就医导航”界面，如图 4－40 所示。该界面上端有“中医类医疗机构执业登记”“国家临床重点专科（中医）专业”“名老中医专家”“重点专科病种”“预约挂号路径信息”查询功能，界面下端还有“全国基层中医药工作先进单位”“全国中医药统计摘编”等中医药特色服务信息。

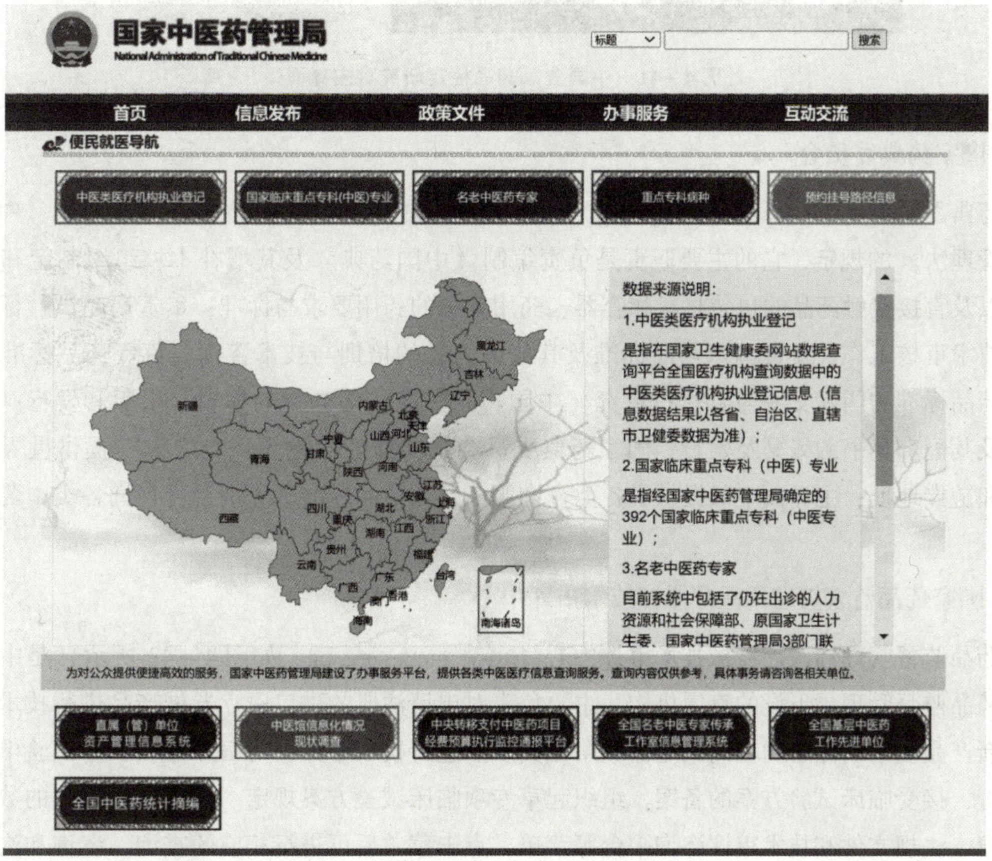

图 4－40　国家中医药管理局“便民就医导航”界面

（二）中国食品药品检定研究院

中国食品药品检定研究院（http：//www. nifdc. org. cn，简称中检院，如图 4 –41 所示），原名中国药品生物制品检定所，是国家检验药品生物制品质量的法定机构和最高技术仲裁机构，依法承担实施药品、生物制品、医疗器械、食品、保健食品、化妆品、实验动物、包装材料等多领域产品的审批注册检验、进口检验、监督检验、安全评价及生物制品批签发，负责国家药品、医疗器械标准物质和生产检定用菌毒种的研究、分发和管理，开展相关技术研究工作。中检院官网上提供各类标准及补充检验方法查询，也提供药品检验进度、审批签发、进口药品报告书等数据查询。

图 4 –41　中国食品药品检定研究院主界面

（三）国家药典委员会

国家药典委员会（http：//www. chp. org. cn，如图 4 –42 所示）成立于 1950 年，根据《中华人民共和国药品管理法》的规定，它的主要职责是负责编制《中国药典》及其增补本；组织制定和修订国家药品标准以及直接接触药品的包装材料和容器、药用辅料的药用要求与标准；负责药品试行标准转为正式标准的技术审核工作；负责国家药品标准及其相关内容的培训与技术咨询；负责药品标准信息化建设，参与药品标准的国际交流与合作；负责《中国药品标准》等刊物的编辑、出版和发行；负责国家药品标准及其配套丛书的编纂及发行。国家药典委员会主界面的“世界药典之窗”提供世界各大国的药典简介和链接地址；主界面中部提供了各类查询服务，如药品标准服务平台可查询各类中药色谱指纹图谱标准。

（四）国家药品监督管理局医疗器械技术审评中心

国家药品监督管理局医疗器械技术审评中心（www. cmde. org. cn，如图 4 –43 所示）是中华人民共和国国家药品监督管理局下设的直属机构，主要负责对申请注册的进口医疗器械产品进行技术审评；对医疗器械新产品和申请注册的境内医疗器械第三类产品进行技术审评；对医疗器械临床试验申报材料进行技术审查，接受临床试验方案的备案，组织起草专项临床试验方案规定。其主界面右侧的数据库提供申请人之窗、法规文件和技术审评咨询平台等菜单，点击菜单后可进行相应的查询、咨询和沟通交流等服务。

图 4－42　国家药典委员会主界面

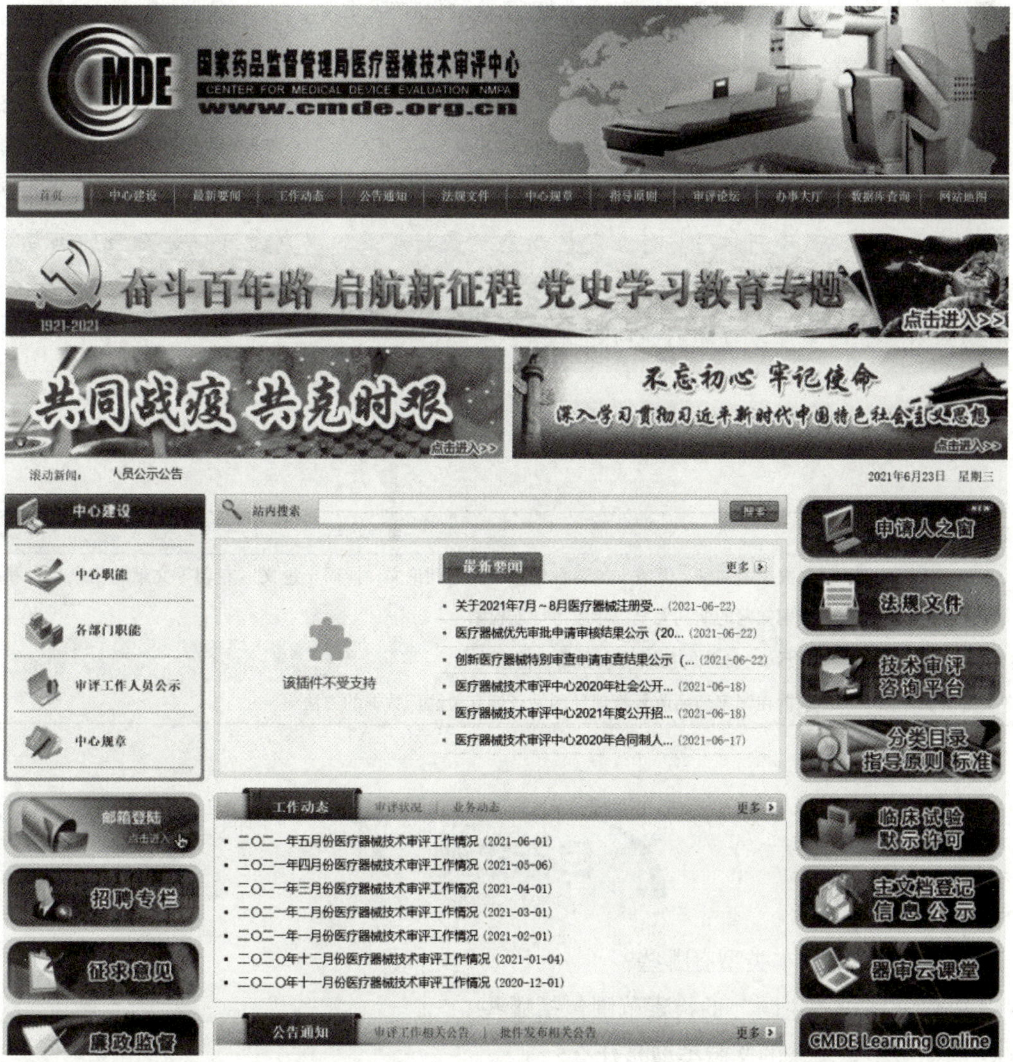

图 4－43　国家药品监督管理局医疗器械技术审评中心主界面

三、药学论坛网络平台简介

（一）丁香园

丁香园是面向医生、医疗机构、医药从业者以及生命科学领域人士的专业性社会化网络，提供医学、医疗、药学、生命科学等相关领域的交流平台、专业知识、最新科研进展以及技术服务，它号称中国医疗领域的连接者。近年来丁香园还提供丁香用药助手、医药数据库查询、丁香园 BBS 药学版块等特色服务。

（二）小木虫

小木虫，全称是小木虫学术科研第一站，是中国最有影响力的学术站点之一。创建于 2001 年，会员主要来自国内各大院校、科研院所的博硕士研究生、企业研发人员，这里拥有旺盛的人气、良好的交流氛围及广阔的交流空间，已成为聚集众多科研工作者的学术资源、经验交流平台。内容涵盖化学化工、生物医药、物理、材料、地理、食品、理工、信息、经管等学科，除此之外还有基金申请、专利标准、留学出国、考研考博、论文投稿、学术求助等实用内容。其主界面导航专设生物医药栏目，设置新药研发、药学、药品生产、分子生物、微生物、医学等特色版块论坛。

拓展阅读

手机知网

手机知网是中国知网率先推出的手机端电子文献检索 APP，提供全国 3000 余大众杂志、7900 余种学术期刊、亿万文献资源、最新学科与行业发展动态及最新成果，用户还可一览无余的浏览 1994 年以来期刊、2000 年以来的重要报纸、学位论文、会议论文等优质内容资源。无论工作上还是生活中，手机知网都是您必不可少的阅读学习和创新研究工具。

重点小结

章节名称	重点内容
1. 中文电子医药文献检索系统	掌握中国知网、万方、维普数据库有关期刊论文、博硕士论文、专利等文献的初级检索和高级检索；中国知网的期刊大全、年鉴等导航检索
2. 外文电子医药文献检索系统	熟悉 PubMed 的初级检索和高级检索
3. 其他网络医药资源检索	掌握在国家药品监督管理局网站查询有关医药数据的方法

答案解析

目标检测

4-1 电子文献数据库的基本类型有哪些？

4-2 CNKI 中检索字段“主题”的检索范围包括哪些？

4-3 CNKI 的初级检索默认的文献类型是什么？

4-4 查找博士硕士学位论文可以到国内哪些数据库中检索？

4－5　《中国抗生素杂志》是否为2014版北大核心期刊？

4－6　《药学学报》是由哪个学会主办？

4－7　CNKI高级检索的控件条件有哪些？

4－8　查询药品的国药准字号可以到哪些网站去验证？

4－9　CNKI数据库是否可以直接提供下载文献全文？

4－10　丹参片是否为我国中药保护品种？

书网融合……

微课1　　微课2　　习题

第五章 药学专利文献的检索

学习引导

科技的主要任务是创新并取得新的科技成果，而专利就是新的科研成果之一。21 世纪的竞争是科技的竞争，科技的竞争又是知识产权的竞争。其中，知识产权的核心就是专利。掌握专利及专利文献的检索方法、专利申请的程序，是医药科研工作者必须具备的技能。

本章主要介绍医药专利权的基本内容、专利检索系统的使用方法等。

学习目标

1. **掌握** 医药专利权的内容；国家知识产权局网站和专利之星专利检索系统的使用方法。
2. **熟悉** 专利文献的作用；欧洲专利与美国专利数据库的检索方法。
3. **了解** 国际专利分类法；我国专利编号体系；我国专利申请与审查的程序。

案例导入

案例 李四，男，52 岁，因科研需要，想通过国家知识产权局网站或专利之星，查找有关吉非替尼制备方法方面的中国专利。

讨论 1. 如何查找？能查到相关专利有多少项？

2. 请下载其中一篇专利的说明书。

答案解析

第一节 药学专利文献的概述

PPT

一、专利的基本知识

（一）专利的概念

“专利”一词是从英语 Patent 一词翻译过来的，其来自拉丁文 Letters Patent，意为公开的信件或公共文献，是中世纪君主用来颁布某种特权的证明。如今，专利是指受法律保护的发明创造专有的权利，是指一项发明创造向本国或国外的专利主管部门提出申请，经审查合格批准，由该主管部门向专利申请人授予在规定的时间内，对该项发明创造享有的专有权。

专利的概念通常有 3 种含义：专利权、取得专利权的发明创造、专利文献。

1. 专利权的3个特点　专利本质上是一个法律概念，在多数情况下人们提到专利都是指专利权。专利保护的对象是人们脑力劳动的成果，或者说用知识获得的成果，所以，专利属于知识产权的范畴。同任何其他知识产权一样，专利也具有3个特点。

（1）独占性　即专利权人对其拥有的专利权，具有独占的实施权。在规定的专利保护期内，任何人要想实施他人专利，都必须与专利权人订立书面实施许可合同，向专利权人支付专利使用费，否则就构成法律上的侵权行为，要追究法律责任，赔偿经济损失。

（2）地域性　专利权的权限有效地区，只限于专利权授予国、地区、组织的领土上，也就是说，经某国专利局依法授予的专利权，只在该国领域内受到保护，而在那些未申请的国家，则不受保护。因此，一件发明若要在许多国家得到法律保护，必须分别在这些国家申请专利。

（3）时间性　专利权在法律规定的期限内有效，不是永久的。专利保护期限的长短在各国不一。发明专利的有效期一般自申请日或批准日起为15～20年。法定期限届满后，专利权自行终止，该项发明就成为社会的公共财产，任何人都可以无偿使用。

2. 专利的3种类型　按照我国专利法的规定，申请专利的发明创造包括3种类型。

（1）发明专利　发明是指对产品、方法或者其改进所提出的新的技术方案。所谓产品是指工业上能够制造的各种新制品，包括有一定形状和结构的固体，无形状液体、气体之类的物品。所谓方法是指对原料进行加工，制成各种产品的方法。其保护期限为20年。

医药产品发明包括新化合物、已知化合物、药物组合物、微生物及其代谢物、制药设备及药物分析仪器、医疗器械等。其中，药品专利通常表现为药物化合物专利、药物组合物专利、药物制剂专利3种形式。

药物的合成、提取、分离等方法，生物制剂的生产技术与方法，新微生物的生产技术等，新药的制备方法、已知药物产品改进的制备方法和处理方法均可以申请方法发明专利保护。

中药领域可以申请新用途发明专利保护有：①新发现的中药材在制备药品中的用途；②中药材新的药用部位在制备药品中的用途；③增加适应证的中成药在制备新适应证药物中的用途。

（2）实用新型专利　实用新型是指对产品的形状、构造或者其结合等所提出的实用新技术方案。同发明一样，实用新型保护的也是一个技术方案。有的国家称为“小发明”，它与发明专利的区别在于：实用新型专利只保护具有一定形状的产品发明，其技术水平和创造性低于发明专利，授予实用新型专利不需经过实质审查，专利权期限较短。其保护期限为10年。

医药领域中，可以申请实用新型专利的有：①某些与功能相关的药物剂型、形状、结构的改变，如某种新型缓释制剂、避孕药及药具的形状、结构；②诊断用药的试剂盒与功能有关的形状、结构；③生产药品的专用设备；④某些药品包装容器的形状、结构，如某种单剂量给药器以及包装容器的形状、结构、开关技巧等；⑤某些医疗器械的新构造等。

（3）外观设计专利　外观设计是指对产品的形状、图案或者其结合以及色彩与形状、图案所作出的富有美感并适于工业上应用的新设计。其保护期限为10年。这种设计是产品的装饰性或艺术性的外表设计。

外观设计专利实质上是保护美术思想的，而发明专利和实用新型专利保护的是技术思想；虽然外观设计和实用新型与产品的形状有关，但两者的目的却不相同，前者的目的在于使产品形状产生美感，而后者的目的在于使具有形态的产品能够解决某一技术问题。例如，药品、包装、容器外观等；有形状药品产品的新的造型或其与图案色彩的搭配和组合；新的盛放容器，如药瓶、药袋、药品瓶盖等；富有美感和特色的说明书、容器和纸，包装盒等。

3. 授予专利权的条件 一项发明要取得专利权，必须向知识产权局提出申请，同时必须具备新颖性、创造性和实用性。

（1）新颖性 是指在申请日之前，没有同样的技术在国内外出版物上公开发表过或者以其他方式为公众所知，也没有同样的发明或者实用新型由任何单位或个人向国务院专利行政部门提出过申请，并且记载在申请日以后公布的专利申请文件或者公告的专利文件中。

判断发明或者实用新型是否具有新颖性，是以申请日为时间标准的，判断其新颖性的地域标准是在全世界范围内。

《专利法》还对某些不丧失新颖性的例外情况作了规定。在申请日以前6个月内，在中国政府主办或者承认的国际展览会上首次展出的，不丧失新颖性。在规定的学术会议或者技术会议上首次发表的，或他人未经申请人同意而泄露其内容的，也视为不丧失新颖性。

（2）创造性 是指同申请日以前已有的技术相比，该发明有突出的实质性特点和显著的进步，该实用新型有实质性特点和进步。所谓实质性特点，就是本质上的差异，而且这种差异对所属技术领域的普通技术人员来说并不是显而易见的。

发明和实用新型都属于发明的范畴，其主要区别在创造性上。发明所要求的技术水平比较高，而实用新型的技术水平比较低。外观设计的创造性是与现有设计或者现有设计特征的组合相比，具有明显区别。

（3）实用性 是指该发明或实用新型能够制造或者使用，并能够产生积极的效果。实用性要求发明必须能够在工业上制造或者在产业部门应用，并且可能产生技术、经济或社会效益。外观设计的实用性是指在工业上能够应用，能够产生积极的社会、经济效果，并且能够产生美感。

此外，我国专利法第二十五条还规定了对下列各项，不授予专利权：

①科学发现。

②智力活动的规则和方法。

③疾病的诊断和治疗方法。

④动物和植物品种。

⑤用原子核变换方法获得的物质。

⑥对平面印刷品的图案、色彩或者二者的结合做出的主要起标识作用的设计。

还有一些违背科学规律的发明（如永动机等），违反国家法律、社会公德或妨碍公共利益的发明创造（如吸毒工具等）也不能授予专利。

（二）专利制度及其意义

在当代，专利制度已成为一个国家促进科技、经济和社会发展的重要制度之一。专利制度是一种管理科学技术的法律制度，它是随着科学技术和商品经济的发展而产生、发展起来的制度。简单地说，专利制度是依照专利法，通过授予专利权和公开发明创造，推动技术进步、创新以及经济发展的法律制度。

专利制度的作用主要有以下几方面。

（1）有效地保护发明创造，发明人把其发明申请专利，知识产权局依法将发明创造向社会公开，授予专利权，给予发明人在一定期限内对其发明创造享有独占权，把发明创造作为一种财产权予以法律保护；因为一方面发明创造尤其是药品发明，必须投入大量的人力、物力和资金，耗费大量的时间和创造性的劳动，才有获得成功的可能。而一旦开发出新药，别人即可随意仿制，发明人得不到任何回报，就会严重挫伤其积极性，以至于根本没有人去主动开发新药。而专利制度通过给发明创造者一定时间独占市场的权利，使其得到丰厚的回报。

（2）可以鼓励公民、法人搞发明创造的积极性，充分发挥全民族的聪明才智，促进国家科学技术的迅速发展。

（3）有利于发明创造的推广应用，促进先进的科学技术尽快地转化为生产力，促进国民经济的发展。

（4）促进发明技术向全社会的公开与传播，避免对相同技术的重复研究开发，有利于促进科学技术的不断发展。如果没有专利制度，研究成果得不到充分的保护，发明人就不会公开其技术情报，别人要开发同样的产品又要重复研究，造成资源的浪费。专利制度促进了技术情报的提前公开，使得人们可以在更高的新起点上研究开发更新更好的药品或工艺，可以大大避免低水平的重复研究，并且专利保护可以有效地制止仿制，使得人们把资源用于创新研究，由此提高了资源利用的效率。

（三）专利的申请 e 微课1

申请人就一项药品发明创造要求获得专利权的，应当按照《专利法》及《专利法实施细则》的规定向知识产权局提出专利申请，准备好专利申请文件以及其他文件，在规定期限内向国家知识产权局提交并缴纳规定的费用。

1. 申请专利应提交的文件及形式　申请获得药品专利的，应当提交包括请求书、权利要求书、说明书及摘要等文件一式两份。

（1）请求书　是确定药品专利申请的依据，一般使用国家知识产权局制作的统一表格。

（2）权利要求书　由权利要求组成，权利要求用技术特征的总和来表示药品发明的技术方案，限定药品发明所要求保护的范围。以说明书为依据，清楚、完整、简明的表明要求专利保护的范围。以药物化合物发明专利申请为例，其独立权利要求应该清楚、准确地表达要求保护的化合物，通常可以用化学名称、化学式、特性参数、生产方法等表达。

（3）说明书　主要用来详细说明药品发明的具体内容，主要起着向社会公众公开药品发明技术内容的作用。权利要求书应当以说明书为依据，即说明书公开的内容将会影响该权利要求所要请求保护的范围。西药产品发明主要包括剂型、活性成分或非活性成分改进后形成的新的药物产品，其基本特征包括组成的名称、组成的含量和组分之间的结构和选择关系。对这些基本特征在说明书中必须进行清楚详细的描述，以所属的技术人员能够实现为准。

2. 专利申请的受理审批程序　在满足上述形式要件和实质要件的基础上，发明才可能授予专利，享有专利权。专利权的获得涉及的主要程序包括专利申请、专利审查、专利授权等。

我国对发明专利采取“早期公开、延期审查制”。其有助于让发明尽早向社会公开，有利于科技信息的交流，避免重复性投入。我国发明专利申请审批程序如下：

（1）受理申请→初步审查→公布申请（自申请日起18个月）→实质审查（自申请日起3年内）→授权公告。

（2）实用新型和外观设计的审批程序与发明专利申请的审批程序稍有不同，外观设计和实用新型专利申请的审批不需公布申请和实质审查过程，其他审查过程相同。

3. 公布申请　对发明专利申请我国实行实质审查制，因此经过初步审查合格后的发明专利申请自申请日起满18个月，由国家知识产权局通过专利公报向社会公布。申请人也可以选择早日公布。自发明专利申请之日起至公告授予专利权之前，任何人均可以对不符合专利法规定的专利申请向国务院专利行政部门提出意见，并说明理由。

4. 实质审查 发明专利申请自申请日起3年内，国务院专利行政部门可以根据申请人提出的请求，对申请进行实质审查。若无正当理由逾期不请求实质审查，专利申请就可能被视为撤回。实质审查将对发明主题的新颖性、创造性、实用性进行审查，发明是否得到充分公开，权利要求书是否符合规范。实质审查若不合格则要求申请人限期修改并陈述意见，逾期不答复专利申请可能被视为撤回，修改后仍不合格者专利申请将被驳回。递交修改后的文本，不得超出原始申请文件公开的范围，否则应陈述意见，进行补正。

5. 授权公告 在经过实质审查后，没有发现驳回理由的，国务院专利行政部门即作出授予专利权的决定，颁发发明专利证书并登记、公告，专利权自公告之日起生效。

（四）专利权的三类主体

1. 发明人 是指对已经完成的发明创造的实质性特点做出创造性贡献的人。实用新型与外观设计的完成人称作设计人，将发明人和设计人统称为发明人。发明人可以是单独的一个人，也可以是共同完成发明创造的两个以上的人。

2. 申请人 是指按照法律规定有权对发明创造或者设计提出专利申请的人。通常是专利申请人（包括发明人或者设计人、共同完成发明创造或者设计的人、职务发明中的单位、完成发明创造的外国人，以及继受取得申请权的人等）。通常申请人与发明人是同一人，但有时不是。

3. 专利权人 是指对于国务院专利行政部门授予的专利享有独占使用、收益和处分权的人。专利权人与发明人、申请人是三个不同的概念。发明人是对发明创造的实质性特点做出创造性贡献的人；申请人是向国务院专利行政部门提出专利申请的人；专利权人是获得国务院专利行政部门授予专利权的人。这三类主体可以是同一人，也可以是不同的人。例如，发明人自己申请专利，并获得国务院专利行政部门的批准，那么，发明人、专利申请人和专利权人就是同一人；如果是职务发明或者发明人将专利申请权转让给他人，由单位或者专利申请权受让人申请并获得专利授权，那么，专利申请人和专利权人是同一人，而发明人是另一人；如果职务发明的单位或者受让人提出专利申请以后，将专利申请权转让给他人，那么发明人、专利申请人和专利权人就是三个人。

（五）专利的三个日期

1. 申请日 是指国务院专利行政部门收到专利申请文件之日。如果申请文件是邮寄的，以寄出的邮戳日为申请日。申请日是判断该专利申请是否具有专利性的基准日。

2. 公开日 是指知识产权局经初步审查认为发明专利申请符合本法规定的，自申请日起满18个月，应将该申请予以公布，该公布日就是公开日。

3. 授权公告日 是指专利部门做出授予专利权的决定，发给专利证书，同时予以登记和公告的日子。专利权自公告之日起生效。发明专利是经初步审查后先公布而不进行实质审查，在申请日至公开日这段时间里申请人可以改变自己的专利申请请求，但是他还没有专利权，只有经实质审查通过并经授权公告后才取得专利权。实用新型和外观设计不需要经过实质审查，经初步审查通过后即授予专利权并予以公告，因此他们没有公开日的概念。

二、专利文献的基本知识 微课2

1. 概述 世界上实行专利制度已经有三百多年的历史，目前近160个国家和地区建立了专利制度，我国于1985年4月1日实施《中华人民共和国专利法》，建立专利制度，并于1993年1月1日实行药品专利，现在全世界已经积累了约4000万件专利说明书，构成了巨大的知识信息宝库，是教学、科研、生产和管理等各项科技工作的重要信息源。

专利文献是一种依法公开的出版物；它荟萃了发明创造之精华，囊括了专利技术、法律和经济三大重要信息源，包含着最新颖、最系统的科技信息，是一个巨大的知识信息主体。

2. 专利文献定义　专利文献是指实行专利制度的国家及国际性专利组织在审批专利过程中产生的官方文件及其出版物的总称。广义的专利文献主要包括专利说明书、专利公报、专利索引、专利题录、专利文摘、专利分类表、申请专利时提交的各种文件（如请求书、权利要求书、有关证书等）、与专利有关的法律文件和诉讼资料等；狭义的专利文献就是指专利说明书。专利说明书是专利文献的核心，通常人们检索专利文献就是检索专利说明书。

专利说明书是指由扉页、权利要求书、说明书和附图四部分组成，用以描述发明创造内容和限定专利保护范围的一种官方文件或其出版物。

3. 中国专利文献的编号体系　专利文献的编号是指知识产权局为每一项专利申请或专利文献编制所给出的各种序号的统称。了解中国专利文献的编号体系，对识别中国专利文献和查阅中国专利文献起很大作用。中国专利文献的编号体系主要包括6种。

（1）申请号在提交专利申请时给出的编号；

（2）专利号在授予专利权时给出的编号；

（3）公开号对发明专利申请公开说明书的编号；

（4）审定号对发明专利申请审定说明书的编号；

（5）公告号对实用新型专利申请说明书的编号、对公告的外观设计专利申请的编号；

（6）授权公告号包括对发明专利说明书的编号、对实用新型专利说明书的编号、对公告的外观设计专利的编号。

专利文献的编号主要由一些简单的阿拉伯数字组成，数字的排列是有规则的。了解和掌握各种专利文献编号，是检索和获取专利文献的重要途径。

我国从1985年9月10日开始出版专利文献，在此之后，专利文献的编号体系经历了1989年和1993年的两次调整，以及2003年的申请号调整，因此专利文献编号体系共分为四个阶段：1985～1988年为第一阶段；1989～1992年为第二阶段；1993～2003年9月30日为第三阶段；2003年10月1日以后为第四阶段。

为了满足专利申请量的急剧增长的需要和适应专利申请号升位的变化，国家知识产权局制定了新的专利文献号标准，并且，将从2004年7月1日起启用新标准的专利文献号。对此阶段的编号说明如下。

（1）三种专利的申请号由12位数字和1个圆点（.）以及1个校验码组成，包括申请年、申请类型、流水号及计算机校验码四个部分。专利申请号的前4位数字表示受理专利申请的年代，第5位数字表示专利申请类型：1－发明，2－实用新型，3－外观设计，8－进入中国国家阶段的PCT发明专利申请，9－进入中国国家阶段的PCT实用新型专利申请；第6至12位数字（共7位）为专利文献流水号，表示受理专利申请的顺序号，末位表示计算机校验码。例如：专利申请号CN201210197502.9，说明如图5－1所示。

（2）自2004年7月1日开始出版的所有专利说明书文献号均由表示中国国别代码的字母串CN和9位数字以及1个字母加1个数字组成。其中字母串CN以后的第一位数字表示要求保护专利的申请类型：

1－发明、2－实用新型、3－外观设计，后面的数字表示发明专利文献的流水号；3种专利按各自的流水号序列顺排，逐年累计，最后1个字母或1个字母加1个数字表示专利文献种类标识代码，3种专利的文献种类标识代码如下所示：

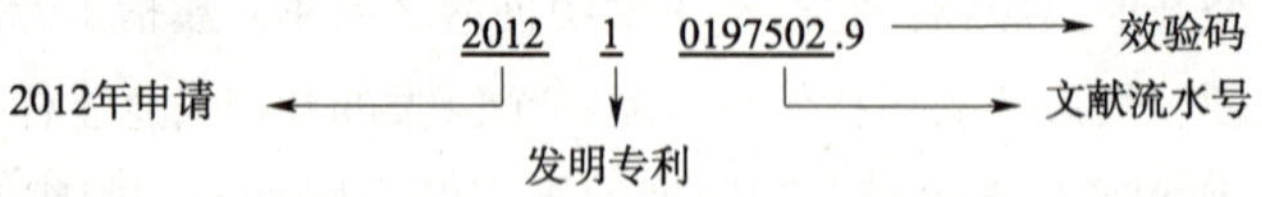

图5－1 2003年10月1日以后专利申请号组成

发明专利文献种类标识代码

A 发明专利申请公开说明书

A8 发明专利申请公开说明书（扉页再版）

A9 发明专利申请公开说明书（全文再版）

B 发明专利说明书

B8 发明专利说明书（扉页再版）

B9 发明专利说明书（全文再版）

C1－7 发明专利权部分无效宣告的公告

实用新型专利文献种类标识代码

U 实用新型专利说明书

U8 实用新型专利说明书（扉页再版）

U9 实用新型专利说明书（全文再版）

Y1－7 实用新型专利权部分无效宣告的公告

外观设计专利文献种类标识代码

S 外观设计专利说明书

S9 外观设计专利授权公告（全部再版）

S1－7 外观设计专利权部分无效宣告的公告

4. 专利文献的作用

（1）法律作用　专利文献是知识产权局审查人员判定一项专利申请是否符合新颖性条件的主要依据，也是专利申请人在申请前进行自我“查新”的主要依据。另外，专利文献中含有大量的工业产权信息，这些权利信息是其他信息源无法提供的。所谓权利信息，是指专利文献中所包含的有关发明人、专利权人、专利保护期、专利权保护范围等信息，这类信息对于判定某项新技术的应用或某种技术、产品的进出口是否会构成对他人权利的侵犯等，极为重要。同时，专利说明书中的权项部分是判决专利侵权诉讼案的唯一强有力的证据。

（2）经济信息作用　一个机构的专利申请及有效专利的多少，反映了该机构的科研实力，了解这些信息，有利于技术引进和出口。例如，当引进国外技术和设备时，事先应比较各国各公司的技术、设备的先进程度以及是否符合我国国情等情况，审视引进技术和设备中专利权所处的状态等，这些都要靠查阅专利文献来确定。利用专利文献可以掌握竞争对手的动态，例如，某公司正在进行哪些技术活动，都有哪些技术储备，专利的实施情况如何等，分析这些情况可为本企业制订生产规划提供依据。

（3）技术信息作用　在科研和生产中遇到技术难题时，可借助专利文献来帮助解决，因为对某一项技术而言，可能有一系列的专利文献，我们可在这些方案中做出选择，启发我们去攻克自己的技术难关。在确定科研项目和新产品时，通过专利检索可避免重复劳动。专利文献也可以用于技术预测，通过研究专利文献，可以明确现有技术的发展水平和趋势，这有助于找到新技术的突破口。专利文献还可用于对企业技术水平的评价。通过对某企业所拥有的专利的调研，可分析和评价该企业的技术水平和技术实力。

三、国际专利分类法

（一）概述

分类途径是检索专利文献最主要的途径。专利文献的内容涉及众多的技术领域，为了便于审查人员对专利申请案进行分工审查，同时也便于广大用户检索专利文献，必须将专利文献进行分类。分类时主要顾及发明创造的用途和功能，因而对一般科技文献的分类方法就不适用于对专利文献进行分类。过去，各国一般都建立了自己的专利分类体系，所采用的分类原则、分类体系和标记符号各不相同。后来，随着专利工作向国际化方向发展，就产生了国际上通用的国际专利分类法，以满足不同国家的所有专利文献使用者的需要。1968 年 9 月 1 日，《国际专利分类表》（International Patent Classification，IPC）公布生效，并用英、法两种文字出版。

为适应科学技术的发展，IPC 从 1969 年开始每五年修订一次，现已出版第十版。在专利文献上标注 IPC 分类号时，前面应冠以：Int. Cl^n其中，角标 n 表示 IPC 的版别。如：Int. Cl^8 A61K 31/63 一种抑菌剂磺胺嘧啶钠的制备方法。

（二）IPC 的体系结构

IPC 分类系统包括了与发明专利有关的全部知识领域，并按技术主题来设立类目。分类法采用等级结构，把整个技术领域按降序分为五个不同的等级，即部、大类、小类、主组和分组。

1. 部　在 IPC 国际专利分类法中，把所有与发明专利有关的技术领域分为 8 个部，每个部独立成册，分别用大写的字母 A、B、C、D……H 表示。这是 IPC 的最高分类级，见表 5－1。

表 5－1　国际专利分类表部与分部

部	分部类目名称
A：人类生活必需（HUMAN NECESSITIES）	农业；食品、烟草；个人和家庭用品；保健与娱乐
B：作业；运输（PERFORMING OPERATIONS；TRANSPORTING）	分离、混合；成型、印刷；交通运输；微观结构技术、超微技术
C：化学；冶金（CHEMISTRY；METALLURGY）	化学；冶金；组合技术
D：纺织；造纸（TEXTILES；PAPER）	纺织或未列入其他类的柔性材料；造纸
E：固定建筑物（FIXED CONSTRUCTIONS）	建筑；土层或岩石的钻进、采矿
F：机械工程；照明；加热；武器；爆破（MECHANICAL ENGINEERING；LIGHTING；HEATING；WEAPONS；BLASTING）	发动机或泵；一般工程；照明、加热；武器、爆破
G：物理（PHYSICS）	仪器、核子学
H：电学（ELECTRICITY）	无分部

2. 大类　是 IPC 的第二级类目，是对部的进一步细分。用两位阿拉伯数字表示，完整的标记是部＋大类号。例如：

部：A 生活必需

大类：A61 医学或兽医学；卫生学

3. 小类 是 IPC 的第三级类目，是对大类的进一步细分。用一个大写字母表示，完整的标记是部 + 大类号 + 小类号。例如：A61B，表示 A 部医学分部 61 大类下 B 小类。

4. 主组 是 IPC 的第四级类目，是对小类的进一步细分。用 1 ~ 3 位阿拉伯数字加/00 表示，完整的标记形式是部 + 大类号 + 小类号 + 主组。例如：A61B1/00，即 A 部医学部分 01 大类 B 小类下面的 1/00 主组。

5. 分组 是 IPC 的第五级类目，是对主组的进一步细分。它的标记形式就是将主组“1”后面的 00 改为相应的至少两位数字。例如：A61B1/06，即 A 部医学分部 01 大类 B 小类 1/00 主组中的 06 分组，其中 1/00 所指用目视或照相检查人体的腔或管的仪器，如内窥镜，06 则指的是这一类仪器中带照明装置的。

此外，小组之内还可继续划分出更低的等级，并利用在小组说明文字标题前加圆点的方法表示，圆点越多其类目级别越低。

IPC 国际分类法中与中医中药有关的专利一般均被分入 A61K 35/78 分类号下。

部　　A（人类生活必需品）

大类　A61（医学或兽医学；卫生学）

小类　A61K（医用、牙科或梳妆用的配制品）

由于网络技术的发展，一些专利数据库网站都提供了 IPC 分类系统的检索查询服务，只要输入所查技术的相关主题，就会得到相应的 IPC 分类号，使利用 IPC 分类表变得十分方便。

（三）药学领域常用的国际专利分类号举例

A61	医疗卫生及药物；兽医学
A61K	药学；化妆品
A61K6/00	牙科制剂
A61K7/00	化妆品
A61K9/00	以特殊物理形状为特征的药物制剂
A61K31/00	有效成分为有机化合物的药物
A61K33/00	有效成分为无机化合物的药物
A61K35/00	含有原材料或成分结构不明的药物
A61K35/78	植物药
A61K37/00	含蛋白质、类脂质或其衍生物的药物
A61K39/00	含有抗原或抗体的药物
A61K41/00	用波能或粒子辐射处理材料的方法制得的药物
A61K43/00	含放射性物质的药物
A61K48/00	含引入活体细胞以治疗基因疾病的基因物质的药物；基因治疗
C07	有机化学
C07C	无环或碳环化合物，例如：环丙烯醇入 C07C35/04，环戊二烯入 C07C13/15
C07D	杂环化合物（不包括糖基化合物）
C07D339/00	含四个氮原子的杂环化合物入 C07D257/00
C07G	未知结构的化合物（不包括肽和蛋白质）
C07G5/00	未知结构的生物碱

C07G11/00　未知结构的抗生素

C07G13/00　未知结构的维生素

C07G15/00　未知结构的激素

C07H　糖类及其衍生物；核苷；核苷酸；核酸（不包括糖醛酸或糖质酸衍生物，不包括烯糖类或多糖类）

C07J　甾族化合物

C07K　肽、蛋白质

C08B　多糖类及其衍生物（含少于 6 个相互以配糖键连接的糖的基团的多糖入 C07H；发酵或用酶方法入 C12P19/00；糖工业入 C13；纤维素生产入 D21）

C12　生物化学；发酵工业；微生物学；酶学；突变或遗传

C12N　微生物或酶及其组合物；繁殖、保藏或维持微生物；变异或遗传工程；培养基

C12P　发酵或使用酶的方法制备化合物或化学组合物，或是从外消旋混合物中分离旋光异构体

C12Q　包含酶或微生物的测定或检验方法；其所用的组合物或试纸；这种组合物的制备方法；微生物方法或酶学方法中的条件反应控制

第二节　中国专利文献检索

PPT

一、药学专利文献检索途径

目前，专利文献不仅有印刷型，而且还有以光盘和网络数据库为载体的类型。但无论是印刷型，还是光盘和数据库，检索原理和方法是一样的。只要掌握了专利检索的基本知识，就可以检索任何形式的专利文献。

专利文献的检索途径即检索入口，主要有以下五个方面。

1. 号码途径　利用申请号、公开（公告）号检索，这样检索出的专利文献是同族专利或相同专利。

2. 名称途径　利用发明人、专利权人的名称查找专利。要求对某领域的专家比较了解，这样可以随时掌握本领域的研究动态和发展趋势。

3. 主题途径　分析课题选取主题词查找相关技术主题的专利。这种途径的检索可以定期对某一技术领域进行跟踪监视，及时掌握这一领域的发展动态和发展趋势。

4. 分类检索　即按所查找专利的 IPC（International Patent Classification，国际专利分类号）号检索专利文献。检索前首先要确定所查专利技术主题的 IPC 号。目前，大部分专利制度的国家都采用 IPC 国际专利分类法，这为通过分类法途径，系统、全面、方便地检索世界范围的专利文献提供了方便。

5. 优先权项途径　优先权项是指同族专利中基本专利的申请号、申请国别、申请日期。同族专利是指同一个发明为了在不同国家得到保护，在这些国家分别申请的一系列专利。由于同族专利都具有相同的优先权项，因此通过优先权项的检索可以方便、快捷地检索出有关同一发明的全部相同专利或同族专利，从而了解这个发明所申请的专利数量或申请国别，进一步对此项发明的潜在价值进行评估。

在实际的检索工作中，可以从某一途径入手，也可多种途径相结合检索；还可以在检出的结果中再找出新的检索点，继续进行检索。总之，要具体问题具体分析。

二、中国专利文献的网络检索

（一）国家知识产权局网站

国家知识产权局网站（http://www.cnipa.gov.cn/）是由国家知识产权局支持建立的政府性官方网站，该网站主页如图 5－2 所示。

图 5－2 中国国家知识产权局主页

点击页面上方“服务”菜单进入“公共服务”选中“在线服务”，可检索 1985 年至今的中国专利。收录了 100 多个国家、地区和组织的专利数据，以及引文、同族、法律状态等数据信息，其中涵盖了中国、美国、日本、韩国、英国、法国、德国、瑞士、俄罗斯、欧洲专利局和世界知识产权组织等。向公众提供免费检索服务，并可以免费下载专利说明书全文等文献资料。用户可以在“在线服务”界面点击“检索查询”“数据下载”“注册申请”“缴费服务”“代理查询”“维权保护”“加快审查”“文献服务”等菜单进行自助服务。

1. 常规检索 进入“在线服务”主页，如图 5－3 所示，在“专利检索及分析系统”栏，再点击“进入网站”后，可进入“常规检索”平台，如图 5－4 所示。

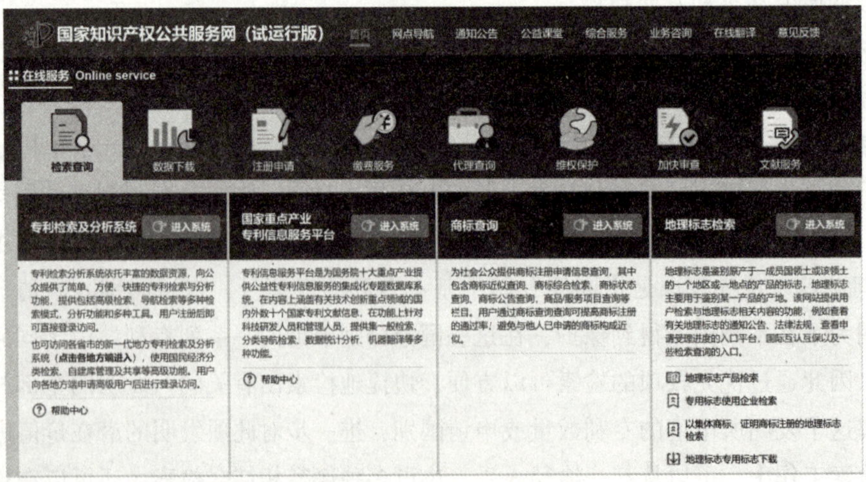

图 5－3 国家知识产权局在线服务主页

图 5－4　国家知识产权局常规检索主页

2. 文献检索　进入“在线服务”主页后，选中上方的“文献服务”菜单，如图 5－5 所示，在“文献服务”栏，再点击“”进入网站后，可进入“文献服务”平台，如图 5－6 所示。

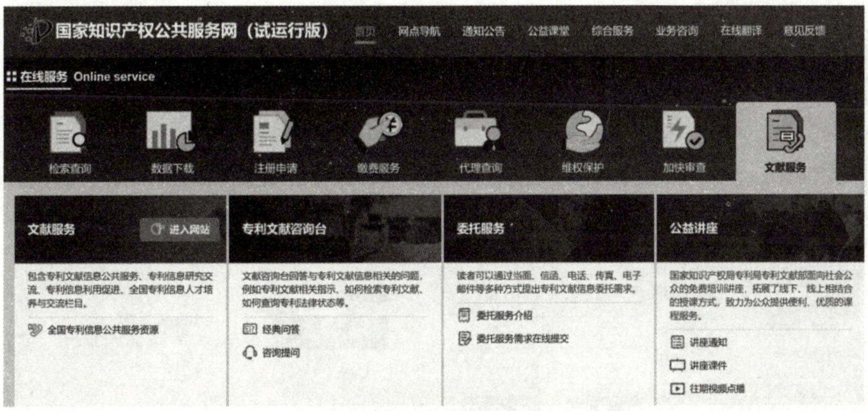

图 5－5　国家知识产权局在线服务文献服务菜单

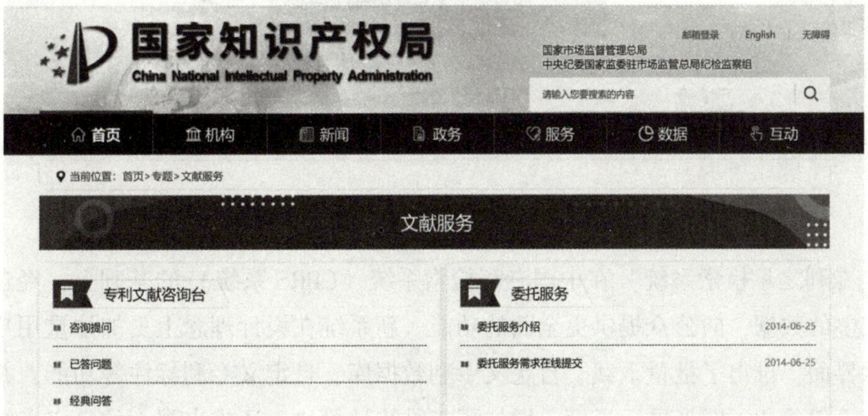

图 5－6　国家知识产权局文献服务主页

（二）中国专利信息中心

中国专利信息网站（http://www.cnpat.com.cn/）是由国家知识产权局直属中国专利信息中心建立，

是国内最早通过因特网向公众提供专利信息服务的权威网站，如图 5 - 7 所示。由他们研发的“专利之星检索系统”也正式上线服务，网站地址为：http：//www. patentstar. cn，网站主页如图 5 - 8 所示。

图 5 - 7　中国专利信息中心主页

图 5 - 8　专利之星检索系统主页

新版本的“专利之星检索系统”在中国专利检索系统（CPRS 系统）的基础上，经过优化升级，以全新的界面、完整的数据，向公众提供更全面的功能。新系统在设计理念上更加注重用户体验，优化了检索及结果展示界面，推出了批量下载、自定义专利数据库、自定义专利标注等功能，并推出了全新的统计分析板块，不仅优化了图形展示界面，增加了三维统计模块，还推出强大的自定义统计及首创的二次统计分析功能，开创了专利统计分析服务的新模式。

系统收录了全球 90 多个重要国家的专利文献及相关信息，数据量超过 8000 万条，系统包括完整的中国专利文献信息、其他国家的著录、摘要、全文、引证及专利家族等信息，是全球范围内专利数据收录最完整的系统之一。中国专利数据每周更新，专利全文通过 PDF 格式及 XML 格式浏览。

专利之星检索系统可免费注册，个人注册界面如图 5－9 所示，企业注册界面如图 5－10 所示，系统通过注册用户方可进行访问，在专利之星检索系统主页面输入“用户名”和“密码”后，点击“登录”，即可进入检索页面。

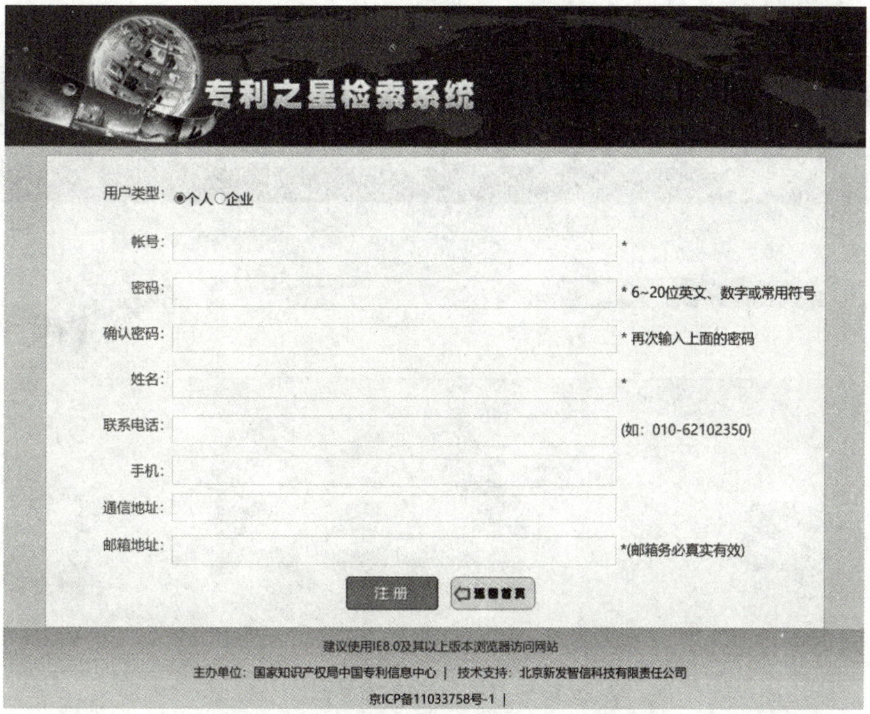

图 5－9　专利之星检索系统个人注册界面

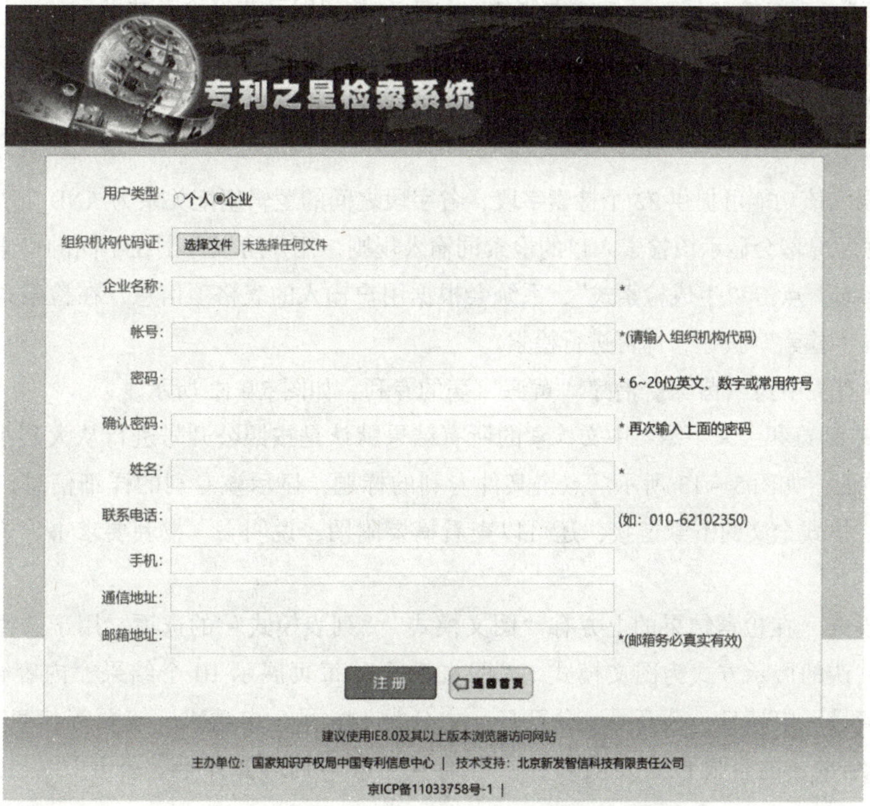

图 5－10　专利之星检索系统企业注册界面

检索方法有智能检索、表格检索、专家检索和法律状态检索四种检索方式。

1. 智能检索 是一种简单、快捷检索专利的途径。支持字、词、号及日期的任意组合检索，如图5－11所示。

图5－11 智能检索界面

（1）单个检索项的检索 在对话框中输入检索项，例如，检索与“黄疸”相关的中国专利，可以直接输入“黄疸”，直接按“回车”键或右侧的“检索”按钮即可获得检索结果。

（2）多个检索项检索 多个检索项之间，使用空格来分隔，表示检索项之间是逻辑“与”的关系。例如要检索包含“黄疸”以及“茵陈”方面的专利，则可以输入“黄疸”以及“茵陈”进行检索。

2. 表格检索 该功能可提供22个检索字段，各字段之间的逻辑组配关系为AND（“且”的关系），鼠标移至检索框后屏幕会显示该检索入口的检索词输入规则。用户可以分别在不同的检索入口对应的检索框内输入检索词，点击“生成检索式”，系统会根据用户输入的表格项信息，在检索式区域生成对应的检索式，点击“检索”按钮，即可进行检索。

例如，检索有关中药“茵陈”治疗“黄疸’病的专利，如图5－12所示。

3. 检索结果浏览和全文下载 中文检索的所有结果默认是按照公开号进行从大到小排序，即最新公开的专利在前面，如图5－13所示。点击某件专利的标题，显示该专利的详细信息，如图5－14所示，并提供PDF格式全文的下载链接，还可以查看摘要附图、说明书、权利要求书、说明书、法律状态等信息。

（1）显示模式 在检索结果的上方有“图文模式”“列表模式”的选项，用于选择检索结果的展示方式，系统默认的展示方式为图文模式。“图文模式”每页展示10个结果，内容包含摘要附图、发明名称、申请号、申请日、公开号、公开日、主分类146号、申请人、摘要等信息；“列表模式”每页展示10个结果，内容仅包含发明名称、申请号、申请日、公开号、公开日、主分类号、申请人、摘要等。

图 5－12　表格检索界面

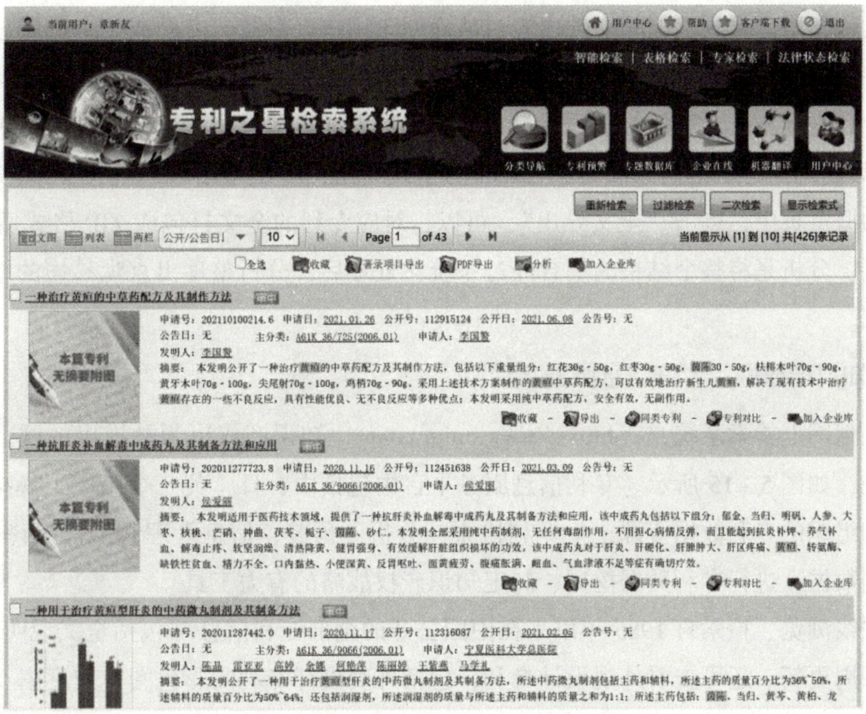

图 5－13　检索结果概览界面

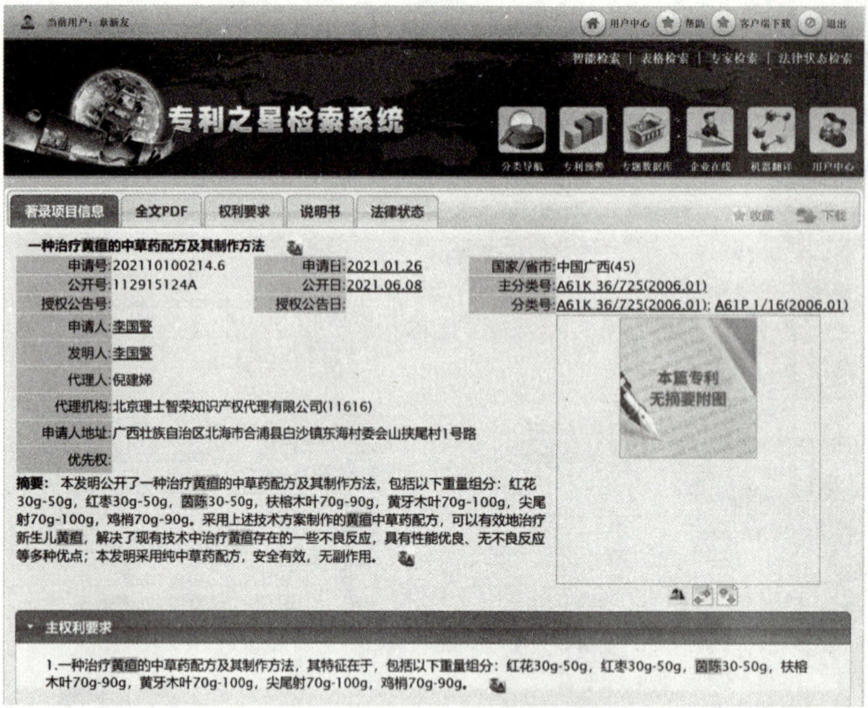

图 5 - 14　专利著录项目信息界面

（2）专利选择　在概览页的检索结果上方，有“全选”的选项卡，可以快速对本页结果进行批量选择；对于选中的专利可以通过右侧的“收藏”“著录项导出”“PDF 导出”“分析”进行相关操作。①收藏：收藏（仅针对注册用户）功能是供用户将检索到的专利用文件夹的形式创建一个层级关系，可以针对一个检索式的整个结果集或部分结果添加至我的收藏夹，在“我的收藏夹”中可以对文件夹及文件自定义名称新增、修改、删除文件内容，从而便于用户针对某一专题或技术领域分类并建立自己的文件夹或文件，方便用户针对该专题或技术领域查找相关专利。②著录项导出：在专利的概览页中，可以针对批量专利进行相关专利的著录项目批量导出。可以通过单选或多选当前页的结果后，点击“著录项导出”，可以将对应专利的著录项目以 Excel 的格式导出，一次最多可以导出 2000 条记录。③PDF 导出：在专利的概览页中，点击“全文导出”，可以将对应专利的全文打包成 ZIP 格式后将 PDF 文件批量导出。④分析：分析是将整个结果的集合经过系统化处理后，分析整理出直观易懂的结果，并以图表的形式展现出来。

（三）中国知识产权网“专利信息服务平台”

中国专利文献网上检索系统是（http://www.cnipr.com/）知识产权出版社推出的网上专利说明书全文检索阅览系统，如图 5 - 15 所示。专利信息服务平台中包括中、日、英三个版本，囊括全世界 100 多个国家、地区和组织的专利数据资源，集专利检索、分析、预警、信息管理和机器翻译等功能于一身，是用户获得专利数据、进行专利数据挖掘、制定知识产权战略的有力工具。

该系统可在线浏览、检索自 1985 年以来在中国公开的全部专利信息（包括全文说明书），按法定公开日实现信息每周更新。还可查看外观设计专利，包括外观设计专利的彩色图、灰度图及线条图。

在中国知识产权网主页的“专利申请云服务平台”入口处，输入相应的检索词即可进入“知了网“平台，可对专利申请等相关信息进行智能检索，如图 5 - 16 所示。

图 5－15　中国知识产权网主页

图 5－16　专利申请云服务平台“知了网”主页

在中国知识产权网主页上，点击右上角的“专利信息服务平台”方可进入“专利信息服务平台”主页。在该平台上方有“法律状态检索”“失效专利检索”“运营信息检索”等服务，下方有“专利评估系统”“专利分析系统”“专利机器翻译”等服务，如图 5－17 所示。

图 5－17　中国知识产权网专利信息服务平台主页

1. 中国专利检索 在中国知识产权网专利信息服务平台主页面上的检索框内，选择“中国专利”再点击“高级检索”，即可进入“专利信息服务平台”的中国专利检索，如图5－18所示。

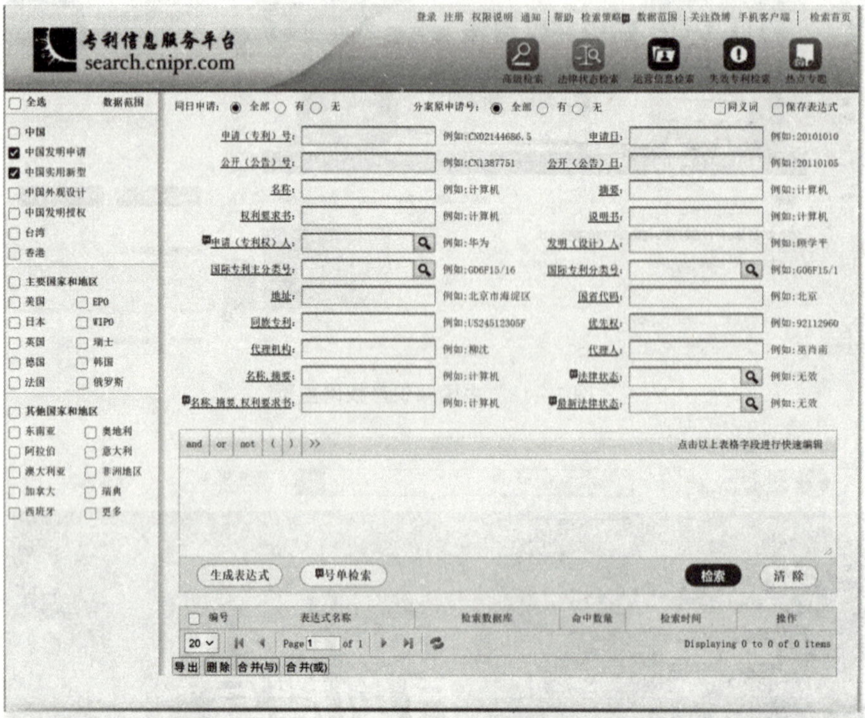

图5－18 中国专利检索服务平台

2. 专利分析系统 该系统可实现涵盖90多个国家与组织专利数据资源的在线专利分析功能，实现了检索数据库与专利分析工具、数据检索与数据分析、用户自定义与使用的有机结合，具有界面友好、自动化 程度高，可视化结果显示的特点，并体现出自由选择组配项目、自主操作分析过程、自助定制分析报告的三个特点。为了增强分析功能、提高检索效率，该系统深入专利信息分析的内容层次，并与不同语种的专利数据资源进行互操作。另外，该系统以满足用户多样化自助使用为目标，本着模块化设计开发的出发点，软件可分析的数据内容从文献特征项深入到信息内容，以柱状图、折线图、饼图、环形图、雷达图等方式，向用户提供可视化的结果展示。

通过对专利信息进行数据规范化处理后，可直接对专利数据的原始著录项、分析要素进行任意组合的统计分析，整理出直观易懂的结果，并以图表的形式展现出来。专利在线分析系统将提供如总体趋势分析、主题词频、IPC分析、申请人分析、发明人分析、区域分析、时间分布统计、引证专利分析、同族专利分析等功能。

3. 专利评估系统 具有“专利批量评估”“专利申请预评估”等功能，该系统是用完全自动化的数据分析方法，来实现评估专利的相对价值，但目前暂时不支持外观专利评估。该系统的专利申请预评估是依靠丰富的知识产权数据，强悍可靠的专利评估能力积累，通过机器学习运用专利大数据，自动针对准备申请专利的技术文档进行语义理解，实现对技术文档的评估，评估结果包括可专利性、技术竞争和市场前景三个部分。

4. 专利机器翻译 针对英文专利，特别开发了机器翻译模块，能对检索到的英文专利进行即时翻译，帮助用户理解专利内容，方便用户检索。需要说明的是，平台上集成的机器翻译是由无人工介入的英译中工具软件完成，翻译结果仅供参考，无法与专业人员的翻译相提并论。

5. 个性化的服务　包括用户自建专题库、用户专题库导航检索、用户的专利管理等功能。专利专题数据库一般被专利界人士简称为“专题数据库”，它针对特定领域的专业特点和用户特色需求，从海量初级专利信息数据中筛选，并进行一定程度的加工所形成的数据库。

较之于各国家和国际（地区）性专利组织的初级综合性专利数据库，专题数据库具有专业领域专利信息集中、全面、信息挖掘程度高、检索方便等优点，有利于使用者学习、借鉴他人的专利发明，提高科技创新的起点和层次。

（四）其他中文网络专利数据库

1. 佰腾专利网（http://www.baiten.cn/）。
2. 广东省知识产权公共信息综合服务平台（http://www.gpic.gd.cn/）。
3. 中国期刊网专利数据库（http://www.cnki.net）。
4. 万方中国专利数据库（http://c.g.wanfangdata.com.cn/Patent.aspx）。
5. 东方灵顿 Lindenpat（http://www.lindenpat.com/search/search/index）。
6. 台湾专利数据库（http://www.apipa.org.tw/）。
7. 药物在线（http://www.drugfuture.com/）。

第三节　国外专利文献检索

PPT

一、欧洲专利 Espacenet

（一）概况

Espacenet（http://worldwide.espacenet.com）是由欧洲专利组织（European Patent Organization）通过其 19 个成员国的专利机构和欧洲专利局在因特网上免费向用户提供专利文献检索的站点，如图 5－19 所示。提供了自 1920 年以来世界上 50 多个国家公开的专利题录数据，以及 20 多个国家的专利说明书。对于 1970 年以后公开的专利文献，数据库中每个专利同族都包括一件带有可检索的英文发明名称和文摘的专利文献。可以同时检索欧洲专利 EP 和世界知识产权组织出版的 PCT 专利，每周更新。

（二）检索方法

有快速检索、高级检索和分类号浏览检索三种方式。

1. 智能检索　即 Smart search，如图 5－19 所示，打开首页即可看见。在搜索框内输入检索词，点“Search”即可检索结果。

Espacenet 支持布尔逻辑运算。逻辑运算符为：AND，OR，NOT 和（）。Espacenet 允许使用双引号（“”）将词组或短语引起来进行强制检索。在题名或文摘字段中可以输入多个单词，如果单词之间用空格隔开，系统按“与”的关系进行检索。如果在两个以上的检索字段输入了检索条件，系统按“与”的关系将各个字段中的检索条件联系起来检索。

2. 高级检索　以多种检索字段列表方式提供给用户更复杂的检索方式，如图 5－20 所示，例如，允许在多个检索字段的文本提问框中输入检索项，并进行组合检索。检索系统将各个字段进行“与”运算，从而进一步限定检索结果。每个字段限制最多只能输入不超过 4 个单词。在发明名称、文摘、申请人或发明人中输入多个词，输入时只需用空格隔开每个单词，相当于每个单词进行了一次“与”运算。

该系统限制用户一次检索能提取的最大文献量为 500 件。

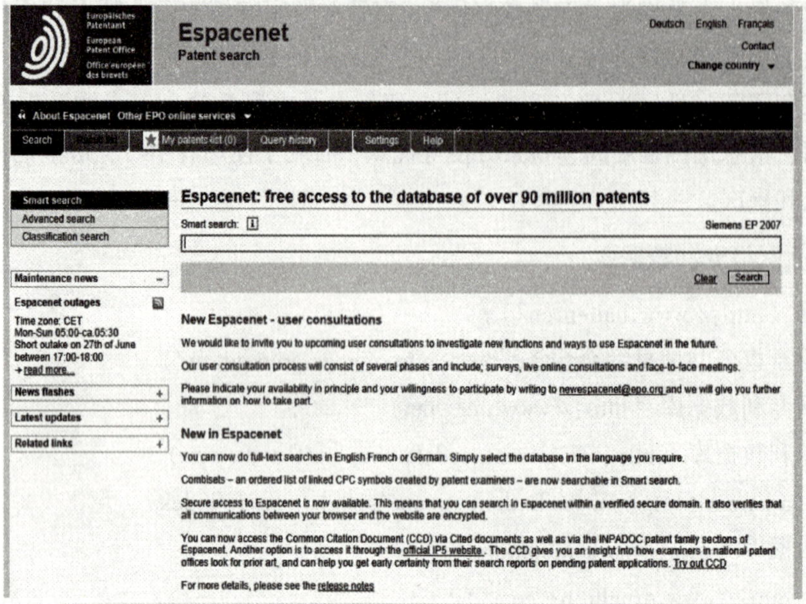

图 5－19　Espacenet 主页界面

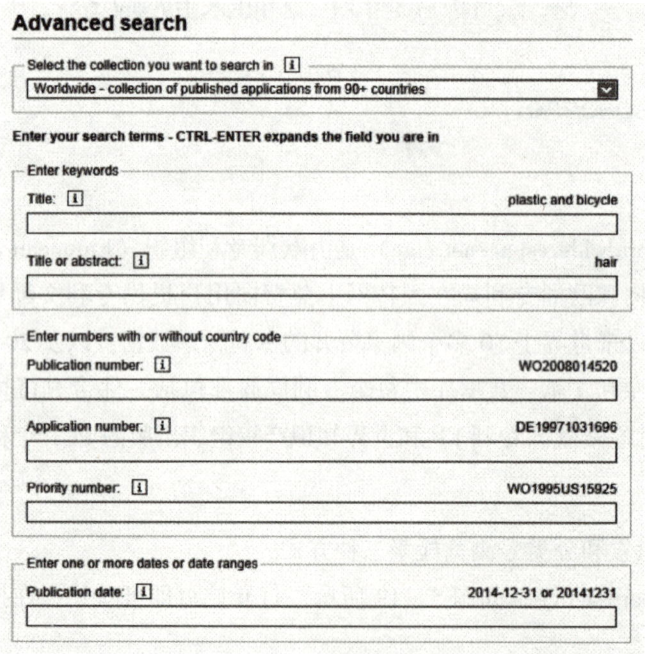

图 5－20　高级检索界面

3. 分类检索　以欧洲专利分类号（ECLA）分类排列，可分类浏览的检索方式。

二、美国专利数据库

美国专利商标局网站（http://www.uspto.gov，如图 5－21 所示）是由美国专利商标局建立的政府性官方网站，此网站向公众提供全方位的专利信息服务，其中除了提供专利数据库检索服务外，还提供丰富的其他相关信息，如专利概述、专利申请、文献公布程序、美国专利分类体系、专利维持费用、专利审查流程等。专利数据库分为授权专利及公开专利申请两个数据库，检索按各自的分数据库进行。另外，还提供可按专利号检索的失效专利数据库。该数据库由专利文献（说明书）图像、书目数据以及专利文献的文本组成，通过对书目数据和文本数据进行检索时所命中的专利列表，可调出相应的专利说明书的图形文件查看和下载。2000 年 10 月 1 日以前，美国专利商标局网站只提供 1976 年以后授权的专利文献检索，从 2000 年 10 月 1 日起，增加了自 1790 年至 1975 年授权的 US 专利文献全文。另外还可检索 2001 年 3 月 15 日以后的公开专利申请说明书。每周四更新一次。

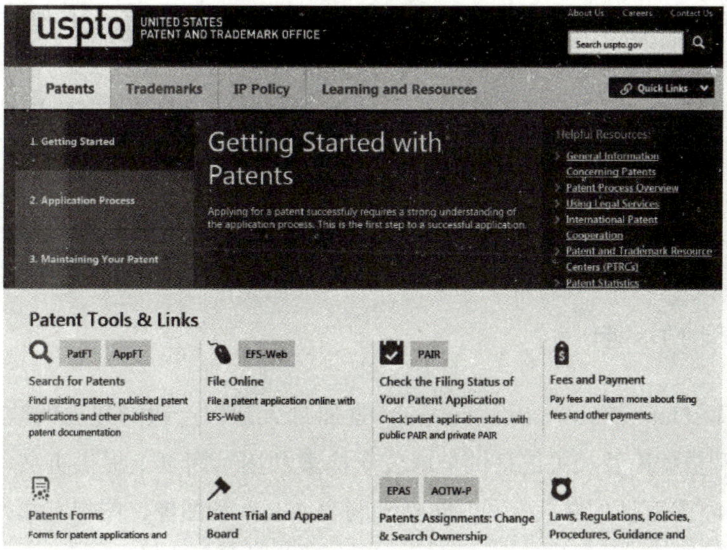

图 5-21　美国专利商标局网站

1. 检索方法　授权专利数据库和公开专利申请数据库均提供了快速检索（Quick Search）、高级检索（Advanced Search）和专利号检索（Patent Number Search）三种检索方式。

2. 快速检索　快速检索适用于较简单的检索。在网站主页的左边点击“Patents”下的“Search Patents”后，选择“Quick Search”进入检索界面，如图 5-22 所示，“Quick Search”提供两个检索词输入框。检索时，在检索词输入框中分别输入一个词（或一个词组、人名、日期、号码等），在字段下拉菜单中选择相应的检索字段，在两个输入框之间的逻辑运算符下拉菜单中选择一个运算符，在“Select years”下拉菜单中选择年限，最后点击“Search”即可。检索词可以是一个由两个以上单词组成的词组或短语，但要用双引号引起来，如“diabetes”。

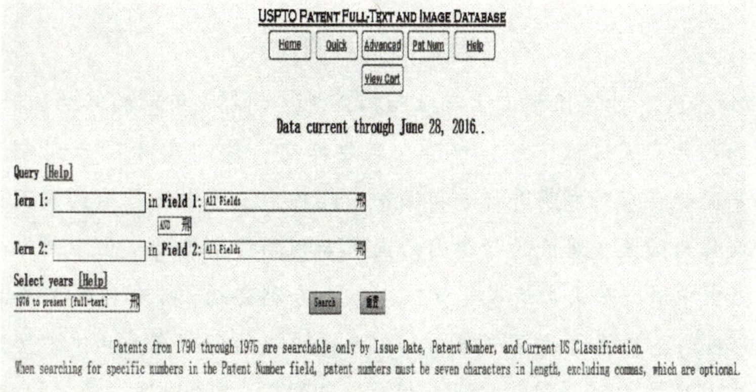

图 5-22　快速检索界面

三、日本特许厅网站专利数据库

日本特许厅网站专利数据库（http://www.jpo.go.jp）是把日本工业产权资料馆（IPDL）等公众阅览室的文献，通过网络和检索系统无偿向读者提供，目的是为了使更多的读者便捷、高效地得到日本专利、商标及其他文献。

日文页面可在日文界面上检索日本专利文献及浏览全文说明书，在该网页上提供的数据库有八类，分别是：发明、实用新型，外观设计，商标，外国专利，复审，法律状态，其他文献，文献范围。所能检索到的日本专利数据库的范围在网上提供。

英文页面数据库仅包括 1976 年以来的日本公开特许（发明申请公开）英文文摘数据库（PAJ）。PAJ 从 1993 年 1 月开始包括法律状态信息。

PAJ 的检索方式有文本检索与专利号检索，文本检索可在页面中输入检索词，可用简单的逻辑符号 AND、OR 进行组配，立刻限定专利颁布日期、IPC 号；也可以直接对专利号进行检索。

四、加拿大专利数据库

加拿大专利数据库（http://www.cipo.ic.gc.ca）是加拿大知识产权局建立的政府性官方网站，以免费方式提供加拿大专利数据库及相关信息供全球公众检索利用。网页上提供英文、法文两种语言选择。收录了近 75 年来的 140 多万件加拿大专利，包括专利全文文本和图像，图像有影印和 PDF 两种格式。

检索方法有基本、专利号、布尔及高级四种，用户可根据需要选择。

五、其他专利数据库

1. 美国化学文摘网络数据库 SciFinder（https://scifinder.cas.org/scifinder）。
2. Derwent 专利数据库（http://www.derwent.com）。
3. PCT 国际专利数据库（http://www.wipo.int/patentscope/en）。
4. 澳大利亚专利数据库（http://www.ipaustralia.gov.au）。
5. 韩国知识产权局网站数据库（http://www.kipo.go.kr）。
6. 英国专利数据库（http://www.patent.gov.uk）。

拓展阅读

专利合作条约简介

PCT 于 1970 年缔结，PCT 对《保护工业产权巴黎公约》（1883 年）的缔约国开放。必须要向 WIPO 总干事交存批准书或加入书。通过该条约，申请人只要提交一件“国际”专利申请，即可在为数众多的国家中的每一个国家同时要求对发明进行专利保护。此种申请可由凡属缔约国国民或居民的任何人提交。一般可以向申请人作为国民或居民的缔约国的国家专利局提出申请，但申请人也可以选择向位于日内瓦的 WIPO 国际局提出申请。如果申请人是加入《欧洲专利公约》《专利和工业品外观设计哈拉雷议定书》（《哈拉雷议定书》）、经修订的《与非洲知识产权组织的创造有关的班吉协定》或《欧亚专利公约》的缔约国的国民或居民，亦可分别向欧洲专利局（EPO）、非洲地区工业产权组织（ARIPO）、非洲知识产权组织（OAPI）或欧亚专利局（EAPO）提交国际申请。

重点小结

章节名称	重点内容
1. 药学专利文献的概述	药品专利的类型、专利的保护期限、专利权的特点、授予专利权的条件，如何利用药学专利文献指导科研
2. 中国专利文献检索	专利文献查找的途径，学会利用中国国家知识产权局网站和专利之星专利检索系统查找中文专利
3. 国外专利文献检索	学会欧洲专利数据库、美国专利数据库的使用

答案解析

目标检测

5-1 专利的类型有哪些？

5-2 专利的保护期限是多久？

5-3 授予专利权的条件有哪些？

5-4 专利权有哪些特点？

5-5 专利文献检索的意义是什么？

5-6 常用的专利文献检索途径有哪些？

5-7 列举3个常用的检索中文专利文献的网站。

5-8 查询以下申请号的法律状态：

200630124694.6　200510068255.2　201010118493.0

5-9 选择合适的中国专利检索工具，检索与药物吉非替尼相关的专利文献全文。

5-10 检索与丹参滴丸相关的中国专利的题录信息。

书网融合……

微课1　微课2　习题

第六章 文献信息的应用

学习引导

获取了文献信息之后，如何能对其有效利用并发挥信息价值？掌握文献信息的利用方法、信息咨询的获取途径，将能更好地为科研工作服务。

本章主要介绍信息咨询的概念、方法和步骤，以及科研课题的选题依据等。

学习目标

1. **掌握** 信息咨询概念；信息咨询的一般方法与步骤；科研课题概念；科研课题选题依据；药品开发研究课题的特性；药品开发方案设计。

2. **熟悉** 信息咨询的作用；信息咨询服务类别；科研课题的意义及作用；科研课题申报程序；文献与药品开发之间的关系。

3. **了解** 国内国外的信息咨询发展现状；科研课题的来源；文献在药品开发中所起的作用。

第一节 文献与信息咨询

PPT

一、信息咨询概述

当今，信息社会带来了无限的信息资源，提供了丰富多彩的精神食粮，改变了工业社会的传统模式，展现了人类理想的美好前景，信息在现代经济生活中的作用越来越大。例如企业缺乏信息，即便有了充足的资金、宽阔的厂房、较多的物资和能源，办企业也十分困难，企业缺乏生命力，也很难生存下去。人们越来越清楚地认识到信息已成为国家经济、政治、科技发展中一项重要的战略资源，信息咨询作为一项产业应运而生了。

随着人们生活水平的不断提高，人们从来没有像现在这样重视信息、积极的生产和利用信息。赢利性质的信息咨询活动，已有100多年的历史。我们这里所说的信息，包含了项目开发研究、生产、流通、利用和管理信息，还包括与事业相关的其他方面的信息。它横跨农业、工业、商业、医药卫生、管理、教育等多个行业。随着计算机、网络、通讯等信息技术的进步，新技术、新知识、新产品信息不断增多，如研究生产信息、监督管理信息、价格信息、供求信息、质量信息、教育信息、就业信息等。

（一）信息咨询的概念

1. 咨询 在现代汉语中，“咨询”含有商议、询问、咨问和谋划的意思。英文对应词为 consultation。其早期含义有同其他人商量、征求意见或向书籍寻求知识，共同商议提出或接受建议。后来，演变成向有关专家学者请教、同有关专家学者谋划的意思，以重要之事与能给予明智劝告的人作商量之意。

2. 信息咨询 是以信息理论为基础，系统运用科学知识、技术手段和分析研究方法，基于各种信息收集、加工、传递有效利用和反馈的咨询活动。根据用户需求，以研究报告的形式，向用户提供可行性研究成果、可供选择方案、一般性建议的活动。信息咨询可以分为简单咨询和高级咨询两种形式。

（1）简单形式的信息咨询 是图书馆和其他文献信息情报机构进行信息咨询的主要形式，多为参考咨询和查新咨询。这类咨询大多是进行原始文献资源和数据的提供，一般针对的是具体提问的一种事实性或数据型的咨询服务。

（2）高级形式的信息咨询 要求提问者和咨询者两者均具有浓厚的信息意识与信息素养，是一种具有创新性、研究性的复杂脑力劳动。咨询者还应具备较强的信息获取能力，通过利用各种信息处理手段技术，遵循信息咨询活动基本规律，有效利用信息技术手段和研究方法，在充分搜集、整理、分析和提炼信息数据的基础上，利用专家学者个人和团体的智慧，对各类信息知识开展搜集和加工、整理和分析、向用户提供解决问题的方案、措施、建议等信息咨询服务。

3. 信息咨询业 是信息社会的产物，是以信息为基础，系统运用现代科技知识手段和研究方法，综合许多学科知识、经验手段技术，进行策划、代理、中介咨询等的新兴产业。它是从事创造型的智力劳动密集型产业，涉及多个领域包括资产评估、管理咨询、工程咨询、法律咨询、统计咨询、会计咨询、市场调查等行业，以其特定的组织形式生产信息咨询产品，为社会提供智力支撑，以少投入高产出，为社会创造价值。

信息咨询业得益于科学技术的进步和社会的发展，但同时又成为科学技术进步和社会发展的助推器。信息咨询业作为非常有潜力的智力行业，对于我国国民经济的产业结构、工业化建设的发展、经济增长方式、基础设施的建设、国际竞争力等方面都发挥着极为重要的作用。

承担咨询的专业信息咨询人员，虽不能直接从事具体的实验或科学技术的开发活动，但可以根据信息情报这些有价值的信息，对新项目的研发、新技术的引进、产品销售以及各产业的发展战略、规划等提供保障，为政府、企业和个人提供多层次、多方面的咨询服务，同样为社会带来较高的经济效益。

（二）信息咨询的作用

1. 信息咨询促进第一产业、第二产业、第三产业的发展 信息咨询对政府、企业发展均发挥积极作用。就政府而言，信息咨询通过提供相关的文献资料、数据分析、调查论证、产业发展前景预测、对策建议或意见等，对政府相关部门的决策具有参考价值，能够增强政府决策的民主性和科学性。对企业而言，随着各行业竞争激烈化，信息的掌握程度、应用到何种程度关系到企业的生死存亡。信息咨询服务可以为企业在项目产品投资开发、新技术引进及市场营销、服务方案制定等过程中提供信息收集、调查分析和研究论证，帮助企业规避潜在的风险，把握机遇，促进可持续发展。

2. 信息咨询支持科研成果不断的转化 以信息咨询服务作为媒介，促进科学研究成果转化为生产力，创造良好的社会效益和经济效益。首先，科学研究项目立项是否合理，从基础上决定了科学研究项目成果转化率的高低。在科学研究项目立项前，就做好咨询工作，如项目可行性分析，包括投资必要性、技术可行性、财务可行性、组织可行性、经济可行性和潜在的风险因素及对策，明确科学研究项目的技术领先性以及潜在市场需求，有利于科学研究成果顺利地完成转化。其次，信息咨询服务为科学研究成果的双方提供良好的交流和沟通平台，建立科学研究成果情报信息检索和推广，组织行业专家筛选确定网络推广项目，在市场上建立信息反馈中心、技术设备、贸易信息数据库，以达到保证市场及网络推广各环节顺畅的目的，为科学研究成果的转化创造良好的信息氛围。

3. 信息咨询促进了经济的可持续发展 信息咨询是以智力脑力投资为主的产业，节约了各种资源的使用和消耗。在一定范围内资源、物质和信息可以相互替代，当信息替代能源和物质的时候，可降低成本。还可通过对资源的开发来替代各种经济资源，减少物质投入，降低物质的消耗。信息咨询对经济、社会环境破坏程度低，而且将信息技术融入环保中还可改善社会环境污染状况，保护周围环境，从而促进经济的可持续发展。

（三）信息咨询发展现状

1. 国外信息咨询概述 有关资料显示，信息咨询起源于19世纪90年代的英国，当时是在电力、煤气等领域开展技术服务，之后向欧美发达国家转移。起步较早，服务范围较广，有很多地方值得我们学习和借鉴。

美国信息咨询机构有营利与公益型之分，经营模式不尽相同。一般以公司形式出现，其顾客群主要为企业、公司、学术研究机构等。国外的咨询公司一般不外露委托客户的概况，对咨询项目和主要内容均采取保密措施。如果委托客户不对外宣布聘请信息咨询公司概况，一般无从得知。这种保密制度不仅保护了信息咨询客户的利益，而且在某种意义上说也促进了信息咨询经济效益的增长。

2. 国外咨询机构类型 国外咨询机构类型的划分，一般有两种模式：一是根据机构的功能划分；二是根据提供的服务内容划分。

（1）根据机构的功能划分 ①为政府决策提供信息咨询的机构。这类咨询机构主要为政府相关部门提出行业发展策略、新兴产业和市场发展前景预测，对某些重要相关课题进行经济技术的论证，将科学研究部门的成果向社会企业推广。有的咨询机构还承担着如行业准则的制定、行业内各种评估职能等，这类机构成为政府决策高参，相当于政府部门的“外脑”，某些国家的政府部门在相当程度上依赖这些智囊团，从而实现了“小政府、大社会”的良性运转。②赢利性咨询机构。主要目标是企业，如帮助企业研究其产品的销售手段，预测市场前景，提出技术发展方向，帮助企业增强管理水平等。③具有投资功能的咨询机构。这类咨询公司主要针对的也是企业，有的在多国设立分支咨询机构，具有集团性的特点。它以行业学会、协会或科学技术部门为后盾，具有强大的科学技术保障。在对企业提供咨询的同时，由于其自身在信息资源领域占有强大的优势，能够对企业、行业前景进行洞察和判断，所以，也对那些条件较好的企业进行投资，以取得丰厚利润。④中介服务型咨询机构。这类信息咨询机构与高校和科研情报机构有着千丝万缕的联系，能够较早发现好的项目并予以扶植。这类带有中介性质的信息咨询服务机构，主要将高校和科学研究部门的最新科研成果推向企业，成为产业、学校、科研机构之间的链条，在生产和研究之间起到了媒介的作用。⑤公益型信息咨询服务机构。它是随着经济、科技的发展而不断形成的。包括政府支持的公益型信息咨询机构。例如美国国会图书馆、国家技术信息服务中心、各部（州）所属的专业信息中心。它们通过立法，完成立法规定的任务，由国家预算拨款，形成信息服务产品。如果信息产品进入市场，财务实行的是“收支两条线”发展策略。还包括隶属于教育系统的信息服务机构和基金会支持，如由基金支持的信息中心、战略研究所、信息研究所等。

（2）根据提供的服务内容划分　①开发项目信息咨询。这类信息咨询需要从业者具有较高的相关知识背景、较强的信息搜索能力。通过对高校和科学研究机构提供科学研究成果的基本情况，对项目鉴定和成果进行预测。在此基础上，为相关企业提供新开发的项目，为研究工作人员选择切入点，为管理者确定研发的策略，为投资者评价市场前景提供信息咨询服务。②市场调查分析咨询。这种咨询研究领域包括市场动向，宏观形势的变化，直接对影响企业产品和服务的政策、法律、经济、外部环境等因素进行追踪，竞争信息和消费者信息是研究的重点。利用定量分析和定性分析，协助企业把握市场不断变化，使之对市场趋势做出迅速、快捷的反应。③综合性的信息咨询。为企业提供全面、长期的信息咨询服务。在项目研发的早期提供相关科技信息，在公司上市时提供市场信息，这种服务一直贯穿于科学研究成果从生产、研发到销售的各个阶段，进行全方位的咨询服务。服务的内容包括：项目的研发、企业的前景、原材料市场、产品标准、竞争对手监测、价格走势、市场评估等。具有90年历史的美国AC尼尔森在全球100多个国家里有超过9000的客户，可以说是一个成功的案例。这种方式代表了信息咨询的方向，我们应重点学习借鉴。

3. 我国信息咨询的发展现状　我国信息咨询服务起步较晚，从20世纪80年代兴起的，但发展较为迅速。在计划经济转向市场经济的过程中，咨询服务得到了一定的发展，但是咨询服务的范围比较窄，服务的内容也不尽完善。那时政府部门下设的情报研究所，高校、科研院所、国有大中型企业内部设立的情报研究机构，主要为本行业或本部门服务，从事的是最基本的咨询业务，信息咨询服务职能的发挥极其有限。进入20世纪90年代，一批私营、民营的市场调查公司、信息咨询公司、一些大城市中外资信息咨询公司开始出现，打破了信息市场由国有咨询机构垄断的局面，服务范围逐步拓宽，呈现出良好的发展态势，企业对科研的重视程度不断增加。信息服务业法人单位数保持平稳的增长趋势。信息咨询在第三产业增加值中的比重超5%，增加值每年的增长率维持在8%。我国从事信息咨询的机构有高校图书馆、信息情报研究机构、国有和民营的咨询公司或数据分析公司、市场调查分析公司、证券投资部门、各种行业的事务所等。这些机构从不同角度为相关行业提供多种类型的咨询服务，积极地促进相关事业的发展。但总体上讲，我国的信息咨询业的发展还存在着产业发展不均衡；人才培养、融资体制不健全；与发达国家相比，缺乏具有领先地位的大型企业和高水平的专利技术，缺乏产业国际竞争力等弱势。总之，现代信息咨询业的发展还不能与我国大国的地位匹配，这种局面必须尽快扭转。

案例导入

案例　某高职院校大三学生，王某，男，针灸推拿康复专业。接到学院毕业论文通知，要求：①掌握本专业有关理论和技能发展方面的知识；②将在校所学专业知识和技能进行一次系统的总结和综合运用；③增强理论联系实际能力，增强调查研究、独立思考、分析解决问题能力，学习设计与论文写作规范；④字数5000字。

王某看了毕业论文要求后犯了难，不知在哪里能够找到自己所需要的资料；也不知自己找的资料是否齐全且不明白自己应该去哪里咨询。面对网上良莠不齐的资料他也不知该如何应对。

讨论　1. 信息咨询的方式有哪些？

2. 科研课题选题应该从何入手呢？

答案解析

（四）信息咨询服务类别

关于信息咨询的类别，每个国家有着各自的标准，学术界的认识也各不相同。1926 年由 James O. McKinsey 在美国创建的麦肯锡公司把信息咨询业划分为四种类型：①管理咨询。有人又称为企业诊断，是指以企业的经营管理为主要咨询对象的咨询。如麦肯锡、波士顿、安达信、贝恩公司。②信息技术咨询。主要为企业信息化建设服务，如安达信、波士顿咨询集团。③市场咨询。主要以市场调查分析为主要手段。如 AC 尼尔森、盖洛普等。④专业咨询。这类咨询主要涉及法律、会计、工程、人力资源等领域，信息咨询人员运用专业理论知识和实践经验等才能，提供咨询服务。

一般将咨询分为不同类型，如决策信息咨询、经济信息咨询、社会信息咨询等。

（1）决策信息咨询　又被称为政策咨询或综合咨询，主要包含决策者向专家学者或特设机构的咨询，向企事业单位、政府等重大政治、重大经济和文化、科技和社会的问题、还包括国际和军事、能源和资源、城市与交通、企业发展战略等决策性问题的咨询，为国家某些重大经济政策和经济措施提供参考意见，起到参谋的作用。

（2）经济信息咨询　直接影响到国家、企业、个人的各个方面，包含了国家或企业单位等组织的金融、行业投资、财务信息和市场营销等方方面面的咨询。

（3）社会信息咨询　主要指社会与民生问题的咨询，以服务个体咨询者为对象，主要围绕社会关注问题的相关信息的搜集、整理、分析、提炼、传递和应用而开展的咨询服务活动，如当今社会中的心理健康咨询、职业生涯规划的咨询、财务会计咨询、旅游咨询和法律咨询等。

还有学者将信息咨询按特征、性质、学科领域、行业等标准归类为以下几种。

（1）参考咨询　也被称为文献信息咨询，是信息服务的一个重要方法。它是发挥图书馆和信息情报机构的情报职能，开发文献信息资源，提高文献使用效率的重要手段。大多图书馆与信息情报机构都建立专业的参考咨询部门，利用检索工具、参考工具书和网络信息等资源，配备熟悉检索工具并且具有一定专业知识的参考馆员，开展咨询工作。如高校的图书馆配有专职的参考馆员，他们多为信息情报专业出身，具有较强的信息素养和信息获取能力，负责解答用户提出的各种问题，辅导用户通过各种方式查找所需信息文献资料。

（2）综合咨询　也被称为管理决策咨询，主要针对的是企业的所有部门，从生产成本、财务成本、机构设置等基本情况，一直到企业的经营策略、目标、市场营销、环境保护等进行全面战略性的综合性咨询服务。如管理体制与机制的确立、管理方法的优化、新技术的引进、方案的制定、效果的评估、特别是管理理念的创新等具有全局性、综合性的咨询服务，从而提高企业用户素质和经营管理水平。

（3）研发咨询　主要针对高校和科学研究院所开展的科学研究成果的开发与利用进行信息咨询活动。如跟踪某一新项目研究课题的专题信息咨询服务；依据新课题申报、鉴定和评估所要求的科技查新检索咨询等。

（4）专业咨询　主要的服务对象为企业和社会，它更贴近人民群众，有的信息咨询直接满足人民群众的需求。如经济信息咨询、煤炭信息咨询、法律信息咨询、金融信息咨询、市场调查分析和产品销售营销等专项咨询。

二、信息咨询的一般方法与步骤 微课 1

信息咨询的一般方法与步骤，顾名思义就是咨询工作人员答复用户咨询问题所采取步骤的总和及过程。一般团体用户、机构用户多经历下列方法和步骤进行咨询。

1. 委托 委托方提出书面申请，并提交课题项目的相关文献资料，例如申请课题项目的申报书或成果鉴定的相关文献资料以及参考文献等。

2. 受理信息咨询 信息咨询机构审核确定是否符合本机构的服务范围，经委托方和受理方双方协商，弄清楚咨询的目的、具体要求内容、委托方已做过的检索及已掌握的情况、费用与时间期限等相关问题，并达成相同意见。确定受理咨询委托后，填写“申请单”，进行登记、编号、收取信息咨询费用，通知委托方计划完成的时间。

3. 制订计划和方案 咨询机构受理后，信息咨询工作人员要详细阅读相关文件，分析理解课题具体要求、咨询具体内容、技术设备路线等基本情况，拟定信息咨询策略，确定信息咨询方法，形成工作方案。

4. 搜集、整理信息 依据项目课题需要进行文献检索，制定检索策略，利用参考工具书、数据库检索或网络检索；还要根据项目课题的需要，进行实地考察和调查，搜集与项目课题相关的各类信息，以确保基本文献的真实、准确、全面。在此基础上，按标准进行整理、分类、研究。

5. 分析研究综合信息 将搜集、整理的文献资料信息利用统计软件进行统计学分析，并进一步进行汇总，反复推敲，进行归纳、推理，认真研究形成初步结论。这一步直接关系到整个研究成果的水平。为保证质量，往往要运用“自填问卷法”“结构访问法”“头脑风暴法”“集脑会商法”等多种研究方法。这一过程可为一人分析、加工，也可以是集体参与，利用团队智慧，形成初步研究成果。

6. 撰写报告 对信息咨询的成果进行研究分析之后，形成初步结论，草拟信息咨询报告，一般经过信息咨询人员及主管两级审核通过后，最终形成信息咨询报告。

7. 出具正式咨询建议或咨询报告 咨询工作人员、咨询中心主管签字、盖章，形成正式信息咨询报告，提交给委托方。

8. 咨询报告反馈及文件归档备案 首先项目课题完成后，听取委托方对信息咨询结果的建议，掌握实施效果和服务质量的反馈。其次是建立和完成咨询档案，从课题项目的开始，就应有档案意识，保留所有重要的文献资料。项目结束时，必须整理咨询过程中的相关重要材料，归档、存档，进行分类保存，以便今后查找。

这里要特别注意的是，信息咨询涉及范围非常广泛，以上叙述的方法和步骤只是一般过程。对不同信息咨询委托方提出的不同要求，可以采用不同的方法，不同的信息工具，灵活掌握，不必拘于形式。如对有长期服务要求的用户，信息咨询单位还需要进行跟踪服务，定期或不定期提供咨询报告，以满足不同类型委托方的需求。

三、信息咨询案例分析

（一）参考信息咨询案例

随着信息技术的高速发展，当代高校图书馆、公共图书馆、科学技术情报研究所等都建立了各自参考咨询服务，如国家图书馆、北京大学图书馆、清华大学图书馆、上海公共图书馆等。例如，以某中医药大学参考咨询为例。某位本科学生想要查找关于“治疗急性脑梗死药剂方面”知识和信息，除本身利用维普数据库、中国知网、万方数据库外，还可以利用图书馆的参考咨询服务来查找关于脑梗死药剂方面的信息。首先来到图书馆首页的参考咨询服务平台，可以通过现场咨询、电话咨询、表单咨询、实时咨询、学科咨询、图书馆微信公众平台、图书馆微博、CALIS 虚拟参考咨询系统等形式询问咨询馆员。参考馆员根据读者的需要，以图书馆馆藏文献资源为基础，通过个别解答的方式，有针对性地为读者提供图书馆利用方面的服务。再比如想找一些关于食品安全方面的材料，可以选用上海科学技术情报研究所提供的食品安全方面参考咨询，主要利用的是表单格式、实时咨询、官方微博等。通过直接输入问题的主题和内容等，再输入提问者的邮箱号，最后按提交即可，就会在自己所填的电子邮箱内找到咨询内容，如图 6－1 所示。

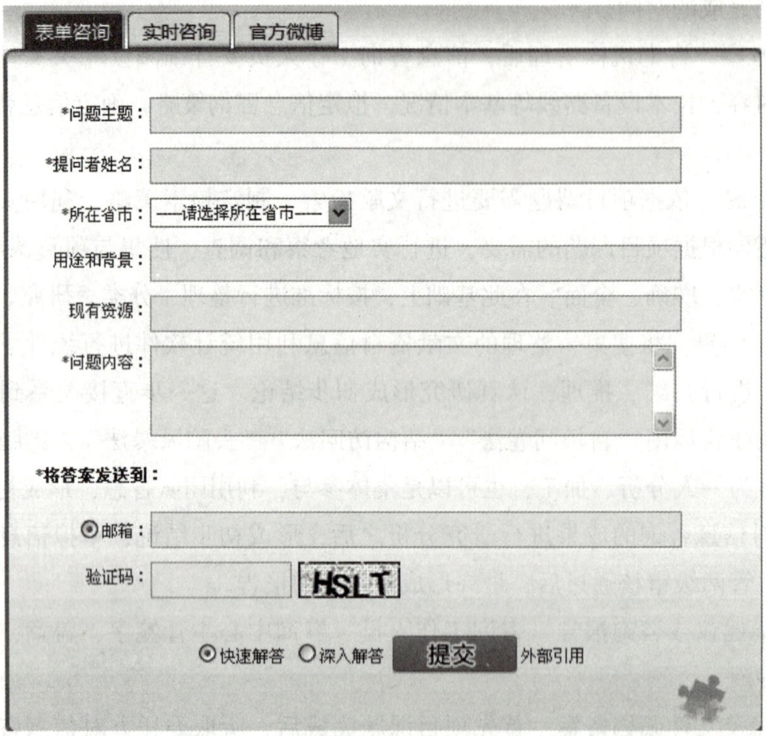

图 6－1　上海科学技术情报所的食品安全参考咨询中表单咨询

（二）综合经济信息咨询案例

案例 1　赛迪

赛迪是由中国电子工业发展规划研究院、信息产业部计算机与微电子发展研究中心、信息产业部电子信息中心、中国电子报社等四个单位合并运作而组成。主要从事产业政策、经济形势等软科学研究，媒体出版，顾问咨询，评测认证等业务，形成了“传媒与网络服务，咨询与外包服务，评测与认证服务，软件开发与技术服务”四业并举的业务格局。

成功案例，如重大课题《智慧地球理念及新一代信息通信技术发展趋势研究》、重大课题《智慧天津建设战略及对策研究》、受武汉蔡甸经济开发区的委托，赛迪智库工业经济研究所开展了《武汉蔡甸经济开发区产业发展调研报告》以及《武汉蔡甸经济开发区“十三五”产业规划》两个课题研究。项目组在武汉蔡甸经济开发区开展了实地调研，梳理了目前经济开发区产业发展存在的问题，提出了未来产业发展的设想，在完善调研报告的基础上，深入研究开发区产业发展优势、外部机遇等因素。

案例 2　北京中金亿经济信息咨询有限公司

北京中金亿经济信息咨询有限公司位于国家信息中心，是国家发改委重点支持的经济信息咨询机构。中金亿目前已经拥有庞大的企业、行业数据库，能够为客户提供及时、准确、深度的行业研究信息。

中金亿公司充分利用国家最权威的经济情报信息资源优势和依托国内行业一流的资深经济学家、教授、研究员、博士等咨询专家优势，对国家的社会经济发展和各行业投资发展、各区域经济发展、金融动态、投资风险等进行实时跟踪、深入研究、专业分析、专家点评。中金亿在产业投资、区域发展等领域的经济信息和资讯研究方面处于国内领先地位。

（三）专业信息咨询案例

案例 1　医药信息咨询案例

北京康利华咨询服务有限公司成立于 2000 年，主要从事国内外药品、功能食品、医疗器械、化妆品等健康产品法规符合相关的注册与认证咨询服务。包括新工厂规划、设计、建设与 GMP 符合及上述领域相关的投融资项目行业顾问等。2014 年 5 月，北京康利华咨询服务有限公司与美国方达医药技术有限公司被泰格医药（股票代码：300347）并购，共同组成一个覆盖药品从研发到生产的全产业链的综合型 CRO 公司，为国内外客户提供一个从研发、注册、转化到生产的一站式服务平台。2016 年 6 月 20 在康利华咨询顾问团队与客户的共同努力下，浙江花园生物高科股份有限公司的 VD3 系列产品“零缺陷”通过 FDA 现场检查。从双方合作开始，康利华多次派出资深专家顾问团队为花园生物进行 FDA 法规和审计规范方面的定制培训，并对生产现场、QC 实验室、物料管理以及数据完整性等方面进行了多轮的模拟审计，提出了切实可行的整改建议，帮助客户迅速提高质量管理水平。通过康利华咨询顾问团队的指导以及花园生物方面的积极整改提高，为迎接 FDA 检查做好了充分的准备。在检查过程中，FDA 检查专员对生产系统、物料系统、设备管理、QC 实验室以及 QA 系统进行了全面、细致的检查，在整个检查过程中 FDA 检查官对花园生物的 GMP 执行给予了高度的评价，未提任何观察意见及缺陷。最终，花园生物以“零缺陷”的优异成绩通过了 FDA 的检查，为下一步以高质量的产品开辟美国市场打下了坚实的基础。

案例 2　职业生涯规划咨询

职业生涯规划咨询又称职业规划咨询，是在准确测评咨询者的基础上，针对职业发展的方向和路径问题提供解决方案，做出具体的职业规划。如廊坊师范学院的张议元和徐宁在《大学生职业生涯规划咨询案例分析》一文中这样写道：首先了解咨询者王欣的基本情况、咨询来的主要原因是什么，通过问题的查找运用霍兰德特质因素论、MBT1 人格测试和帕森斯人职匹配理论等帮助咨询者了解自己职业的兴趣，通过四次咨询，分别从性格方面、价值观方面、技能方面等方面定位王欣的职业生涯规划。职业生涯规划咨询是对来访者在职业定位，职业发展等方面遇到的问题，运用咨询技术和方法，协助来访者进行自我探索，寻找解决问题的方法。职业生涯规划咨询是根据不同人群、不同年龄、不同问题选择合适的理论和模型。

（四）咨询项目可行性报告大纲撰写

案例　医药技术项目可行性报告大纲格式

医药技术项目可行性报告

一、项目基本概况

1. 立项来源

2. 适应证

3. 注册类别

4. 开发阶段

5. 项目的特点

6. 市场前景预测

二、环境与政策分析

1. 产品注册法律政策

2. 国家管理法律政策

3. 分析环境风险因素

三、技术可行性分析

1. 产品和技术国内外研发现状

2. 技术的成熟性与先进性

3. 技术专利格局

4. 同类研发产品分析

5. 技术风险因素分析

四、市场可行性分析

1. 国内外市场概况

2. 市场竞争状况

3. 市场发展预测

4. 产品优、劣势分析

5. 市场风险性分析

案例　药物市场分析报告大纲格式

药物市场分析报告

第一部分　疾病领域流行病学与临床特征

一、疾病领域概念界定

二、疾病流行病学特征

1. 发病率、患病率、死亡率

2. 患者就诊情况

三、疾病的诊断与治疗

1. 临床症状

2. 临床诊断

3. 医师患者行为

4. 临床治疗方案

四、药物治疗的发展趋势

五、药物经济学分析

第二部分　市场现状与竞争格局

一、疾病领域市场整体概况

1. 国际市场概况

2. 中国市场概况

3. 药物治疗格局

4. 区域市场

二、产品市场现状与格局

1. A 产品

2. B 产品

3. C 产品

第三部分　总结、市场策略讨论

一、药物优劣势 SWOT 初步分析

二、总结、市场策略讨论与建议

第二节　文献与科学研究

PPT

在《中国读书大辞典》中这样记载：文献是指以文字、图像、视频、符号、声频等为记录手段的一切知识载体，是被固化于物质载体上的信息、知识，同时也是记录知识信息的物质载体。随着信息技术的高速发展，信息总量不断增加，信息质量也在不断地提高，为信息研究创造了良好的外部环境，同时也对研究工作者的信息意识、科学研究能力，特别是获取信息和利用信息的能力提出严峻的考验。因此，学好信息检索知识、充分利用文献信息资源，无论对专业学生，还是对专业教师和科研工作人员，都有非常重要的意义。

一、文献与科研课题

（一）科研课题概述

进入 21 世纪，国内外研究绝大部分已经摆脱了最初研究的形式，有了迅猛的发展，主要采取以科研课题为载体，以规模化、团队式的方式开展科学研究工作。

所谓科研课题其实就是科研任务，对实践中遇到的理论和实际问题，采用课题研究的方式，有具体的目标和要求，运用科学的方法和观点对其进行探索，调查统计分析，最后得出正确结果的活动。以解决一个相对单一、独立的科技问题而确定的具体科研内容，研究时限一般不长，科研规模不大。

科研课题研究一般应具备以下几个要素：①确定科研方向，确立科学研究课题组；②进行科研课题立项申报；③制定课题研究方案和策略，确定研究方法、内容和研究的路线；④具体实施开展基础理论或实践创新研究；⑤进行课题论证评估；⑥科研课题结题验收。

从以上可以看出：以科学理论为基础的科研课题研究，是对事物进行观测、探索和分析的过程，其生命力在于创新。用科学的方法和观点进行研究的过程，是一个严谨的探索和思维过程，包括合理的假说、详细的设计、科学实验、细致的观测、正确的统计分析和严格的逻辑推理。这里面一个必不可少的环节是大量课题科技查新和相关文献信息资源的检索，否则，科研活动将会走入误区。发展科学理论和技术创新是科学研究的出发点，提高社会经济效益，是衡量科研课题成功与否的根本标志。在整个科学研究过程中，通过有效的课题科技查新和文献信息资源的检索，了解前人所做的工作，借鉴他人的实践经验，对于减少科学研究活动的重复和盲目性，提高科学研究活动的效率和质量都具有十分重要的作用。简而言之，针对某一领域科学研究过程中发现新情况，解决新问题，总结新经验，形成新理论，都离不开文献的搜集、开发和利用。

21世纪以来，随着知识信息不断更新，学科的交叉重复和高度细化，文献资源如同潮水一般，汹涌而至。目前全世界每年出版80余万种新书，40万种的期刊，登记50多万项专利，25万份科技报告、10多万篇会议文献、50多万种产品样本，每年发表500多万篇的科技论文。学科与学科之间形成了共同发展、相互促进的关系。例如药学与其他生命基础学科。基础学科的发展除了在理论和方法上武装药学研究外，还能直接发现新药，使新药研发在深度和广度上发生巨大变化。同时药物研究作为应用基础学科，不断地对基础学科提出新的科学研究课题。机体每一受体、基因或酶的新发现，都能为新药的研发拓宽研究思路。医药科学研究，促进了药学科自身的发展，为进一步的科学研究打下了基础，又提高了人类对生命现象本质的认识，促进了人类生活水平的提高，创造了社会经济效益，为人类的文明进步做出了贡献。而这些科学研究的每一项成果，都是以文献信息的形式呈现出来，为后辈的进一步研究提供了丰富的文献信息资源。

（二）科研课题的价值

1. 科研课题的意义 大量实践证明，如果完成一项艰巨的任务，仅靠个人单枪匹马已不能实现其所要达到的目标．必须以科学研究课题为平台，依靠课题组成员的集体智慧和各个方面的协同力量才能完成。以科研课题立项为主的研究模式，有利于调动政府、企业和个人的积极性，有利于集中人力、物力和财力，有利于不同学科背景、不同知识结构的研究工作者，用不同方法、不同视角、不同方式和技巧从事科学研究，其结果将超过个人研究的价值，从而保证实现小投入大收益的目标。

2. 科研课题的作用 科学研究课题实施是一项复杂而艰巨的工程。一般来说，科研课题，将会满足科学和社会经济的发展需要，产生以下作用：①研究成果在理论上有新的发现，或者是与原有的技术相比更为先进，具有普遍的应用价值；②研究成果将完善原有理论，具有超出原有技术的某些优点，创新性更为明显，具有推广价值；③研究结果能起到验证现有理论的作用，证明原有理论的有效性和科学性；④发明了前人没有的新技术，填补了以往的技术研究空白，具有广泛的推广价值。

（三）科研课题的来源

科研课题的来源较多，一般可分为以下四类。

1. 指令性课题 是根据事业发展规划的要求，国家、地区或部门以行政命令形式下达的科学研究任务。主要有国家“十五”“十一五”“十二五”攻关课题、国家“星火计划”课题、高新技术发展规划（863计划）、卫健委、农业农村部以及各级地方政府等下达的课题，多以招标、中标的形式进行。全国各有关高等院校、科研院所的工作人员均可以申请。一般来说，指令性课题体现了国家、省、市和自治区发展的战略，有政策法规做保障，有国家和省、市、自治区等各级政府提供经费支持，符合人民群众的长远利益。

2. 指导性课题 主要指基金资助课题。科学基金是科学研究经费的重要组成部分之一，用于资助科学研究事业发展。美国等发达资本主义国家，科学研究基金连同政府拨款，是国家行使科研管理职能、控制科研发展方向的重要手段。1982年3月中国科学院制定了《中国科学院科学基金试行条例》，开始实行科学基金制。1982年10月，又对原有条例进行修改，在全国科学院系统内推广。1985年，将此基金变为全国自然科学基金。此外，我国还设立社会科学基金、机械工业科学基金、高教科学基金、省级项目杰出青年科学基金、省杰出人才创新基金、省自然科学基金等科学基金。一般是采取个人或单位申报，同行评议，基金主管部门审核的办法。批准获基金资助的项目，由基金管理部门将经费拨至课题承担单位，并单独建账、单独核算、专款专用。基金主管部门有权对资助基金项目执行情况、经费使用情况及最后的成果进行监督检查。此外各行业、各地区、各单位也逐步建立了不同种类的科学研究基金，以调动广大科技工作者的积极性，也为省、部级等重大课题项目奠定前期基础，促进了发明创造创新和科学研究事业的繁荣。

3. 横向课题　是指企业为了解决在其实际运营中遇到的问题直接将项目委托给科研单位、高校完成研究工作，或企业与科研院所、高等院校联合开发新产品。这种方法能够加速科学研究成果的生产，促进科研成果的转化，实现了生产、学校、研发三者的有机结合，有利于新产品的开发利用。国外的新产品研发大多是采取这种方式进行的，取得了良好的效果。

4. 自选课题　是指研究工作者实践中，根据自身的主、客观条件、社会需求及科学发展的需要自行选定的研究课题。自选课题由于选择目的不同，发展的方向也不相同。一般有两种目的：一是联合企业，开发新产品；二是为申报课题打基础。

此外，还有一些国际基金组织，以不同方式资助课题研究。这类基金具有严格的审批和管理制度，可以通过多种途径查询，了解课题申报信息，积极争取支持。

（四）科研课题的申报简述 微课 2

1. 科研课题的选题

（1）选题依据　科学研究选题应以是否能产生物质和精神财富为主要目标，从战略上选择科学研究的主攻方向、确定研究课题的过程和方法。一个国家、一个地区、一个部门的科学家和技术人员必须在正确的方针指导下，选题得当，这样才能做出好的研究成果。其主要内容包括：研究新产品、研究新技术、新的理论等，以促进社会、科学的发展。因此，科学研究必须坚持必要性、科学性、可能性、效益性和创造性的选题依据。

1）必要性　选题首先要为国家、地区、部门的发展总方向服务，满足社会不同时期的多方面的实践需要和科学自身发展的需要。它具有明确的目的性，旨在认识自然界物质运动和变化规律，尽可能选择在本专业学科或本职工作中有重要意义、迫切需要解决的关键问题，不断满足人们日益增长的物质、文化生活的需要。

2）科学性　选题的科学性来源于实践，既要符合辩证唯物主义基本原理，又要合乎逻辑推理的科学理论根据，必须有客观事实作为依据，而不是主观判断，体现了科学研究的内在根据。

3）可能性　恩格斯说："我们只能在我们时代的条件下运行认识，而且这些条件达到什么程度，我们便认识到什么程度。"所谓可能性原则，是指选题时，必须考虑自身的主、客观基本条件，能否保证科研课题保质保量按时完成。如人力、物力、财力等。例如药学科研课题研究工作者应该根据《药品注册管理办法》的要求设计研究内容和步骤方法；若为新药开发，必须是一个有效、安全、质量可靠的产品。

4）创造性　科学研究选题是一种探索未来的活动，必须具有一定的创造性。选题要求是前人没有提出的或者别人提出但不完全或还存在着没有解决的问题，对这个问题的研究能够发现新的理论或者能完善理论。本身具有先进性、独创性、新颖性和突破性。具体来说，理论研究要求在前人或他人研究工作基础上进一步深入、补充或完善，获得新的发现、提出新理论、在研究方法或研究深度上有一定的突破和提高。要具有一定的科学价值；技术研究要求发明新工艺、新产品、新材料、新设备，或者将已有先进技术应用到新领域，要具有一定的实用价值。

5）效益性　衡量科学研究投入与预期科研成果是否有社会经济效益，是综合效益高低的一个重要指标。因此，要充分利用现有的人力、物力资源，因地制宜，以便取得较高的效益。

（2）选题方法　选择科研课题是科学研究工作的必要准备，是科学研究的基础，又是科学研究工作的一个重要组成部分，决定着科学研究的发展方向。科研课题的选题方法有很多，1999 年胡良孔在《文献检索与科学研究方法》一书中将选题方法分为：同步选择法、阶段分析法、边界选择法、移植法及机遇线索法。大致包含五个程序：①对国内外的科技基本情况进行全面的调查研究，尽量发现和搜集科学问题；②初步对所掌握的科学问题，利用选题的基本情况进行初步论证，筛选出备选课题；③对各个备选课题，进行综合评价提出意见；④结合实际，综合比较各备选课题的综合评价结果，择优选择科研课题；⑤对备选课题，进行初步研究，设计出研究策略。在这个总过程中，大多采取按顺序进行，逐级反馈，不断筛选方法，选出比较恰当的正式科研课题。

（3）选题应避免的因素　选题应避免多方面因素，下面仅从三个方面进行阐述。

1）盲目性，创新性差　体现在对文献信息检索、查新等方面，表现得比较随意，没有认真对待选题，没有进行充分调查研究和论证，未能选择出富有创新意义的课题。

2）定位不准确，应用性不强　在选题设计时，一是定位贪大求全、研究的目标设计过高、研究方法过难、超出研究工作者的能力范围。二是选题比较空洞，应用价值不强。

3）研究基础薄弱，无力支撑　研究工作者不具备占有大量文献信息资源、前期的研究经历较少、研究单位提供的条件不足、课题组的研究力量薄弱等。例如药学研究需要较强的实验设备器械支撑，缺乏大量前期研究的成果积累和实验基础，很难达到申报课题的目标。

2. 科研课题申报程序

（1）课题标书的撰写要求　课题申报标书常被称为计划任务书、课题申请书等，是提供给学者专家和主管部门审批和审议的重要根据，也是课题结题时检查、验收的基础条件，必须认真看待。填写之前，应仔细阅读课题申报相关规定和填写要求，特别是查阅《项目招标指南》，按照有关规定的格式内容，逐条填写。不同级别项目的标书要求有所差异、有所侧重。填写课题标书，一般均用打印形式，填写时表达要明确，实事求是、文字言简意赅，恰如其分。这样才能获得专家评委们的认可，得到主管部门的批准，获得经费支持。

（2）课题申报流程　科学研究项目很多，研究的主要内容也不相同，有着多种多样的申报渠道和途径，但课题申报的程序大致相同。课题申报的一般程序如下：课题主管机构下发申报通知，课题组申报人或单位依据课题主管机构要求提出申请，课题申报人或单位研究课题实施方案，填写课题申请表，向课题主管机构递交申请书；课题主管机构组织专家评审、审批，并与申请人签订合同，颁发立项书，拨发科研经费；课题研究过程中，管理机构对课题组进行开题报告、中期考核和结题验收等相关工作进行指导。

课题申报立项后，课题主持人或单位应按项目计划要求完成研究任务，每年应向课题主管部门汇报研究进展情况。项目结束后，按时提交研究报告、工作总结报告和科研成果。

（3）课题的科技查新检索　随着信息社会的到来，人们从来没有像现在这样重视信息、积极的生产信息和利用信息。在课题申报过程中，科技查新检索已经得到专家和主管部门的高度认同，并能广泛地应用于各级课题。所谓科技查新检索，以文献信息资源检索为基础，通过综合分析、对课题项目或科研成果的新颖性、创造性和实用性进行相关审查与评估的过程，并且写出有对比、有依据、有分析、有结论的查新研究报告。国内外大多权威科研管理部门和机构都明确规定：科研立项、成果鉴定以及各种科技获奖，必须先进行查新检索，未经查新检索课题，将不能参与立项与评奖。

科技查新检索工作一般由专门的情报信息部门或图书馆承担，是科研课题申报后必须经过的环节，经过查新，了解和掌握与本课题相关的最新动态信息，避免重复研究、重复选题并确定该项目是否具有参加立项、结题或获奖的条件。另外，运用文献信息资源的检索技能，将科技查新和课题追踪检索工作贯穿于科研课题的申报、立项、审查、实施和成果鉴定等各个环节之中，使科学研究始终沿着正确的方向发展。所以，无论是科技工作人员，还是现代大学生，学习和掌握信息查新知识和文献信息检索技能都是十分必要的。

（4）课题中标率的策略　申报者共同关心的问题是如何让自己所申报课题或项目中标。申报项目的立项中标包括两个方面：一是科技工作者研究工作本身的学科知识实力，二是关键是要有较高质量的申请书。因此，科技工作者要通过不断完善申请书，将自己的科学研究实力和前期工作成绩全面地展现出来。下面简单介绍一些提高课题中标率的方法。

1）选题具有新意和特色　选题应首选别人没有做过的，或亟待解决的问题，充分查阅文献资料和电子资源，围绕“新”字做文章，善于运用相关学科的新理论、新视角、新方法、新观念。注意相关领域里的研究动态，对于同一项目，抓住新问题新变化来研究，应具有不同的特色。针对领域里的热点和重点问题，从一个全新的观念、设计和方法去尝试，提出相关研究课题。

2）实验方案应具体、条理清晰、可行　课题的实施方案和技术路线描述不能过于简单，采取的研究方法应多样化，必须反映当代技术水平、基本思路和过程，应符合选题时提出的假设，具有可操作性。

3）工作基础扎实，展示研究实力　要密切结合自己的专业优势，尽量在研究者自己熟悉的领域开展立项申请工作。另外，还应把课题组成员的前期工作成果，本单位对本课题的支持、实验设备仪器等加以说明，使评委了解到申请者确实具备完成该项目研究的优势与实力。

4）认真填写标书　填写计划任务书前，一定要按照计划任务书的填写说明要求将各个栏目填写清楚，文字务必表达确切、结构严谨，便于理解。计划任务书在中标前是课题申请书，中标后就是计划合同书，具有法律效应的正式合同文件。

二、文献与药品开发

（一）药品开发研究概述

1. 药品开发研究的概念　联合国教科文组织将“研究与开发”定义为：开发指系统地应用科学研究所获得的知识信息，以得到有用的材料、方法、器件和系统等，研究主要指基础研究和应用研究。

当代汉语词典中“开发”有五种含义：①开采发掘自然资源；②开拓发展；③把人才、技术等发现出来以供利用；④支付；⑤启发教导。

“研究”具有三种含义：①探求事物的真相、性质、规律等；②考虑或商讨（意见、问题）；③用什么方法完成任务。“开发”与“研究”的含义目前还没有统一的定义，解释多种多样，根据上述定义，这里所指的药品开发与研究都是指的第三种意思，把技术等发现出来加以利用，用各种方法完成药品开发的任务。

将新药开发的含义总结为：按照新药生产不同阶段的工作准则和技术要求，国家药政部门对其完成系统的各项研究工作。

将新药研究的含义可以总结为：利用基础与应用研究获得的理论知识、技术手段与规律，创造出新药品、新方法、新剂型或新的应用领域的过程。创新药物开发与研究，直接关系到药品企业生存和发展，提高人们的健康水平，能够反映出一个国家药学科学研究发展基本概况，促进医药工业的振兴，进而带动其他相关产业的发展，增强了整个国家的综合实力。

2. 药品开发研究课题的特性

（1）需求性　药品研发的最基本的特性是需求性。药品是用于预防、治疗和诊断人们的疾病，有目的地调节人的生理机能，并规定有适应证、功能主治、用法和用量的物质，包括中药材、生化药品、中成药、化学原料药及其制剂等。根据流行病学调研显示：目前我国以疾病谱分类，需求较大的是以下10类药物：①治疗心脑血管疾病药；②抗风湿病类药；③功能紊乱调节类药；④抗肿瘤药；⑤抗病毒类药；⑥肝炎防治药；⑦免疫功能调节类药；⑧延缓衰老药；⑨急性热病用药；⑩补益类、养生保健类药品等。

药品开发课题研究中，应对同类产品资料进行调查、尽最大可能全面地搜集、比较和分析产品。选择同类药品时要注重以下四个方面：①安全性高，毒副作用少的药物；②疗效强，功效确切的药物；③剂型便于利用，包装比较简单，便于随身携带的药品；④价格比较便宜，适合我国国情的药品。

（2）可行性　决定药品开发研究成功与否。其中技术手段的可行性决定了开发研究的难易程度。原材料、药学研究、组织管理、药理病理、临床实验、经费预算、仪器设备以及课题组人员基础条件等直接关系到药学技术可行性。

（3）科学性　是药品开发研究的核心。根据新药与同类产品的比较，在流行病学调研、市场分析的基础上，还应对新药来源的安全性、可靠性是否充足等问题进行全面的了解，尤其要对药品开发各个过程的科学性进行掌握，确保每个环节都具有科学性。

（4）创新性　是药品开发研究的根本特征。新药开发研究时对剂型设计、质量监控、制备工艺、基础研究及临床表现等方面都要在原有的知识理论和实践经验的基础上有所创新。

（5）效益性原则　新药的开发与研究应以社会经济效益为主，以此作为验证研发正确与否。但也要充分考虑到科学效益的滞后性，对那些暂时不能表现出明显社会经济效益，但对今后的药学开发与研究具有重大的影响和推动促进作用的基础性研究也应当给予倾斜和关照。

（二）药学文献与药品开发研究的关系

随着文献信息资源的猛增，药学文献资源也更加的丰富，涵盖了与药学密切相关的各类信息资源，包括药学前沿发展情况、药物研制和治疗信息以及药品生产与市场销售信息等。衡量药学科研水平高低的重要因素是科研工作人员在研发新药的各阶段面对浩瀚的药学信息是否能做到准确、快速、全面的利用信息。药学文献与药品的研发与利用有着千丝万缕的联系，贯穿于药物研发的整个过程，发挥着积极重要的作用。

1. 药学文献是药品开发研究的依据

（1）药学文献是科学研究的基础　在《资本论》中马克思这样写道“研究必须搜集丰富的材料”。因为，科学研究是“部分地以今人的协作为条件，部分地又以对前人劳动的利用为条件。”文献信息资料是最主要的要素，如果缺乏文献信息资料，科学研究根本无法进行，更不可能做出有价值的科学结论，直接关系到科学研究的水平。以中药药性理论为例，其间经历了从低级到高级、从简单到复杂的逐步完善发展过程。

（2）药学文献是药品开发信息的继承性的体现　科学研究是一种寻求真理的活动，具有积累、传承与创新的规律。通过文献的记载与传递完成了科学研究的积累、传承性。基于前人创造成果的基础上创新了药品开发研究。例如明朝时期的医药学家李时珍编写出举世瞩目的《本草纲目》，除了他自身的刻苦努力、善于总结和精于实践以外，还在于他充分继承了前辈的科研成果。以《经史证类备急本草》为蓝本，参阅了各个朝代的典籍，把百余种“上自坟、典，下及传奇，凡有相关，靡不采备”（王世贞《本草纲目序》）。但是，我们也不得不承认，现代有不少医药科学研究水平比较低，且重复率高。究其根本原因，情报信息资源不足，没有很全面地查阅有价值的文献资料所致，所以，药学文献信息资源在整个药品开发研究过程中处于重要的地位。

（3）药学文献是药品开发的重要保障　图书文献资料和情报贯穿于整个药品开发的研究过程中，通过对课题文献检索和科技查新，了解和掌握相关课题的当前研究水平、研究程度、存在的情况等一系列问题，是科学研究重要的基础，也是开展科研工作的前提。在制定研究策略和方案时，应通过对文献情报的检索查阅分析，借鉴他人的科学研究成果，来修改和完善本课题的研究内容、研究方法和技术路线等；在药品开发实施过程中，应利用他人的检测手段、实验方法和相关数据分析等，掌握与本课题相关的新仪器、新设备、新技术为自己所用，借以提高科学研究水平；在药品开发研究结束后进行总结概括时，还要对文献情报信息的检索查阅分析，了解相关问题的发展与趋势，变量及其关系，研究方法与设计，实证性的研究结论等，及时掌握与本课题相关的最新进展、最新发现和最新理论，并加以吸收和消化，丰富和完善本人的科学研究报告。

（4）药学文献是药品开发的重要支撑　文献信息搜集的不全、基本理论的不新、查找不准确等，将直接影响药品开发的进度、质量和水平。科学研究是一个复杂、艰苦、细致的工作，从选题、制定策略、理论分析，实验观察到科研结论的输出全过程，都离不开文献信息资料。没有文献信息做保障，药品开发就成了无源之水，无本之木。

2. 药学文献在药品开发中的作用

（1）探索作用　药品研制开发前，要做好市场调查、市场预测的情报搜索工作，通过调查分析掌握相关产品的生产概括、销售信息、消费者的反应等，探索作用不亚于一次战斗之前深入对方阵地的侦查工作；研发过程中，根据所获得的有价值的信息，探明研究方向，确定研究相关内容，找到适宜的研究方法和路径。所以，可以概括地说，文献信息研究在药品开发整个过程中的作用是帮助发现和提出问题的探索式研究。药学文献的信息检索与科技查新是科研工作的重要环节，直接关系到科研工作水平的高低。

（2）设计方案和策略的导向作用　文献信息在科学研究开发设计中发挥了十分重要的导向作用。研发工作能否取得成功关键因素在于要设计一个具有科学性、严谨性、创新性的研究方案和策略，研究方案和策略设计要以全面的文献信息资源为依据，确定发展方向，形成具体的研究内容、实验方法，技术路线并提出最终目标，以便进行验证与评估。

（3）整合作用　随着信息技术的不断产生和变化，国内外药学科学研究呈现出日新月异的发展态势。基于药品开发需要的时限较长，且工作非常复杂，为了确保科学药品研发成果的先进性，在整个研究进程中，就必须不断吸收新信息，掌握新的研究方法，随时调整自己的研究途径，不断地将各类信息整合，使药品研发不断修正和完善。

（4）增值作用　在创新信息、产生新价值的过程中，实现了文献信息本身的增值。对研究中各种文献资料和数据进行整理、分析、归纳、综合都要结合最新药学信息，形成有关合理推论和科学规律性的结论，这些研究成果又是以新的文献形式存在，为更多的研究工作者提供丰富的信息。

(5) 促进成果转化的作用　药品研究开发的最终目的是将其研究成果尽快转化为社会经济效益。最近三十几年来，各国政府都对科研成果转化为生产力十分重视。新药的立项、审核和成果转化等许多个环节都需要大量的文献信息资源作为支撑，否则将无法完成科研项目。我们了解和掌握的国家相关的法律法规和方针政策，特别是医药企业的市场需求情况均是通过文献信息的形式为大家知晓的。因此，只有充分掌握了有价值的信息，才能确保药品专利立项申报的成功，才能在成果转化过程中切实保护研究工作者的合法权益，才能实现科学研究成果的转化。

(三) 药品研究方案的设计

药品研究方案是关系科学研究成功与否的第一步，是整个研究工作的纲领性文件。因为药品的科学研究是一项有计划、有目的、系统的认识活动，全面、可行的科学研究方案能够把科学研究的每一环节详细地整理罗列出来，能够预先指出可能发生的各种困难和问题。药品研究方案的撰写对研究者的表达能力、归纳能力、把握能力、调控能力提出较高要求，集中体现研究工作人员的综合素质。

一般认为药学研究方案包含以下几个方面。

(1) 阐明药品研究课题的目的和意义　对选定的科学研究课题，进行文献信息检索、科技查新，明确工作范围。

(2) 制剂处方设计　在处方设计时要注意处方的设计内容、处方的类型、设计原则等。

(3) 选择适宜剂型　综合考虑选择剂型研究的目的、目前的生产设备基础条件及药物本身的性质等等。

(4) 研究制作设备的工艺　包括药材提取和分离、纯化和浓缩的干燥工艺的研究，制剂成型性研究、中试研究等。

(5) 确立质量评价标准　包括质量评价内容、方法和控制的主要环节。

(6) 试验药品稳定性　包括如何设计试验，试验使用什么样的方法等。

(7) 临床前药效学研究　包括受试药物有无疗效，有效剂量范围、受试品在不同模型上的疗效、最佳给药时间、起效和疗效维持周期等与新药防治作用相关的药理效应。

(8) 临床前毒理学研究　包括长期毒性试验、急性毒性试验。

(9) 新药的注册申请　是指未曾在中国境内销售上市药品的注册申请或对已销售上市的药品改变给药途径、改变剂型、增加新适应证的药品应依照新药申请的程序申报。

(10) 药品临床研究　研发出的药品需进行包括试验的设计、总结与评价等在内的临床试验。

拓展阅读

赛迪智库

赛迪智库（网址为 http://www.ccidwise.com）是中国工业和信息化领域的知名思想库，直属于国家工业和信息化部中国电子信息产业发展研究院，自成立二十余年以来，秉承“面向政府，服务决策”的宗旨，赛迪智库专业从事软科学研究工作，积极开展基础研究、预先研究和对策研究，致力为政府提供决策咨询和支撑服务，研究领域既注重发展规划、产业政策、产业科技、产业经济和中小企业，又突出信息化、电子信息产业和软件服务业，同时涵盖装备工业、消费品工业、原材料工业、工业节能、工业安全生产、军民结合和无线电管理。目前，赛迪智库总部设在北京，并在上海、广州和深圳等地设有分支机构，拥有400余名专业咨询人员，业务网络覆盖全国200多个大中型城市。

重点小结

章节名称	重点内容
1. 文献与信息咨询	信息咨询的概念、作用及信息咨询服务类别；信息咨询的一般方法与步骤
2. 文献与科学研究	科研课题具备的要素及科研课题选题的依据；药品开发研究课题的特性；药学文献在药品开发中的作用

目标检测

答案解析

6－1　简述信息咨询的概念及其分类。

6－2　简述信息咨询的作用。

6－3　信息咨询根据提供的服务内容可划分为哪几部分？

6－4　简述信息咨询的一般方法与步骤。

6－5　药物市场分析报告大纲包含哪些内容？

6－6　科研课题的来源有哪些？

6－7　科研课题选题有哪些方法？

6－8　提高课题中标率的策略有哪些？

6－9　简述文献与科研课题之间的关系。

6－10　药品开发研究课题有哪些特性？

书网融合……

微课 1　　微课 2　　习题

第七章 文献信息资源的综合利用

学习引导

无论是在论文撰写、课题调研、方案设计或实验过程中，管理与阅读文献贯穿于科研人员的整个科研生涯。面对纷繁复杂的各种文献，掌握文献管理方法和文献管理工具的使用，不仅可以大幅提高效率，还可以让研究过程更加系统、更加完美、更有成效。

本章主要介绍文献管理方法以及常用的文献管理软件等。

学习目标

1. **掌握** 文献管理方法及常用文献管理软件的使用；文献评价的原则、内容和方法。
2. **熟悉** 文献资料的搜集方法；医药学科技查新的作用和方法。
3. **了解** 医院药学信息的来源和医院药学信息服务的内容。

案例导入

案例 张某是一个药学专业的大三学生，正在进行毕业论文的课题设计。他已经搜集、积累了数以千计的图书、期刊论文、学位论文及会议论文资料，但经常发现花了大量的时间却找不到一篇可供参考借鉴的文献报道，偶尔也会出现想要引用某个观点，却回忆不起来该论点出现在哪篇文献中的情况，这让他感到巨大的压力。

随着检索技巧的日趋熟练，从各类数据源中获取的文献信息数量亦与日俱增。积极搜集、正确评价、有效管理、合理利用各类药学文献信息，是每一个药学专业大学生进行独立学习和科研创新的重要基础能力与素质。

讨论 1. 如何更有效地搜集积累符合使用目的的文献资料？

2. 如何正确评价和利用自己所获得的各类信息？

答案解析

第一节 文献资料的搜集与积累

PPT

一、药学文献资料的搜集方法

微课1

药学工作者所搜集的文献资料一般为间接资料，即同行发表的相关文献资料。间接资料的搜集，主要有检索法、查阅法、追溯法、咨询或委托搜集法以及网络信息收集法。

（一）检索法

药学文献的检索分为手工检索和计算机检索两种。手工检索主要依赖于医药科技情报部门所收集和建立的资料目录、索引、文摘、参考指南和文献性综述，如《中文科技资料目录·医药卫生》《中文科技资料目录·中草药》及《中国药学文摘》是当前我国出版的3种主要纸质中文药学文献检索工具。计算机检索则是现代计算机技术与传统文献检索相结合的产物，其主要特点是检索速度快、范围广、信息量大，是现在收集药学文献资料的主要手段。如三大中文期刊论文全文数据库中国知网（CNKI）、万方数据、重庆维普，以及题录型数据库中国生物医学文献服务系统（SINOMED）、PUBMED等，均是计算机检索药学文献资料的首选。

（二）查阅法

通过查阅国内外发表的药学相关文献报道获取信息，其检索对象为各种公共出版物和内部资料，如专利说明书、技术标准、期刊、报纸、手册、年鉴等。

（三）追溯法

充分利用文献资料后所附的参考文献，可由此及彼、由远及近、追本溯源地查找一种知识信息发生、发展的文献脉络，是文献积累查漏补缺的有效方法，更是发现研究主题相关边缘学科文献的重要手段。

（四）咨询或委托搜集法

即由咨询情报信息机构专门从事文献检索的专业人员进行指导，制定并反复修改检索策略进行查找，或者直接委托情报部门、有关单位或数据库技术人员帮助收集文献资料。

（五）网络信息收集法

互联网上丰富的药学资源、电子读物、论坛帖子、开源期刊，一直以来都是药学文献积累的重要来源，慕课在线课程以及虚拟图书馆则是近年来网络信息收集工具的后起之秀。随着互联网进入WEB 2.0时代，这种开放式的平台、聚合化的信息、共建共享的用户体验，令对某个或者某些问题感兴趣的群体得以聚集，不受时间和地域的限制，分享各种观点和信息，成为专业领域知识信息交流的重要阵地，是一些难以公开发表的灰色文献的主要来源。

二、药学文献资料积累的步骤

（一）筛选

所谓筛选，即根据研究目的选择有用的文献类型与篇目。首先，根据获得的文献的外在形式或内容，选择适合于研究使用的一种或几种文献类型。然后，分门别类地将各种所获文献纳入相应的类目之中，制作文献的目录。目录一般有分类目录、书（题）名目录、作者目录、主题目录四种。最后，可根据文献围绕研究主题的实际价值分为高、中、低、无价值四种。

（二）标记

精读与研究主题高度契合、准备使用的文献，并标记重要内容。常用的标记方法如下：

着重号（………）表示关键性的字。

直　线（——）表示比较重要的内容。
曲　线（~~~~）表示特别重要的内容。
夹　线（≈≈≈）表示定义或经典论述。
惊叹号（ ！ ）表示对某些内容欣赏。
问　号（ ？ ）表示对某些内容疑问。
三角号（ △ ）表示文献中并列的观点。
双圈号（。　。）表示文献中重要内容的结束。

（三）摘录

即从文献中抄录或精炼浓缩有关内容。其主要形式有两种，一种是指示性文摘，即对题目、作者、出处、主题等进行概括无须具体的数据或内容，字数以几十字为宜；另一种是报道性文摘，即对文献的主要内容、观点、数据进行叙述，字数一般为几百字。

（四）鉴别

即对文献的真实性、可靠性进行判断，去伪存真，或对同样内容和观点的文献进行比较，去粗存精。

（五）登录

对最后保留下的文献进行分类和登记，建立纸质卡片分别保存，或依托文献管理软件加以标记和存储，最终形成符合实际需要的、简单实用的文献资料库。

第二节　个人文献管理

PPT

个人文献管理（personal document management，PDM），即对隶属于个人的各式文件（包括电子文献）进行管理。从广义上讲，个人存储的一切文献资料、网页、通讯录、账号密码、ID 信息、日程安排、财务信息等均隶属于个人文献管理的对象。从狭义上讲，个人文献管理指个人因学习、科研目的针对某个或多个主题所收集的文献资料进行管理。本节主要探讨狭义范围的专业文献资料的文献管理方法与技巧。

一、文献管理的意义与作用

（一）便于文献的有序化管理

随着积累文献资料的日益增多，若能及时为这些文献构建索引和目录，就能快速精确定位到所需要的文献，从而避免了无序化二次查询所造成的时间和精力上的浪费。

（二）便于使用和查找文献内容

一个分类合理、标引清晰的个人文献管理体系可有序编排前期搜集积累的文献，使用时按图索骥地查询到所需文献的特定信息，可以极大地提高文献使用的效率。多数文献管理软件还可以直接联网到不同的数据库进行检索，免去了登录的繁琐与不便。

（三）便于保存阅读体验内容

在研读文献资料的过程中，可能在文献的启发下产生一些心得、体会和思路，传统的卡片式文献管理方法或者是现代计算机文献管理系统，都可以快速存储这些个性化的资料。

（四）便于论文撰写中的参考引用

很多文献管理软件提供多种参考文献引文格式，在论文撰写过程中自动生成参考文献目录，且自动化的引文功能避免了因正文内容更改而导致的引文序号前后不对应的错误。

二、文献管理的方法

文献管理方法主要分为传统的读书卡片管理与现代的计算机文献管理。

（一）读书卡片管理方法

读书卡片式的资料保存方法历史悠久，直到21世纪随着计算机技术的发展和个人计算机的普及才逐渐淡出人们的视野。读书卡片管理方法的一般步骤是：先拟定一个分类简表，可参照“中图法”进行分类，也可以根据自己的特定需求确定类目，然后将读书卡片根据类目从大到小、从粗到细地纳入，就形成了按一定科学和逻辑体系的资料系统。

在读书卡片分类时，应当注意的是，应紧密围绕所学的专业知识或所从事的专业工作（设为A资料群）和外围边缘学科知识或兴趣爱好（设为B资料群），A资料群尤其要加以细分，B资料群则可粗略一点，当然，细则不宜太细，过细则繁杂琐碎，粗亦不宜太粗，过粗就不方便查找，粗细合适、类目相宜是手工建立卡片式文献管理体系的基本要求。

（二）计算机文献管理

早期的文献资料计算机管理主要基于操作系统自带的文件夹，具有很大的局限性。目前，已有诸如EndNote、NoteExpress、CNKI E－Study等一系列文献管理软件可供使用，其共同的作用包括：根据研究主题建立个性化的数据库，存储收集到的文献资料；随时检索、更新文献内容；准确定位文献内容、图片或表格；整合Word处理软件，随时将文献的相关信息插入Word文本，或自动生成参考文献目录等。

三、常用文献管理软件介绍

（一）EndNote

EndNote是一个世界知名的文献题录管理软件，也是最早的个人文献管理软件之一。其界面友善，检索功能强大，是科研工作者不可或缺的好助手。

1. EndNote的特点和功能

（1）EndNote的主要特点　①支持国际期刊的参考文献格式超过6000种，写作模板数百种，基本涵盖了各个学科领域的主流杂志；②可直接连接438个在线数据库，并提供通用的检索方式，大幅度提高了科技文献的检索效率；③可管理高达数十万条的参考文献；内嵌Word编辑器，可方便地一边书写论文一边插入参考文献；④系统资源占用小，很少发生因EndNote数据库过大，而发生计算机死机现象；⑤可方便地扩展其功能而不需要专业的编程知识。

（2）EndNote的主要功能　①在线搜索文献。直接从网络搜索相关文献并导入到EndNote的文献库内；②建立文献库和图片库。方便收藏，管理和搜索个人文献和图片、表格；③定制文稿。直接在Word中格式化引文和图形，利用文稿模板直接撰写合乎杂志社要求的文章；④引文编排。可以自动编辑参考文献的格式。

最新版 EndNote X7，强化了 PDF 文档的管理功能，如加强了快速检索（Quick Search）、查询 PDF 及 PDF 的注记数据，并可自动将 PDF 文档汇入文件夹并标签分类等功能，对 PowerPoint 的支持也更加完善。

2. EndNote 主界面 首次使用 EndNote，系统会自动弹出“Getting Started With EndNote”对话框，快速指引用户选择使用，如图 7－1 所示。

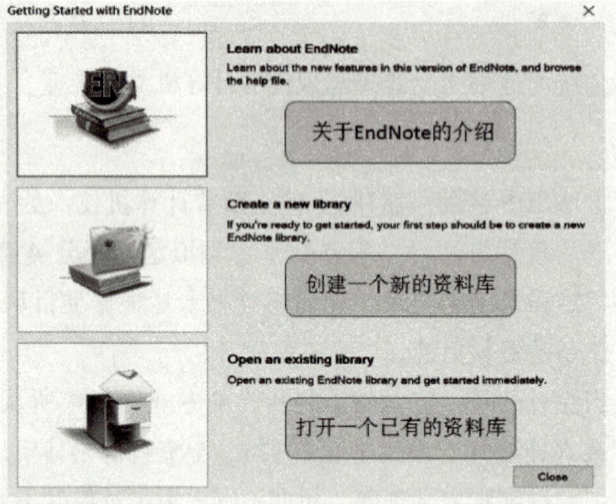

图 7－1 “Getting Started With EndNote”对话框

（1）EndNote 的主界面 以系统内建的“Example library”为例，在对话框中，点选中间的“Open an existing library”，选择安装路径下的 EndNote 文件夹，点选“Examples”图标，将出现 EndNote 的主界面，窗口包含三个部分，如图 7－2 所示。

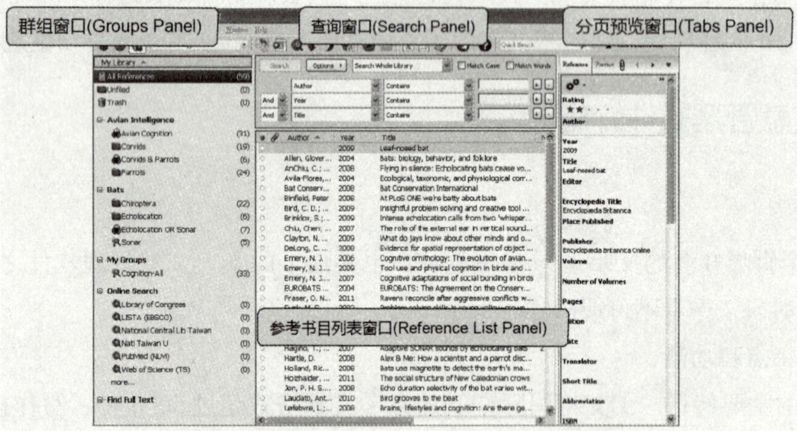

图 7－2 EndNote 的主界面

1）参考文献列表窗口 呈现参考文献列表预设的第一栏复选框可标记文献已阅读或未阅读，第二栏回形针图案则表示文献题录是否有附加档案，此后栏目可显示文献题录的多个字段，包括作者、出版年、文献题名、星号等级、期刊名称等，分别点击各栏目名称，可按数字或字母顺序升序或降序排列参考文献题录。

2）群组窗口 呈现不同的分类群组，可供直接组织管理参考文献。

3）查询窗口 可供查询书目、题录或在线检索数据库。

4）分页预览窗口　第一个 Reference 栏可修改和编辑书目、题录，第二个 Preview 可预览每一条书目、题录的格式，第三个 Attached PDFs 栏可预览已下载的 PDF 全文附件。

（2）EndNote 工具栏　主界面上方为 EndNote 的工具栏，提供了最常用功能的快速选择。

检索模式选择：依次为本地资料库检索、在线数据库检索及整合检索。

APA 6th 题录输出样式选择：EndNote 提供6000多种文献题录输出格式，用户也可根据实际需要，自行添加输出样式。

复制到本地资料库：可将在线检索的文献题录结果添加到本地资料库中。

增加文献题录：可以通过手工输入各字段，逐条添加新的文献题录。

在线搜索数据库：可在线检索438个常用数据库。

导入或导出文献题录：可使用 EndNote 自带的过滤器导入一定格式的题录文件，或将已存储的题录导出至特定的样式。

下载全文附件：检索在线数据库，若有全文获取权限，点击该图标则可直接下载文献全文并作为附件链接到相关题录。

打开链接：若相关题录有网页链接，点击该图标则可在浏览器中打开。

打开文件：若相关题录含有全文附件，点击该图标即可直接打开该文献的第一个附件。

插入文献题录：在 Word 文档中按设置样式插入题录信息，可按住 Ctrl 或 Shift 键复选多个一键插入。

格式化文献题录：修改已添加到文本编辑器中的文献题录样式。

返回文本编辑器：可快速从 EndNote 切换至 Word 等文本编辑器。

帮助：提供 EndNote 使用中常见问题的解答。

Quick Search　快速检索：快速检索本地资料库相关题录信息。

Hide Search Panel 隐藏检索面板。

（3）我的资料库（My Liarbry）　左侧群组窗口又称为我的资料库（My Liarbry），提供了多种群组分类及管理功能，相当于分门别类地为搜集的文献资料建立的文件夹。

全部文献资料：包括我的资料库中所有的文献目录、题录信息。

未分类文献资料：整合资料库及在线资料库检索的结果将直接纳入该群组。

检索结果：资料搜索中最后一次检索的结果，该群组为暂存群组，当软件关闭后自动清空。

查重功能：对暂存群组资料进行自动查重，删除重复的文献题录信息。

回收站：保存对其他群组中已经删除的文献题录，等同于 Windows 操作系统的回收站功能。

个人自建群组：EndNote 提供自建群组功能，最多可建立500个群组，并可以逐层添加子分组，但最多不能超过2层子目录。

智能群组：可根据保存的检索策略，实时自动同步更新我的资料库中的文献题录。

混合组：可将最多5个群组按照逻辑与、逻辑或、逻辑非的关系进行组合，并自动根据各群组文献题录增减等变化同步更新。

（4）检索对话框　位于主界面中央上部，可通过工具栏中的“隐藏/显示”按钮隐藏或打开，如图7-3所示。

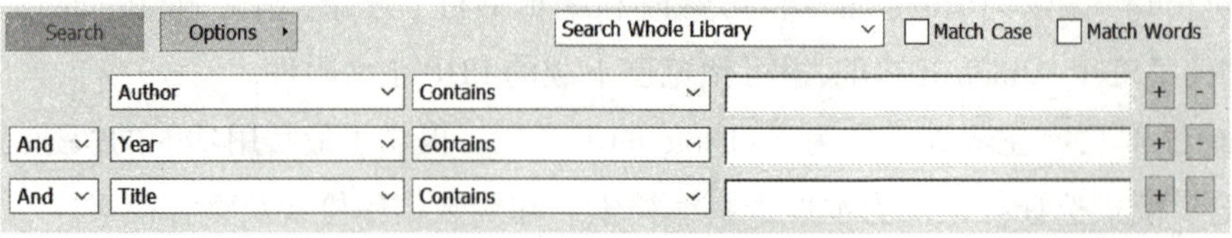

图 7-3 检索对话框

在线数据库中选择检索前首先根据实际需要，分别选择本地数据库、在线数据库或者整合数据库。

默认状态下，EndNote 提供三行检索对话框，每一行检索对话框包括布尔逻辑关系、字段名、对照选单、检索内容输入框四部分，同时，也可点击后方“+”“-”按钮增加或删除检索行。布尔逻辑关系主要包括：逻辑与、逻辑或、逻辑非。EndNote 提供的字段种类繁多，包括了最常见的作者、第一作者、出版年、篇名、期刊名等，也会自动根据在线数据库的不同检索特点，添加相应字段，如选择检索 PUBMED 数据库，可供选择字段即相应增加了“主题词”“副主题词”等。对照选单主要限定了检索内容的匹配程度，可选项包括“包含”“等于”“小于”“小于等于”“大于”“大于等于”等。点击左上方的“Options”按钮，可实现保存现有的检索策略或导入以前保存的检索策略，或将检索结果保存在智能群组等功能。

3. EndNote 应用举例

（1）利用 EndNote 在线搜索功能　现以 EndNote 文献管理软件在 PUBMED 中利用主题词方式检索关于“阿司匹林的副作用”的文献题录。

首先，点击工具栏中的“在线搜索数据库”按钮，在弹出的对话框中选择“PUBMED（NLM）”后点击“Choose”按钮，如图 7-4 所示。

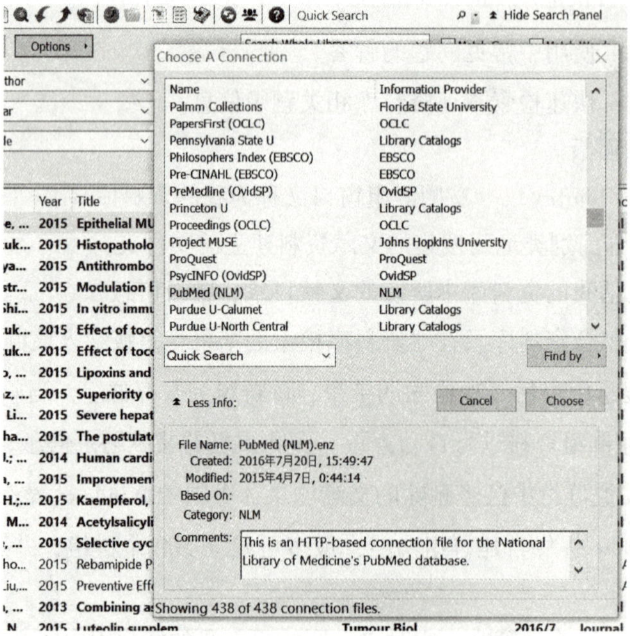

图 7-4 在线数据库选择对话框

其次，在检索对话框中分别选择“主题词”和“副主题词”字段，各自输入检索内容“aspirin”和“adverse effects”，布尔逻辑关系选择“And”，直接按回车键或点击左上方“Search”按钮，如图 7-5 所示。

图 7-5　在线搜索 PUBMED 中有关“阿司匹林的副作用”的文献题录

检索后系统会自动弹出检索结果，可根据实际需要输入检索结果数量进行修改，如图 7-6 所示。

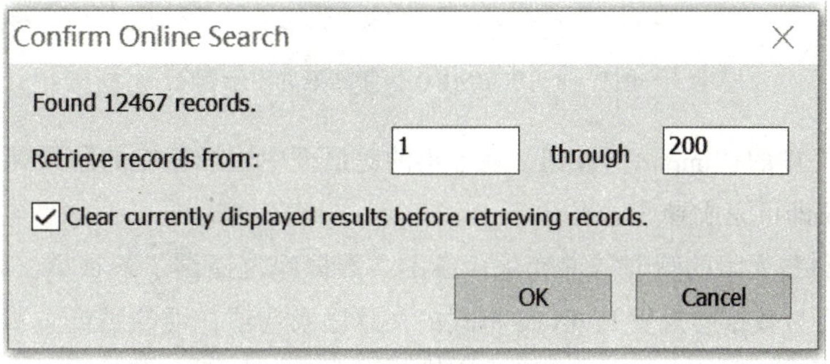

图 7-6　搜索结果显示选项

最后，根据文献筛选的结果，在需要保留的文献题录上点击右键，选择将相应的题录信息保存到预先设定的群组中。在有下载权限的前提下，EndNote 可自动连接该数据源下载相应文献。具体操作方法是选定相应题录信息，点击“下载全文附件”按钮。下载成功后，文献题录前方将出现附件标记，可通过点击“Attached PDFs”栏直接查看原文，如图 7-7 所示。

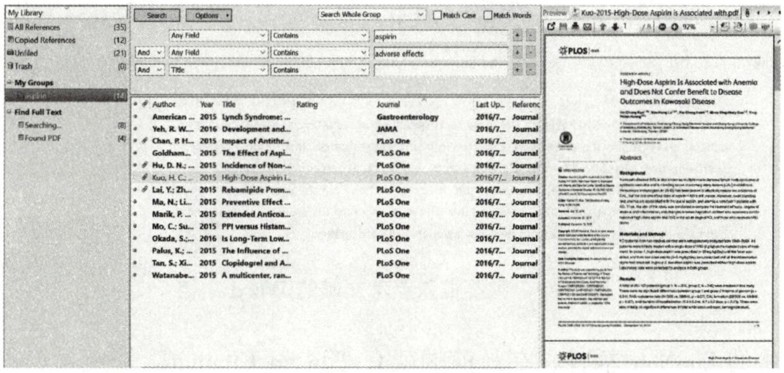

图 7-7　全文附件显示

EndNote 还提供了查重功能，对获取的文献题录进行查重，防止出现由于多数据源检索导致文献题录重复的情况。

（2）在线数据库文献题录导入 EndNote　EndNote 文献题录导入除利用该软件直接检索在线数据库进行导入以外，还可以通过其他两种方式完成。一是在 Reference 窗口中手工输入文献题录各字段信息，但该方法较为繁琐，且容易发生错误，一般只用于一些难以在线获取的灰色文献的管理。二是自行查找在线数据库，并下载成纯文本文档汇入 EndNote。现同样以 PUBMED 中检索“阿司匹林的副作用”为例加以说明。

首先，在 PUBMED 中通过主题词方式检索该主题后，即可获取检索结果。勾选所需的题录信息后，选择“Send to”按钮，在弹出的列表中选择“Citation manager”，输入需要导出的题录数量，点击

“Create File”，即可自动生成题录纯文本文档，如图 7 – 8 所示。

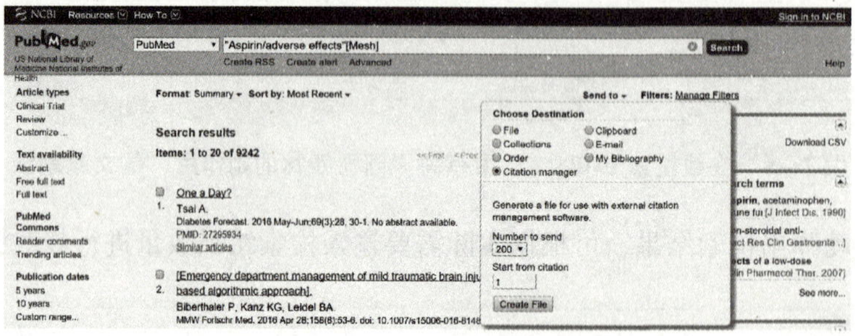

图 7 – 8　PUBMED 检索结果导出示例

其次，点击工具栏中的“import”按钮，在弹出的对话框中选择相应的题录纯文本文档，直接点击下方的“import”按钮即可完成导入过程。

最后，随着中文科技文献的管理需求变化，各中文数据库也提供了各种方法来方便用户使用 EndNote。如中国知网和万方数据已提供 EndNote 格式的文献题录选项，可参照英文文献的导入方法，直接将中文文献纯文本题录信息导入 EndNote。而重庆维普则需下载专门的过滤器（Filter）。

（3）引用 EndNote 中的参考文献至 Word EndNote　通过其“Cite While You Write”技术，可在 Word 文档中自动插入参考文献，并将其显示于 Word 文档末端。如以下文档需要在“waived for this study”句后方插入参考文献，如图 7 – 9 所示。

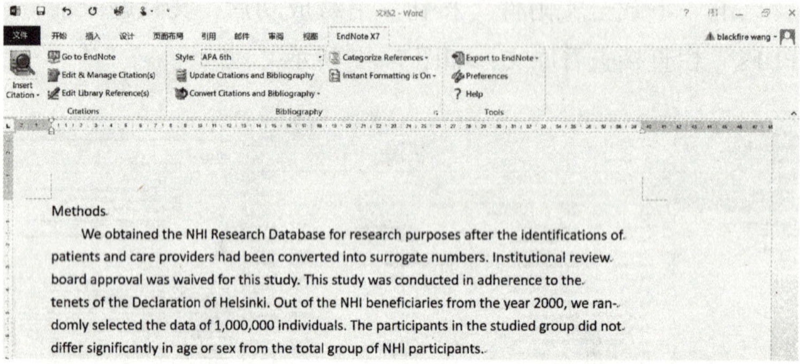

图 7 – 9　需要插入参考文献的 Word 文档

通过点击 Word 中的 EndNote 插件，在最前端就有“Insert Citation”按钮，点击该按钮即可弹出插入对话框。在上方的空格中输入任何关键词，如作者、年代等，即可在 EndNote 的本地资料库中查找符合该条件的所有参考文献。选取相应题录点击“Insert”按钮即可插入相关参考文献题录，如图 7 – 10 所示。

参考文献的格式既可预先设定，也可以通过后期批量修改。目前，EndNote 提供了超过 6000 种的参考文献格式，使得作者根据不同期刊的格式要求修改参考文献的工作大为简化。如该论文将投稿于 PLoS One 杂志，该刊物的参考文献格式与系统默认的“APA 6TH”格式不尽相同，可通过点击“Style”下拉列表，选择“Select Another Style”选项，更改所需格式，如图 7 – 11 所示。

于是，参考文献将自动转化格式，符合 PLoS One 期刊要求，如图 7 – 12 所示。

最后需要指出的是，由于 EndNote 对中文文献的支持并不完备，中文期刊参考文献格式仍无法在现有模板中获取，故对于中文论文的参考文献自动插入，尚需手工添加相应模板。

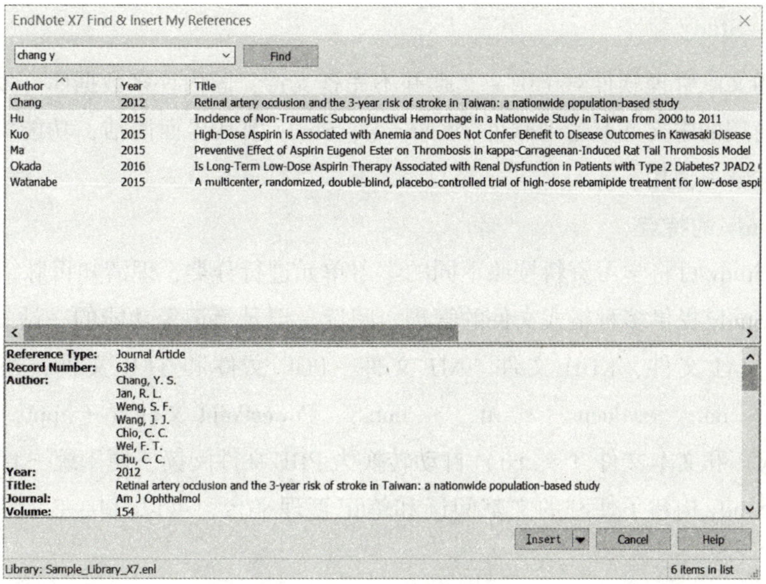

图 7－10　插入参考文献检索对话框

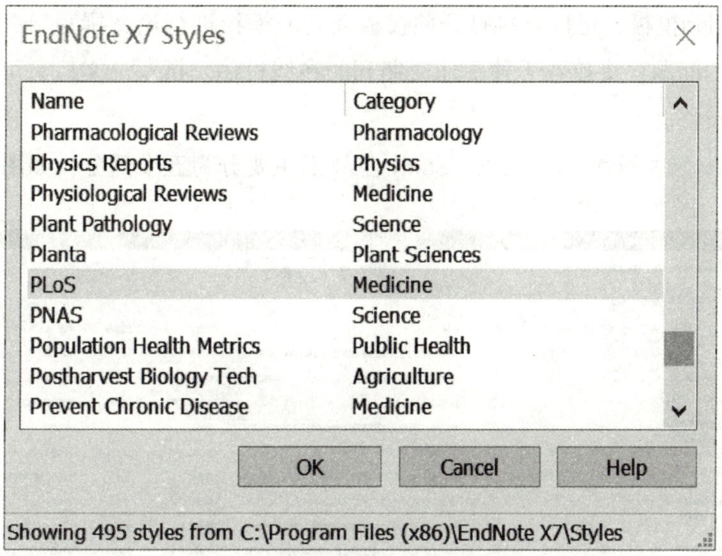

图 7－11　参考文献格式选择对话框

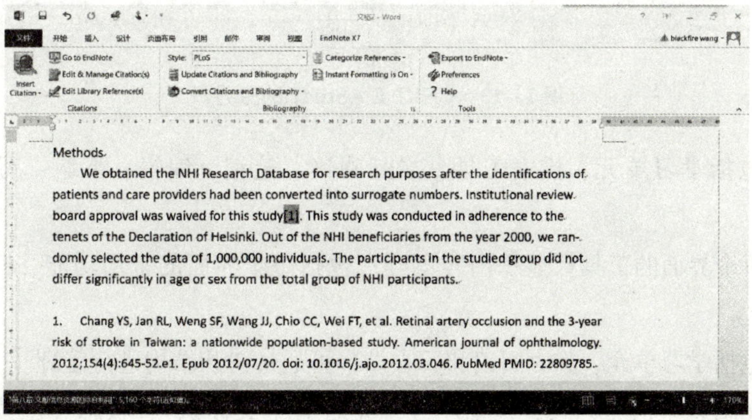

图 7－12　已插入符合期刊要求参考文献的 Word 文档

（二）CNKI E－Study

正是由于国外的文献管理软件对于中文文献并不完备支持，国内许多数据库开发人员也着力于开发适合中国研究人员使用的中文文献管理软件，CNKI E－Study 因其界面简洁，功能实用，操作简单，尤其适合高职院校学生学习使用。

1. CNKI E－Study 的特点

（1）CNKI E－Study 可将学习资料按照不同的学习单元进行分类，理清知识脉络，构建知识地图。

（2）CNKI E－Study 提供多种格式文件的管理、阅读、记录笔记等功能的一站式服务。不仅支持常用的文献格式，如 CAJ 文件、KDH 文件、NH 文件、PDF 文件和 TEB 文件，还可以将 Word 文件（*.doc，*.docx，*.dot，*.docm，*.rtf，*.dotx）、PowerPoint 文件（*.ppt，*.pptx）、Excel 文件（*.xls，*.xlsx）和文本文件（*.txt）自动转换为 PDF 文件阅读，便于统一管理和记录。

（3）CNKI E－Study 构建了便利的文献阅读和笔记管理平台，可以直接在文献全文上记录笔记和标注。

（4）基于 WORD，CNKI E－Study 提供了各种写作辅助工具。撰写论文时，可以直接将文献作为引文插入到 WORD 中，也可以直接引用笔记中的内容，并自动生成笔记来源的参考文献。同时 CNKI E－Study提供数千种期刊模板，可以直接打开预投稿期刊的模板进行论文撰写，并帮助作者解决批量参考文献格式修改困难的问题；支持数千种中外文期刊的在线投稿。撰写论文后，可快速进入该期刊的作者投稿系统进行论文投稿。

2. CNKI E－Study 的主界面　CNKI E－Study 主界面主要分为五个部分，如图 7－13 所示。

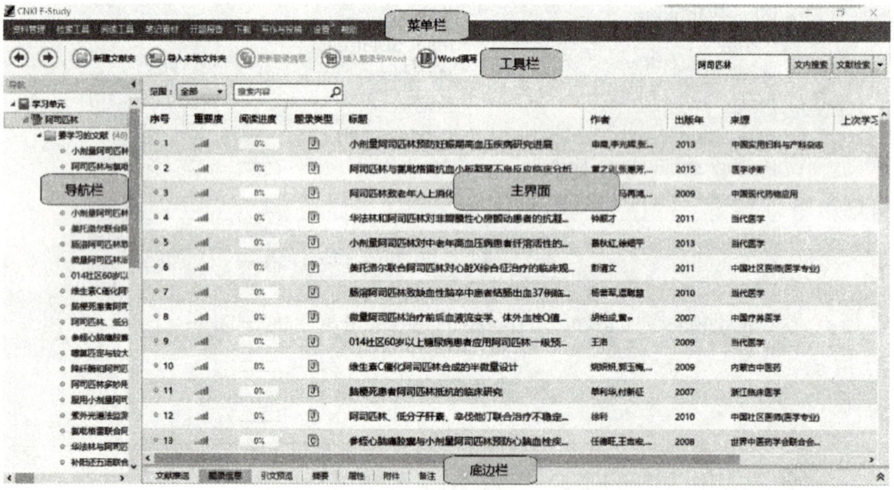

图 7－13　CNKI E－Study 的主界面

（1）菜单栏　包括学习单元、检索工具、文献阅读、笔记、编辑、下载、写作和投稿、工具和帮助。

（2）工具栏　每个界面的工具栏显示内容不同；包括每个界面的常用功能、搜索标签和文内搜索及文献检索功能导航。

（3）导航栏　包括学习单元、临时阅读和回收站；可通过树状结构进行管理。

（4）主界面　文献题录信息列表，包括序号（是否有全文标识）、状态（已读和未读）、重要度、标题、作者、发表时间、来源、类型、上次学习时间和附件。

(5) 底边栏 对应于列表中文献的题录、备注、附件和引文预览。

3. CNKI E－Study 的使用方法

(1) 建立学习单元 以对有关阿司匹林的文献进行管理为例。

应用 CNKI E－Study 进行文献管理首先要新建学习单元，单击工具栏中的“新建学习单元”按钮，系统将弹出对话框，设定存储位置和学习单元名“阿司匹林”后，在 CNKI E－Study 软件左侧导航栏，出现如下界面，学习单元建立完成，如图 7－14 所示。

图 7－14 建立学习单元

(2) 导入（出）文献题录 CNKI E－Study 导入（出）文献题录共有三种方法。

1) 本地全文文献题录数据的批量导入 如果将要导入的文献题录有本地全文文件，并且是从 CNKI 的数据库中下载的，可先将全文添加到学习单元，系统就会自动将题录更新到 CNKI E－Study 中。如本地已保存五篇关于阿司匹林的. caj 格式的全文文献，并全部存储于命名为“阿司匹林”的文件夹中，通过点击工具栏中的“导入本地文件夹”按钮，即可完成本地全文文献题录数据的导入，如图 7－15 所示。

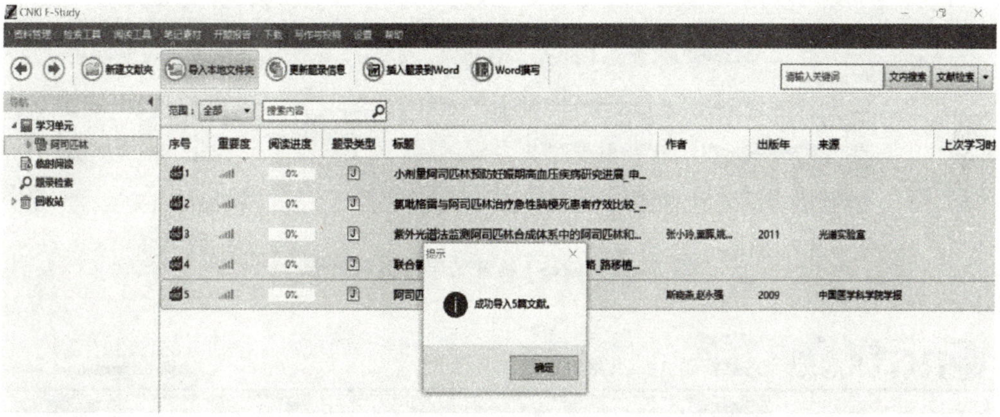

图 7－15 本地全文文献题录数据的导入

2) 在线数据库文献题录的批量导出 CNKI E－Study 提供了 CNKI 学术搜索、CNKI 总库检索、Google Scholar 检索、工具书检索、翻译助手、学术概念检索、学者检索、数字检索、图形检索、表格检索等十余种在线题录检索方式。以 CNKI 学术搜索为例，首先，在检索结果中选择所要导出的文献题录后点击“导出/参考文献”，如图 7－16 所示。

在弹出的窗口中勾选所需文献题录，再次点击“导出/参考文献”，如图 7－17 所示。

在左侧格式列表栏中选择“CNKI E－Study”，单击“导出”，如图 7－18 所示。

对于从 CNKI 数据库中下载的文献，可以直接弹出选择学习单元分类的窗口，选择想要导入的学习单元，既可以仅导入题录，也可以在导入题录的同时，在有下载权限的前提下，同步完成全文数据的下载，如图 7－19 所示。

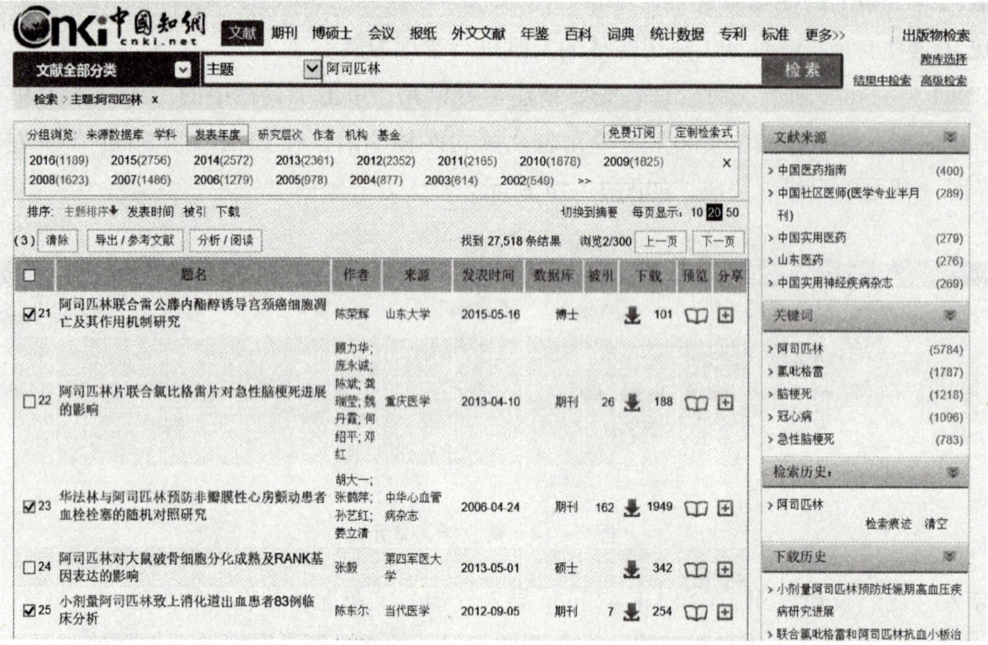

图 7－16　CNKI 检索结果导出第一步

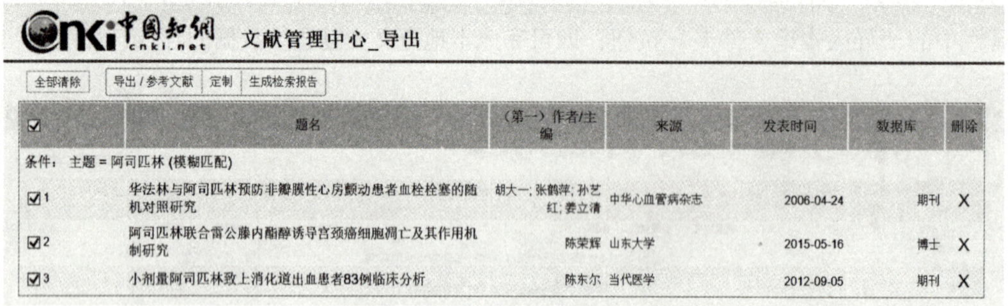

图 7－17　CNKI 检索结果导出第二步

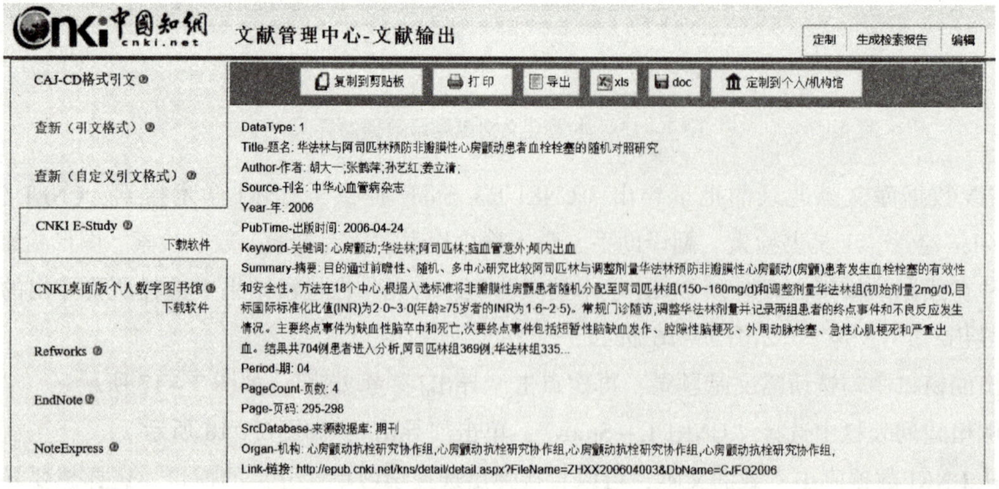

图 7－18　CNKI 检索结果导出第三步

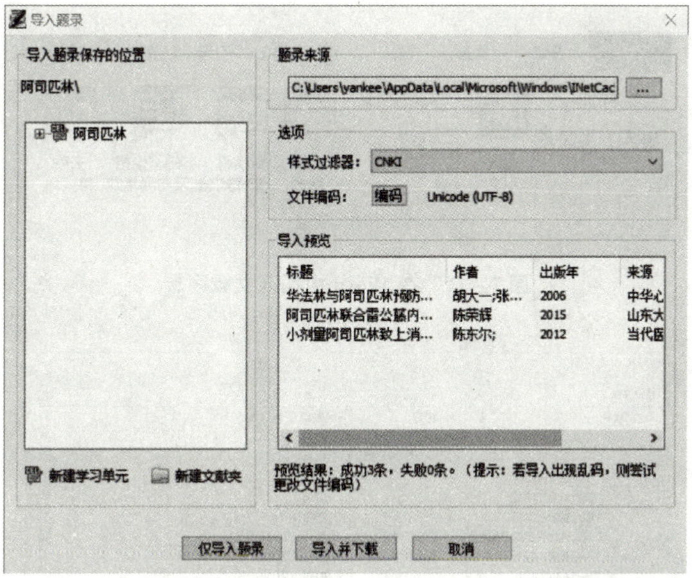

图 7－19　完成全文数据的下载

3）EndNote 题录数据的批量导入　若要将 EndNote 的文献题录数据导入 CNKI E－Study，首先应在 EndNote 的文件菜单上选择“Export”，然后在“Output style”中选择“EndNote Export”格式生成文件并保存。最后，点击 CNKI E－Study 工具栏中的“导入题录”将该文件导入即可，如图 7－20 所示。

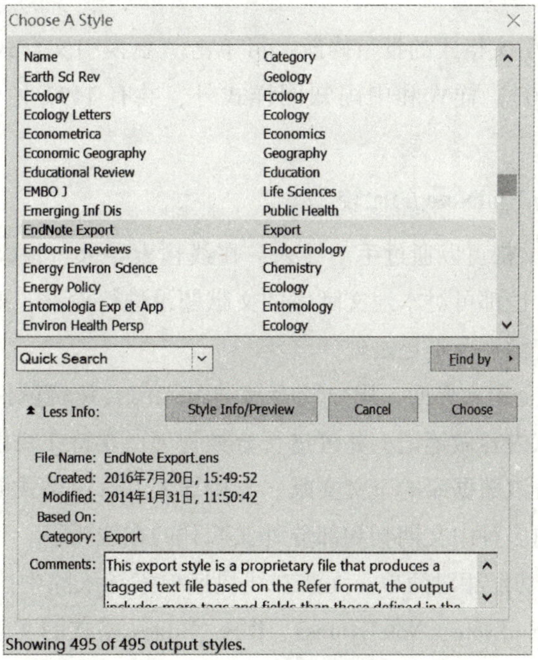

图 7－20　导入 EndNote 格式的文献题录

（3）引文功能　CNKI E－Study 内嵌 Word，提供引文的快速插入、编辑、更新、定位功能。与 EndNote 相比较，CNKI E－Study 的引文格式更符合中国期刊的要求。

操作步骤：首先在 Word 插件中点击“插入引文”，在文献列表中选择一篇或多篇需要插入到 Word 的文献题录，单击“确定”。所选择的参考文献即插入所编辑的论文的光标处，同时，在论文的最后自动插入参考文献条目，如图 7－21、7－22 所示。

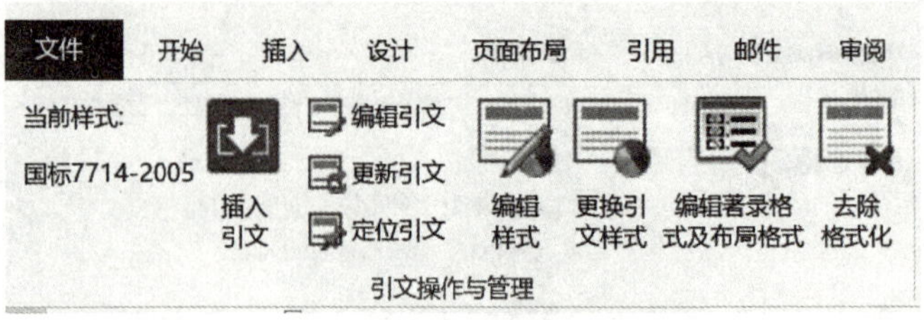

图 7－21　在 Word 中插入文献题录

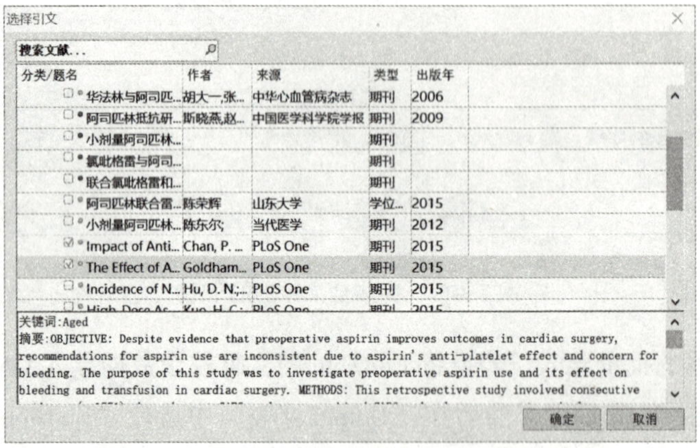

图 7－22　选择需插入 Word 的引文

CNKI E－Study 也提供了引文格式的批量修改，可单击“更换引文样式”，即可选中样式进行更换。目前，除国标（GB 7714—2005）样式和中国知网样式外，共有 1197 种中外文期刊的特定样式可供选择。

（三）CNKI E－Study 与 EndNote 的比较

EndNote 和 CNKI E－Study 都可以通过手动导入、在线检索导入、检索结果生成文件导入这三种途径对相关参考文献进行导入；也都可对本地文献库的文献题录进行检索、编辑；也都具有参考文献插入和管理功能。但两者之间各有优点及不足之处。

CNKI E－Study 的优点：全中文界面，用户较容易学习入门；免费软件，使用门槛低；支持笔记功能，可以随时对感兴趣的文献内容做笔记，并可进行分类管理；支持在线检索中国知网数据库，在有访问权限的前提下，可一键下载该数据库的全文文献；支持导入 Bibtex 格式的参考文献数据；支持多种中文期刊参考文献格式；支持向多种中文期刊和部分外文期刊的在线投稿。

CNKI E－Study 的不足：功能相对简单；无法在线快速检索导入除中国知网外其他数据库的文献题录信息；无法导入除 CNKI、EndNote、NoteExpress、RIS、Bibtex 格式的文献题录信息，且不提供自定义过滤器功能；无法一键下载除中国知网以外的其他中外文全文文献；外文期刊写作模板较少，外文参考文献样式也明显不足。

EndNote 的优点：功能强大，使用稳定，系统占用率低，很少出现系统崩溃现象；在线检索获取文献题录数据来源广；检索手段丰富，并可根据选定数据库的不同，提供符合该数据库特点的特殊字段；期刊样式丰富，国际期刊的参考文献格式超过 6000 种，写作模板数百种；提供自定义文献题录导入过滤器功能。

EndNote 的不足：价格昂贵；全英文界面，使用难度较大；对中文题录信息导入支持，但不完备，无中文期刊投稿模板；在线检索导入题录信息速度相对较慢。

综上所述，CNKI E－Study 与 EndNote 各有千秋，CNKI E－Study 更适合初学者尤其是高职院校同学使用。

PPT

第三节 文献的评价与分析 微课2

一个医药学工作者，由于日常科研、教学的需要，与专业文献接触频繁。但由于科研能力、主观态度、写作水平的区别，文献价值的高低也就大不相同。一篇高质量的文献能够引发更多的思考和学术共鸣，能够产生更多新的思路和方法，能够带来新的突破和创造。而一篇低水平甚至是肆意编纂的文献，只能够产生误导。为了让宝贵的学习科研时间、精力不再浪费，避免用错误的思路和方法指导日常学习、论文写作和科研设计，正确评价、分析所收集到的文献，尤为必要。

一、传统文献评价

这里所谓的传统文献，包括图书、期刊，学位论文、会议论文、专利文献等特种文献，以及通过印刷或数字化方法而形成的纸质或电子文献。由于其经过一定的编审过程，相对于网络文献，其真实性、可靠性、科学性更强。对于传统文献的评价，一般可通过以下几个步骤进行。

（一）对传统文献表面特征的评价

1. 作者 科研文献作者一般分为三种，即个人作者、集体作者和团体作者。个人作者的科研文献可通过了解作者的身份、单位、专业成就、获得奖项等，从而推测文献内容的可靠性。一般来说，知名专家、学者所发表的文献质量要高于其他研究人员。集体作者的可靠度较个人作者高。团体作者多由机构或单位命名，故质量最为稳定。

2. 文献出版单位 文献出版单位不同，水平也各有千秋。总体来说，知名出版社出版的文献质量较高；著名的学会、协会等学术团体以及知名大学创办的出版社、杂志社，其文献质量也较高。

3. 文献发表时间 一般来说，发表时间越是近期的文献，其内容越新颖，但有两种情况需要注意：一是发表时间较近，但写作时间远远早于发表时间，导致文献内容与当前研究现状有较大脱节；二是图书文献应了解其版本情况，如果是首次出版，说明该文献内所载的科技内容是新颖的；如果是再版，则说明内容不变或稍作修改；如果是修订版，则文献内容肯定与初版的内容有较大变化，研究方式有了新的突破，研究成果有了新的发现。因此，在获取图书文献时，应尽量选择近期首次出版或修订出版的图书。

4. 期刊文献的定量评价指标 在文献的评价体系中，最有代表性的是对科技期刊的评价。利用一系列量化指标，就可以从一个角度反映期刊质量的高低，从而作为一个参照依据，反映该刊所载科技论文质量水平的高低。

（1）发文率 期刊的发文率是指单位时间内某期刊发表论文的数量与期刊总页数之比。发文率体现的是信息密度，同样页数的两种期刊，一种发表论文 30 篇，另一种发表论文 60 篇，后者发文率是前者的一倍，意味着可提供更多的有用信息。

（2）载文率 期刊的载文率是指以每种期刊每一期为基本单位进行统计，计算在一定期刊内，某种期刊所刊载某方面学科论文占其全部论文的百分比。1934 年，英国文献计量学家布拉德福（Samuel

Clement Bradford）首次发现论文在期刊中的分布规律，即对某一主题而言，将科学期刊按其登载相关论文减少的顺序排列时，都可以划出对该主题最有贡献的核心区。这些少数信息密度大、载文量多的期刊可称为核心期刊。载文率是评价期刊质量的重要指标之一。

（3）引文率　期刊的引文率是指某期刊中被引文献数量与该期刊载文量之比。科学发展的继承性是以科学文献为前提，并通过文献之间的利用与被利用、引证与被引证、参考与被参考的关系来实现的。一般来说，引文率高的期刊，其质量相对较高。

（4）平均响应时间　期刊的平均响应时间是指期刊中的论文从发表到首次被引用所经过的时间的平均值。该指标可以用来衡量期刊在信息传递过程中的重要性、及时性、新颖性和适用性。

值得注意的是，对传统文献表面特征的评价并不是绝对的，其评价结果也仅供参考。在实践中发现，知名的专家、高等级科研机构也会发表低质量的文献，高被引期刊或核心期刊也存在低质量的论文。因此，评价文献质量的高低，更要注重文献的内容本身，而不是对知名专家、机构、出版社、期刊等的盲从。

（二）对文献内容的评价

科研文献价值的高低，主要体现在其内容上。因此，对于文献内容的评价则更符合科研应用的实际需求。其评价方法主要包括以下五个部分。

1. 文献结构的评价　从文献的结构，可以看出作者的科研能力和态度。文献结构的安排是否合理，可以从以下几个方面进行评价。

（1）选材是否集中，材料是否真实。

（2）主题是否单一，表述是否符合逻辑。

（3）结构是否清晰，观点是否正确，论据是否充分、有力。

（4）界限是否明确，数据是否准确。

（5）格式是否规范，引文是否确有所出。

（6）结论是否可信，质量有无保证。

2. 文献先进性的评价　一篇高水平的文献，其研究成果的先进性可以从两个方面进行评价。

（1）理论水平　原理探讨是否有新的突破，结论是否有普适价值。

（2）实践操作　技术是否先进、效率是否提高。

3. 文献科学性的评价　评价文献的科学性，主要看其方法是否合理、设计是否规范，结论是否可靠。以药学实验为例：

（1）实验设计是否严密，包括样本是否有代表性，选用的实验单位是否合适，拟定的观测指标是否有意义，是否有对照或对照组的计划安排是否合理等。

（2）实验观测方法是否精确完善。

（3）实验条件是否严格控制。

（4）观测记录是否客观。

（5）实验结果是否可重现。

4. 文献实用性的评价　评价一篇文献的实用性，可从两方面进行探讨。

（1）文献中所描述的研究方法包括研究条件和研究对象是否具备。

（2）文献中所解决的问题是否常见，能否解决理论和实践中的实际问题。

5. 文献结论真实性评价　在医药学文献中，文献真实性评价是最为困难的。因为这涉及思维方法、实验设计、数据获取、结果评价和结论总结等一系列过程。中间任何一个环节出现马虎或是不负责任，甚至是伪造编纂，都可能极大地降低文献的可靠性。

如考察药学实验结论是否真实正确，要仔细推敲以下几个关键点。

（1）从“一种实验内容”所得到的事实材料作出“另一种实验内容”的结论。

（2）从“离体”的实验结果作出“在体”的结论。

（3）从“一种实验单位”的结果作出“另一种实验单位”的结论。

（4）从“一种实验对象”的结果作出“另一种对象”的结论。

（5）从“先后”或“同时”发生的现象推出“因果”关系的结论。

（6）从“原因”可能“很多”的事物中推出“唯一原因”的结论。

（7）把“新引进”的因素误为表现现象“原因”的结论。

（8）把“统计学的结论”当作阐明因果关系的“实验结论”。

（9）由于错误的观点、方法推出错误的结论。

二、网络文献评价

网络文献是借助信息技术而存在于因特网上形式比较特殊的文献，包括网站或网页、网络数据库、网络报刊、BBS讨论区、网络多媒体信息以及其他网络出版物等。由于网络文献具有内容丰富，信息涵盖量大；形式多样，语种复杂；分布广泛，检索途径多等特点。据调查，80%以上的用户在检索学术资料时，更加倾向于利用专业网站或专题数据库。另外，用户利用网络，也更愿意浏览那些专注于新闻报道的网站或网页。特别是用户在利用虚拟图书馆时，更多的是查询书目、索引和文摘等工具性网络资料，其次是利用相关专业的网络期刊，查找最新最全的网络信息。

网络文献纷繁复杂，其文献质量良莠并存、鱼龙混杂，因此，在网络文献的科研应用中，须使用最审慎的态度对网络文献进行评价。其具体过程大致可分为以下三步。

（一）对网站和作者进行评价

首先，要看网页主办者的声誉，网站及其建站机构的权威性与知名度。一般来说，权威机构或者知名机构发布的信息在质量上比较可靠，尤其是政府机构、著名研究机构或大学发布的文献信息，在可信度上来说是比较好的。从网站的域名后缀可能我们能预先了解网站的类型和网站上文献的相关信息。

. net：Network operations and service centers，网络服务商

. org：Other organizations，非营利组织

. gov：Governmental entities，政府部门

. edu：Educational institutions，教研机构

. pub：public，大众、公共、知名

. info：Information，信息网与信息服务

. name：一般由个人注册和使用

一般来说从. edu，. gov 上的文献质量和可信程度较高。

其次，要看网络文献的作者的个人情况。比如作者的声誉与知名度如何，通常某领域的著名专家、学者或者社会知名人士发布的文献信息可信度较高，更能赢得用户的信任。如果能查到网络文献作者的

Email 地址、电话，可以和作者取得联系，并和他讨论自己关心的问题；相反，如果查到的文献没有作者、组织结构名称，甚至连 Email 地址都没有，无法确定文献的权威性，不管其内容多么吸引人，都不能采用。

（二）评价文献的时效性

对许多研究课题来说，时效性是非常重要的。与印刷材料不同的是，网络文献可以被不停地修改和更新，因此需要确定最初的文献创建日期、更新间隔周期和最新修改日期，是否还有其他的提供方式，如是否有印刷形式或者别的电子形式。然后确定该文献对研究课题是否必要，是否为最新的研究成果，如果所查到的文献达不到要求，或是需要更新的文献，就必须查找更好的资源。

（三）评价文献内容

该过程可参考借鉴传统文献内容评价方法来完成。

第四节　医药科技项目查新

PPT

科技项目查新，简称查新，是指查新机构的查新人员根据查新委托人提供的需要查证其新颖性的科学技术内容，按照一定的操作规范，做出查新结论并出具查新报告的信息咨询业务。根据查新委托人申请查新项目的目的和用途，医药学科技查新可分为立项查新、成果鉴定查新、科技成果奖励或转化查新、新药报批查新和专利申请查新。根据医药学查新项目所涉及的学科进行分类，又可将查新分为生物科学查新，预防医学、卫生学查新，基础医学查新，临床医学查新，特种医学查新，中医、中药学查新，药学查新，生物医学工程学查新等。

一、查新工作的意义

（一）为科研立项提供依据

为了避免低水平研究或重复性研究，在科研课题立项之前，研究人员和科研管理部门委托专门的查新机构对科研项目进行专题检索，针对研究目的、立论依据、技术路线、技术内容、技术指标等方面是否具有科学性和新颖性做出评估判断。借此可以了解国内外有关科学技术的发展水平、研究开发方向；是否已研究开发或正在研究开发；研究开发的深度及广度；已解决和尚未解决的问题等，对所选课题是否具有新颖性的判断提供客观依据。这样可防止重复研究开发而造成人力、物力、财力浪费和损失。

（二）为科技成果鉴定、评审提供依据

科技成果鉴定、评审之前，科研管理部门需要针对科技成果的创新性进行评估，并由查新机构提供查新报告。借此判断科研成果在国内或国外相同或类似研究中的技术水平、先进性、创新点。否则只凭专家小组的专业知识和经验，难免会有不公正之处，可能会得不出确切的结论。高质量的查新，结合专家丰富的专业知识，便可防止上述现象的发生，从而保证鉴定、评审的权威性和科学性。

（三）为新药研发与报批提供依据

新药研发是一个严谨的过程，药品研发立项或报批之前，相关管理机构需要由研发机构提供查新报

告，作为立项或审批的重要的参考依据。借此可以了解国内外同类药物的研制动态，其研究进程如何，是否通过认证，是否申请专利，是否已进入流通，以及已流通的国家、地区或区域性的组织。

（四）为专利申请提供依据

科研成果申请专利前，按知识产权相关管理机构要求提交专利查新报告，借此了解国内外是否已有相同成果申报专利、专利保护的权限要求、批准的国家、地区或区域性组织以及专利期限等，还可以通过专利查新了解同类专利在技术指标和性能方面有无类似之处，为专利申报和获批提供参考依据。

（五）为教学、科研、医药工作人员提供科技信息

随着科学技术的不断发展，学科分类越来越细，信息源于不同的载体已成为普遍现象，这给获取信息带来了一定的难度。有关研究表明，医药专业技术人员查阅文献所花的时间，约占其工作量的50%。然而，若通过专业查新人员查新，则可以大量节省科研人员查阅文献的时间。查新机构所拥有的丰富的信息资源、专业的检索技巧、完善的计算机检索系统，可提供从一次文献到二次文献的全面服务，内容涉及各种学术会议和期刊的论文、技术报告、学位论文、政府出版物、科技图书、专利、标准和规范、报纸、通告等，充分保证了信息的回溯性和时效性，基本能满足科研工作的信息需求。

二、查新工作的原理

查新工作的原理简单地说就是根据查新项目的需求，在对应的信息源中检索、匹配的过程。相关查新机构利用所占有的文献资源优势和专业检索人员的技术优势，通过编制符合数据源标引格式和编制特点的检索策略，尽可能查全、查准相关文献，并将具有代表性的检索结果与查新项目进行比对，分析检索结果，总结差异和相同之处，并及时与查新委托人沟通和反馈，直至最终以查新报告的形式完成此项查新。

查新工作与文献检索的区别在于：文献检索是针对需要查找一定范围内的文献，仅提供文献或文献线索，对检出的文献不进行分析和评价，其关键是相关文献的查全率，其目的是提供文献依据；查新则是以文献检索为手段，以查新项目的科学技术要点与检出的科技文献及相关信息为基础，通过运用文献对比、综合分析等情报学研究方法，对科技项目的新颖性做出判断，撰写并提供具有参考价值的查新报告，其目的是为科研单位、科研管理部门及相关的评审机构提供立项和评审依据。

三、新颖性判断与分析

（一）查新内容的新颖性判断原则

所谓查新内容的新颖性，是指在查新委托日之前，除委托人发表的文献外，查新委托项目的部分或全部科学技术要素没有在国内外出版物上公开发表过。

查新工作的新颖性判断，是查新报告的重点，其判断原则包括单独对比原则、相同排斥原则、公开时间优先原则、上下位否定原则和突破传统数值原则。

1. 单独对比原则 指查新项目的科学技术要点应与检出的每一篇相关文献单独比较，而不是将检出的多篇文献进行组合后再比较。

2. 相同排斥原则 指查新项目的科学技术要点与检出文献相比较，在研究内容、研究目标、研究方法、技术路线、研究结果和结论等方面均出现了实质性相同，即可以判断其缺乏新颖性的查新结果。

3. 公开时间优先原则 指的是查新项目委托人所发表研究成果的时间是否先于他人相关文献公开发表的时间，是判断查新项目是否具有新颖性的重要原则。如果两个文献实质内容相同，公开时间早的文献否定公开时间晚的文献，换句话说就是科学研究，只有第一，没有第二。

4. 上下位否定原则 指当隶属于同一科技主题树状结构的科学技术要点在查新检索结果中出现时，较早公开报道下位概念的研究结果文献，可以导致上位概念的查新项目失去新颖性。

5. 突破传统数值原则 指的是在一个已有的成熟稳定的指标体系中，查新项目的科学技术要点突破了该数值范围，提出了新的范围或标准，即可以判断该项目具有新颖性。

（二）新颖性分析的内容与方法

1. 新颖性分析内容 查新工作的新颖性分析内容，主要是针对查新项目的查新点与检索结果的科学技术要素进行比对分析。查新点所体现的是查新项目的创新内容，包括理论、原理、方法、成分、材料、配方、创新功能及效用等。检索结果的科学技术要素体现的是整个相关研究主题的现状和动态。通过比较两者之间有无实质性差异，可以分析创新的类型，包括开拓、组合、选择、领域转用、要素变更、应用情况等。

常用于可判断查新点新颖性的条件如下。

（1）发明创造 如在所属技术领域内外，各个查新点均未见相关报道。

（2）开拓创新 如主要查新点未见相关报道，仅个别技术手段采用了通用方案。

（3）领域转用 如在所述技术领域外，已有同样成果，且覆盖全部查新点，但在该领域范围内属首次移植应用。

（4）付诸应用 如已覆盖全部技术领域，但首次应用于实践层面。

（5）要素变更 如借鉴国外研究成果，但在国内属首次应用。

2. 新颖性分析方法 该方法包括四个方面的内容：技术创新来源分析、技术研究现状分析、国内外信息对比分析和新颖点特征分析。

（1）技术创新来源分析 分析查新项目的新颖性，首先应该分析查新项目所属的学科专业、理论基础、技术方法、研究方式等，即查找创新源。任何科学研究都不会是无源之水、无本之木，其必须建立在一定的理论基础和实验方法之上。本学科领域和相关学科的理论支持和技术支撑，是科研立项、成果查新、专利申报、新药审批的重要创新源泉，也为分析查新项目是否新颖提供方向性的指导。

如“硬蜱体内莱姆病螺旋体的分布定位与媒介潜能的关系研究”，该研究项目尝试通过与非媒介蜱的对比研究，分析莱姆病螺旋体在蜱虫体内的黏附、传播、扩散和消失途径。通过该项目的名称及主要技术内容，即可判断其属于流行病学的基础实验研究，提示了其技术创新的来源。

（2）技术研究现状分析 对同类研究技术、方法、手段、成果的总体特点和水平进行分析，可以判断查新点是否具有新颖性。技术研究现状以检索获取的全部文献作为依据，做出现有技术水平的总结，将其与查新点进行对比，也是判断查新项目有无新颖性的基础。

如对“硬蜱体内莱姆病螺旋体的分布定位与媒介潜能的关系研究”查新项目技术文献和文献检索结果内容进行阅读分析，发现国内外对媒介蜱传播莱姆病螺旋体方式的相关研究存在许多争议，集中表现在传播能力、途径及生理机制等。因此，该查新项目拟就媒介蜱易感性和非媒介蜱阻遏莱姆病螺旋体定位、增殖的生理特征等研究内容，在国内外均具有前瞻性。

（3）国内外信息对比分析 将国内外各种相关文献与查新委托项目查新点进行分析判断，是判断查新项目新颖性的宏观特征。

如国内有关莱姆病螺旋体的生物媒介研究主要集中于流行病学调查或综述性报告，未涉及硬蜱感染莱姆病螺旋体的分类与鉴定的实验室研究。而国外已有文献报告涉及应用 PCR 技术检测莱姆病螺旋体，探讨相关蛋白生物学特性，灵长类动物模型体内定位及螺旋体外膜蛋白阻遏蜱感染等实验研究的报道，但未涉及媒介蜱的生理特性及其对莱姆病螺旋体易感性的报道，也未涉及相关非媒介蜱对体内莱姆病螺旋体的阻遏或抑制作用的对比性报道。

（4）新颖点特征分析　对查新项目宏观特征进行把握后，还可以进一步深入其技术层面，探讨是否还存在有新颖点，是判断查新项目新颖性的微观把握。

就“硬蜱体内莱姆病螺旋体的分布定位与媒体潜能的关系研究”查新项目以上宏观内容的分析把握，即可发现该查新项目至少具有两个新颖点。

1）基础理论方面　从理论上探讨了莱姆病螺旋体在媒介蜱体内的定位、增殖和分布规律。

2）研究方法方面　比较研究了媒介蜱和非媒介蜱对于莱姆病螺旋体增殖的不同结果，探讨了莱姆病螺旋体在蜱虫体内的黏附、传播、扩散和消失途径。

PPT

第五节　医院药学信息管理

随着医药事业的飞速发展，新的药品品种不断增加，但由于临床医生对于各类药物的疗效、毒副反应等了解不够，随意合用，甚至出现滥用、误用药物情况，导致临床药源性疾病屡屡发生。1962 年，美国肯塔基大学医疗中心率先创建了第一个设在医院的药物信息中心（Drug Information Center，DIC），正式将药学信息服务确立为独立的医院药学业务。而我国卫生部在 1981 年颁发的《医院药剂工作条例》中规定，医院药剂科有条件的应设情报资料室，以担负药学情报信息的收集、整理和传递的任务。

一、医院药学信息的概念及特点

（一）医院药学信息的概念

医院药学信息，指医院内与药品有关的数据、资料等信息以及这些信息的循环过程。它包括了由院内产生的医院制剂、药品采购、消耗、存储、管理和治疗方面的信息，还包含支持医院药学部门运转以及开展药学服务所需的各类外部药学信息和文献资料，以及上述信息的收集、加工、评价、传递、利用等活动。

（二）医院药学信息的特点

1. 社会性　医院药学信息的正确产生、有效传递、合理利用是医院药学信息服务的基础，也是医院医疗服务社会价值和社会效益的体现。

2. 科学性　医院药学信息汇集了丰富的药学信息资料，是构成药学学科的重要组成部分，还是药学研究的重要信息来源。

3. 学术性　医院药学信息的产生，来源于药学科研成果收集、整理、存储、发布，需要训练有素的药学专业技术人员的参与，因此具有很强的学术性。

4. 服务性　医院药学信息以搜集、整理医药卫生资料为基础，以提供药学信息为手段，以促进安全、合理、高效用药为目标，突出强调了在服务中创造价值的服务性特征。

二、医院药学信息来源

医院药学信息来源广泛，种类繁多，可按照对文献资料的加工层次不同，分为一级文献（原始文献和资料）、二级文献（对原始文献和资料进行的初步汇总和分类，包括索引和文摘）和三级文献（对文献资料进行细致地归纳、综合、整理后的出版物，包括药品标准、药品集、百科类图书、专著、数据库、专业书）。

（一）一级文献

一级文献主要指原始文献和资料，是医院药学信息获取的重要来源之一，包括第一手资料的实验性和观察性研究，主要出现在专业期刊和学术会议论文中。文献内容的不断更新，是一级文献的主要特征。

（二）二级文献

二级文献是对原始文献和资料进行的初步汇总和分类，包括索引和文摘。常用的索引数据库有国家科技图书文献中心网络资源、中国知网、万方数据、Medline 数据库和 Embase 数据库。常用的国内外文摘有中国药学文摘（CPA）、国际药学文摘（IPA）、化学文摘（CA）、生物学文摘（BA）、医学索引（IM）、医学文摘（EM）等。

（三）三级文献

三级文献是对文献资料进行细致的归纳、综合、整理后的出版物，包括药品标准、药品集、百科类图书、专著、数据库、专业书等。其中药学核心典籍是指在药学信息服务工作中使用最为频繁、学术权威性强的药学三级文献。如《中华人民共和国药典》《马丁代尔大药典》《中国药学年鉴》《新编药物学》《默克索引》等。

三、医院药学信息服务

（一）医院药学信息服务的概念

医院药学信息服务，是对分散在不同载体之上的药学信息进行收集、评价、选择、组织、存储、传递，使之满足医务人员及患者需求的过程。

（二）医院药学信息服务的目的

1. 促进合理用药 药学信息服务能在医生、药师、护士、患者之间构建起互相沟通的桥梁，营造促进合理用药的良好氛围。能有效防止因药物不良反应、不良药物相互作用、药物过量中毒等引发的伤害和药源性疾病。

2. 改善药物治疗结果 药学信息服务的最终目标是确保药物治疗获得预期的结果。一方面可使药物更有效地减轻症状和治愈疾病，另一方面还可维护患者的身心健康，以提高患者的生活质量。

3. 实现医院药学服务模式的转变 医院药学服务正在从以药品为中心的供应保障型服务模式，转变为“以患者为中心”的服务模式。药学信息服务面向患者，既顺应了改革的大方向，又为自身和医院药学工作开辟了新的领域。

（三）医院药学信息服务的意义

1. 医务人员对药学信息的需求不断增长　为了成功实施对病人的药物治疗，医护人员必须不断更新现有的药物知识，获取有用的药物信息，临床医生、护士和其他医务人员不仅是药物使用的决策者和操作者，也是药物信息的主要使用者之一。随着药学事业的飞速发展，药品推陈出新速度加快，现有药品品种已不下数千种，其剂型、规格、用途、用法名目繁多，单个药物涵盖的知识和信息量也不断加大，必将导致现代临床用药和解决用药问题需要更多地依赖于药学信息服务。

2. 药学人员对药学信息的依赖日益增加　医院药学日常业务工作离不开药学信息。一是药品的采购和储存需要掌握多变的药品市场行情，准确把握药品的质量和价格信息；二是医院制剂工作需要及时了解临床用药趋势、制剂新产品信息和科研动态；三是临床药学活动更是以药学信息为后盾，对病人的药物治疗起咨询、协助和指导合理用药的作用；四是医院药学管理部门履行监督管理全院药品使用和管理的职能，正确制定全院的用药方针和政策，必须全面掌握有关药物信息，并加以灵活运用。

3. 药品消费者成为药学信息利用的主流　随着社会医药卫生知识的普及，人们的自我保健意识得到加强，病人和药品消费者不再盲目遵从医嘱，而是积极主动地参与到药物治疗过程中，这将使药物信息由医药卫生人员专用，逐渐变为普通消费者利用。治疗过程中的药学信息的传递，能促进患者对医生制定的药物治疗方案的依从性，确保安全、有效、经济和合理地使用药物，以获得令人满意的治疗结果。

（四）医院药师药学信息服务

2011 年，国家卫生部颁布了《医疗机构药事管理规定》，对医院药师 7 项核心职责要求中，有 6 项是关于药学信息加工、整合和服务。具体包括：

1. 参与临床药物治疗，进行个体化药物治疗方案的设计与实施，开展药学查房，为患者提供药学专业技术服务。

2. 参加查房、会诊、病例讨论和疑难、危重患者的医疗救治，协同医师做好药物使用遴选。对临床药物治疗提出意见或调整建议，与医师共同对药物治疗负责。

3. 开展抗菌药物临床应用监测。实施处方点评与超常预警，促进药物合理使用。

4. 开展药品质量监测，如药品严重不良反应和药品损害的收集、整理、报告等工作。

5. 掌握与临床用药相关的药物信息，提供用药信息与药学咨询服务；向公众宣传合理用药知识。

6. 结合临床药物治疗实践，进行药学临床应用研究；开展药物利用评价和药物临床应用研究；参与新药临床试验和新药上市后安全性与有效性监测。

拓展阅读

灰色文献

灰色文献（gray literature）是一种新型信息源，一般指非公开出版的文献。灰色文献品种繁多，包括非公开出版和发行的政府文献、会议文献、科技报告、技术档案，以及内部刊物、交换资料、赠阅资料等。灰色文献流通渠道特殊，制作份数少，容易绝版。虽然有的灰色文献的信息资料并不成熟，但所涉及的信息广泛，内容新颖，见解独到，具有特殊的参考价值。

重点小结

章节名称	重点内容
1. 文献资料的搜集与积累	药学文献搜集的检索法、查阅法、追溯法、咨询或委托搜集法和网络信息收集法
2. 个人文献管理	文献管理的意义；常用文献管理软件三种文献题录的导入方法、本地和在线资源库的文献题录检索方法、在 Word 插入和管理参考文献方法
3. 文献的评价与分析	图书、期刊等传统文献以及网络文献的评价方法和步骤
4. 医药科技项目查新	医药查新工作的意义、原理，查新工作的新颖性原则与分析方法
5. 医院药学信息管理	医院药学信息的概念；医院药学信息服务的概念、目的和意义；一、二、三级文献的定义及内容，医院药师药学信息服务的具体工作

目标检测

答案解析

7-1 药学文献资料具体有哪些搜集方法，请举例说明。

7-2 什么是狭义的个人文献管理？其意义和作用是什么？

7-3 如何在 EndNote 中快速检索 PUBMED 中有关洛伐他汀临床治疗方面的文献报道，并将题录导入 My Library？

7-4 在中国知网中检索有关“缬沙坦治疗高血压”的相关文献，并将检索结果导入 CNKI E-Study 的同时一键下载全文。

7-5 什么是引文率？除此以外常用的期刊文献定量评价指标还有哪些？

7-6 如何对文献内容进行评价？

7-7 什么是科技项目查新？医药科技项目查新有何意义？

7-8 医院药学的来源有哪些？请举例说明。

7-9 什么是医院药学信息服务？针对医院药师有何具体的工作内容？

书网融合……

微课 1　　微课 2　　习题

第八章　医药论文写作

学习引导

论文是展示研究工作的新发现或新科研成果的最佳途径。人们可能常常困惑如何才能写好一篇高质量的论文？如何把握好论文的主题？要解决此类问题就需要掌握论文写作的相关知识和写作技巧。

本章将介绍医药论文的写作格式、程序及方法，以及医药论文的基本要求等。

学习目标

1. **掌握**　医药论文的写作格式、程序及方法；医药文献综述的写作步骤。
2. **熟悉**　医药论文的基本要求；国内外常见学术不端行为检测系统。
3. **了解**　医药论文的分类；医药文献综述的类型、特点。

第一节　医药论文写作与投稿

微课1

PPT

医药论文是医药学科研工作的文字记录和书面总结，报道医药学领域先进的科研成果，是医药学研究的重要组成部分。医药学科研工作者撰写论文，不仅可以扩大知识面，掌握国内外医药学研究动态，而且能提高科研能力和研究水平，还可以提高教学能力和业务水平。进而，医药工作者在工作中工作显著，又能写出高质量医药学科研论文，被社会认可（发表在医药学杂志上，且具有一定数量的下载量和被引量）。医药论文也是科研项目取得成果的必要途径。因此，撰写高质量医药学论文不仅是广大医药工作者应该掌握的技能，也是取得学历、学位、晋升职称的必要条件。本节内容将为大家介绍医药论文撰写方面的基础知识，以提高大家论文撰写的能力。

一、医药论文的分类

医药学论文根据资料来源、写作目的、学科及课题性质、研究内容及资料内容、论文的体裁不同有多种分类方法。这里重点介绍按照论文体裁的分类。

（一）论著

论著是指在总结基础医药学理论、临床医学试验和现场调查等方面具有显著成果的论文，多为医药学领域前瞻性研究类论文，能代表一定的学术水平。内容包括医药学实验研究、临床病例分析、临床用药疗效观察等。

（二）研究简报

研究简报是对某一有价值或有苗头的重要研究的初步成果而撰写的简短论文，主要目的是争取首报权。它既是重要研究成果的缩写报告，也是重要学术论著的预报。

（三）调查报告

调查报告是对医药卫生实践的某个方面，通过亲身临床调查，对所获得的一手材料进行剖析、研究，从中发现问题、分析问题、解决问题，得出结论。内容包括某种药物临床反应的调查报告、某一疾病的流行病学调查研究报告、某种疾病发病率调查研究报告等。

（四）经验交流

经验交流是对一定时期内积累的临床资料经回顾性分析、整理而撰写的论文。包括临床资料分析、病例报告、病案讨论等。

（五）文献综述或学术评论

文献综述或学术评论是作者在搜集某方面情报资料的基础上，根据某一专题研究或学术问题所掌握的历史背景、研究现状、前景展望、争论焦点、已经解决或尚未解决的问题，结合自己工作实践中总结的观点或评论而撰写成的论文。它可以帮助医务工作者在短时间内了解某方面的研究概况、存在的不足和今后的展望等。

（六）学术讲座

学术讲座主要是在某一领域学术造诣较深的专家受杂志编辑部之约，就某些专题内容，结合自己的研究成果或实践经验而撰写的论文。

二、医药论文的基本要求

（一）科学性

评价医药论文的科研设计、研究方法、资料整理、数据分析、讨论、结论等是否真实反映了客观事实的标准是科学性。对于初涉医药论文写作者，一定要树立严谨的、实事求是的科学态度，绝对不可以为了提高论文的所谓身价，而违背逻辑推理的原则，去片面追求所谓理想的结论，以至改写实验设计、方法或结果。任何科研工作，无论是成功的经验还是失败的教训，都是有价值的，即使是某些偶然现象也可能给人们以启迪。因此，医药论文写作只能客观地记述和评价研究成果或实践经验。

（二）先进性

具有先进价值和独创意义的医药论文，是发现科研苗头或科技人才的重要依据。但是，作者必须充分认识到，论文的先进性同科学性一样，是在课题论证和实验设计时决定的，在写作时的任何拔高都是极不可取的，即绝对不可违背科学精神去追求所谓先进性，更不应置前人研究成果于不顾或贬低别人的成果。因此，在没有确实证据的情况下，不要随意用“国内外未见报道”“填补国内空白”“首例报告”等词语。

（三）可重复性

如果一个研究所获得的结果，他人用相同的材料、仪器设备和试验方法可以取得同样的结果，证明此研究经得起实践的检验，具有可重复性。要做到这一点除了要写明科研设计、材料、仪器设备和实验方法等因素外，写作时也应详细介绍必要的、关键的内容，尤其是自己创新或改进的部分。当然，考虑到保密问题，在可能的情况下，某些关键内容也不一定都介绍出来。

（四）准确性

这不仅有赖于作者对试验、观察过程的精确记录，还需要对研究结果做出合乎逻辑的推理，并且在写作时要善于归纳整理，摒弃与论文无关的内容，精炼地运用语言文字，准确地选定名词术语等。这就要求作者要掌握医药论文的写作特点，熟练地运用医药论文写作技巧。

案例导入

案例 王某从某职业技术院校毕业后到某药厂从事药品生产工作，一年后就成为药品生产车间一名技术骨干，掌握了多种药品的生产流程，还改进了一些落后的生产技术。他想把这些新技术写成文章能发表出来，被更多人所认可，今后也能为自己职称晋升奠定基础。

讨论 1. 医药论文写作有固定的格式吗？

2. 通过抄袭写出来的学术论文能不能被发现呢？

答案解析

（五）相对固定的体例形式

医药论文在长期的发展中，形成了自己的结构特色，即有相对固定的体例形式。医药论文的结构从无章可循，发展到相对固定的体例形式，正是其有别于其他科技论文而比较成熟的标志。如前瞻性研究类论文，其大体结构为引言、材料和方法（或对象和方法）、结果、讨论等；临床资料回顾类论文，其大体结构为引言、临床资料、讨论或引言、病例报告、讨论等。大约70%的医药论文都是按照大家公认的结构（体例形式）安排内容的。因此，作者必须熟练掌握其体例形式，并按照要求进行写作。

（六）规范化和标准化

医药论文涉及大量的医学名词、术语、药名，以及数量、单位、符号和缩写形式等，这些既涉及国际、国家规范、标准，也涉及专业或学科规范、标准。如参考文献著录格式－温哥华格式、全国科学技术名词审定委员会公布的《医学名词》（丛书）、《中国人名汉语拼音字母拼写规则》《中华人民共和国法定计量单位》《中华人民共和国药典》等。其中有些还是必须强制执行的。此外，最易忽视，又与我们最密切的是各种疾病的诊断标准、疗效标准，以及有关检查、检测的操作标准及其正常值的判定标准等。有的作者往往另外制定一套标准，以致无法与同行公认的标准进行比较，这样，自己的论文也就有可能失去发表的价值。因此，规范化和标准化是医药论文写作必须遵循的一个重要原则。

（七）可读性

医药论文写作要求结构严谨、层次清楚、重点突出、用词准确、文句精炼、通顺流畅等。因此，写作医药论文切记不要过分渲染和夸张，更不必要用一些动听的语言或形容词，以致写成一篇文学作品。

（八）伦理性

医药论文常涉及被试动物、志愿者和病人，因此写作时须遵守医学伦理道德。例如，注意执行动物保护法，维护志愿者和病人的隐私权、肖像权，注意为病人保守秘密等，特别是涉及人工授精、人体药物试验、变性手术、性医学、某些特殊的误诊、误治病例报告等，更应注意遵守医学伦理道德，把握写作分寸。

三、医药论文的写作格式

医药论文写作属于应用文写作的一种，有其固定的格式，在 GB/T 7713.1—2006《学位论文编写规则》对论文格式做出了规定，图 8－1 是常用医药论文写作格式，供大家参考。对于不同的期刊对格式要求不完全相同，投稿时可下载其所刊出的文章参照或按照其征稿要求书写。

全文 1.25 倍行距

标题（三号宋体，居中，加粗）

【说明：①标题是能反映论文中特定内容的恰当、简明的词语的逻辑组合，应避免使用含义笼统、泛指性很强的词语（一般不超过 20 字，必要时可加副标题，尽可能不用动宾结构，而用名词性短语，也不用“……的研究”，“基于……”）。】

作者 1[1]，作者 2[2]，作者 3[1]，……（四号楷体，居中）

（1. 学校院、系名，省份城市邮编；2. 单位名称，省份城市邮编）（五号楷体，居中）

摘要：（小五号黑体，缩进两格）摘要内容……（小五号楷体）

【说明：摘要应具有独立性和自含性，即不阅读全文，就能获得必要的信息。要使用科学性文字和具体数据，不使用文学性修饰词；不使用图、表、参考文献、复杂的公式和复杂的化学式，非公知公用的符号或术语；不要加自我评价，如“该研究对…有广阔的应用前景”“目前尚未见报道”等。摘要能否准确、具体、完整地概括原文的创新之处，将直接决定论文是否被收录、阅读和引用。摘要长度 200～300 字。摘要一律采用第三人称表述，不使用“本文”“文章”“作者”“本研究”等作为主语。】

关键词：（小五号黑体，缩进两格）关键词 1；关键词 2；关键词 3；关键词 4（小五号楷体，全角分号隔开）

【说明：关键词是为了便于作文献索引和检索而选取的能反映论文主题概念的词或词组，每篇文章标注 3～5 个关键词，词与词之间用全角分号隔开。中文关键词尽量不用英文或西文符号。注意：关键词中至少有两个来自 EI 控词表。一般高校数字图书馆均可查到。】

中图分类号：（小五号黑体，缩进两格）TM344.1（小五号 Times New Roman 体，加粗）**文献标志码**：（小五号黑体，前空四格）**A**（小五号 Times New Roman 体，加粗）

【说明：请查阅中国图书馆分类法（第 4 版）（一般要有 3 位数字，如 TM344.1）】

引言（四号宋体，加粗，顶格）

引言……（五号宋体，段前缩进两格）

【说明：引言作为论文的开端，主要回答“为什么研究”这个问题。它简明介绍论文的背景、相关领域的前人研究历史与现状，以及著者的意图与分析依据，包括论文的追求目标、研究范围和理论、技术方案的选取等。引言应言简意赅，不要等同于文摘，或成为文摘的注释。引言中不应详述同行熟知的，包括教科书上已有陈述的基本理论、实验方法和基本方程的推导。如果在正文中采用比较专业化的术语或缩写用词时，应先在引言中定义说明。引言一般不超过 800 字，且不计入章节编号。】

正文……（五号宋体，段前缩进两格）

【说明：

1. 正文

（1）变量名称用斜体单字母表示，需要区分时可加下标；下标中由文字转化来的说明性字符用正体，由变量转化来的用斜体。

（2）量单位及词头用正体。如 kg、nm 等。运算符用正体，如 d、exp、lg、max、min 等；几个特殊常数用正体，如 e、π、I。

（3）矩阵、矢量、张量名称用黑斜体表示。

---

① 基金项目：…………………….
作者简介：…………………….

2. 层次标题　是指除文章题名外的不同级别的分标题。各级层次标题都要简短明确，同一层次的标题应尽可能“排比”。即词（或词组）类型相同（或相近），意义相关，语气一致。

3. 插图（图题使用小五号黑体，居中，列于图下）

（1）插图要精选，应具有自明性，切忌与表及文字表述重复。一般不超过6幅。

（2）插图要精心设计和绘制，要大小适中，线条均匀，主辅线分明。插图中文字与符号均应植字，缩尺后字的大小以处于六号或小五号为宜。

（3）插图中的术语、符号、单位等应与表格及文字表述所用的一致。

（4）插图应有以阿拉伯数字连续编号的图序（如仅有1个图，可定名为“图1”）和图题，居中排于图下。

（5）函数图要有标目，用量符号与该量单位符号之比表示，如“p/MPa”；标线数目3～7个；标线刻度朝向图内；标值圆整，一般采用0.1n，0.2n，0.5n和1n，2n，5n以及10n，20n，30n，50n（n＝1，2，3，…）较好，不要把实验数据点直接拿来作为标值，如可将0.385，0.770，1.155，…改为0.4，0.8，1.2，…，将62.5，78.3，101.4，…改为60，80，100，…，并相应平移标值线（当然图面内的数据点或曲线不能变动）。标值的数字一般不应超过3个数位，或小数点后面不超过1个“0”。为此，可通过改用标目中单位的词头或量符号前的因数来保证标值的数值尽可能处在0.1～1000。例如：

某图上标值是1200，1400，…，标目为p/Pa，则可将标目改为p/kPa，相应地标值即改成1.2，1.4，…。某图上标值是0.005，0.010，0.015，…，标目为R，则可将标目改为103R，相应地标值即改成5，10，15，…。

（6）照片、灰度图清晰，彩色图要转换成黑白图表示。

（7）地图、显微图以比例尺表示尺度的放大和缩小。

4. 表格（表题使用小五号黑体，居中，列于表上）

（1）表格要精选，应具有自明性；表格的内容切忌与插图及文字表述重复。

（2）表格应精心设计。为使表格的结构简洁，建议采用三线表，必要时可加辅助线。

（3）表格应有以阿拉伯数字连续编号的表序（如仅有1个表格，表序可定名为“表1”）和简明的表题，居中排于表格的上方。

（4）数值表格采用三线表，表头中使用“量符号/量单位”。如表1所示。

表1　三线表示例

x/cmI/mA	v/（m·s^{-1}）h/m
1030	2.5400
12343.0700	

（5）表内同一栏的数字必须上下对齐。表内不宜用“同上”、“同左”和类似词，一律填入具体数字或文字。表内“空白”代表未测或无此项，“－”或“…”（因“－”可能与代表阴性反应相混）代表未发现，“0”代表实测结果确为零。

5. 结论（结语）

（1）结论或结语应准确、简明、完整、有条理，可以提出建议、设想、改进意见或有待解决的问题。

（2）结论是在文章结尾时对文章的论点、结果进行的归纳与总结。当从研究结果确实得出了有重要价值的创新性结论，或者对相同论题的研究得出与别人不同或相反的结论时，应采用“结论”作层次标题。

（3）当未得出明确的研究结论，或结论已在“结果与讨论”中表述，而同时需要对全文内容有一个概括性总结或进一步说明时，尤其是要对文章已解决和有待研究的问题表达作者的某些主观见解或看法时，用“结语”。

（4）文章结尾时如果不能导出条理性结论，则可写成结语进行必要的讨论，文中已有分步结论的可不再在文章结尾处写出结论。

（5）结论或结语中不能出现参考文献序号、插图及数学公式。

参考文献：（五号宋体，加粗，顶格）

[1] 期刊—作者．题名［文献类型标志］．刊名，出版年，卷（期）：起－止页码．（不要缺少页码）．（小五号宋体，缩进两格；序号使用“[]”，和内容间空半格；内容中标点符号均使用半角，后空半格）

[2] 专著—作者．书名［文献类型标志］．版本．出版地：出版者，出版年．（出版地和出版者必须有一个）

[3] 专著中的析出文献—析出文献作者．析出文献题名［文献类型标志］//专著作者．专著题名．版本．出版地：出版者，出版年：析出文献的页码．（出版地和出版者必须有一个）

[4] 专利文献—专利申请者．专利题名：专利国别，专利号［文献类型标志］．公告日期或公开日期．

[5] 电子文献—作者．题：其他题名信息［文献类型标志/文献载体标志］．出版地：出版者，出版年（更新或修改日期）［引用日期］．获取和访问路径．

【说明：（详见 GB/T 7714—2005《文后参考文献著录规则》）

（1）参考文献应是文中直接引用的公开出版物，以 15 篇以上为宜，其中 80% 应为期刊或会议论文，80% 以上为近 5 年出版的文献，50% 以上为外文文献（若是会议论文集析出文献，必须要有会议名称、论文集的出版地、出版者、出版年、析出文献的起止页码）。

（2）参考文献采用顺序编码制，按文中出现的先后顺序编号，并在正文中指明其标引处。

（3）中外作者的姓名一律"姓前名后"。西方作者的名字部分缩写，不加缩写点且姓名全大写。

（4）作者不超过 3 人的姓名都写，超过 3 人的，余者写"，等"或"，et al"。

（5）非英文期刊文献，先按原文列出该文献，然后另起一行附上其英文译文。】

图 8－1　医药论文常用格式

四、医药论文的写作程序

严格地说，医药论文的写作有五大要求，即科学性、创新性、实用性、前瞻性和可读性。一篇好的医药学论文的诞生，应该围绕这 5 个基本要求审慎选题、精心设计、具体实施和认真总结。医药工作者只要平时多积累、多思考，按照以下程序逐个环节认真完成，即可写出高质量的论文。

1. 选题　医药学比其他学科更具有鲜明的时代特征和极强的实用性，因此，以当前医药学研究热点或前沿、医药学实践急需或难点为内容的文稿刊用率高，而内容类同或属常识类淘汰率高。选题时应注意选择有研究价值和发展前途的主题。如特性药物与普通药物的疗效对比观察，中草药治疗艾滋病的研究进展，纳米药物、靶向制剂等新型药物的处方、制备工艺探索，临床血药浓度监测方法等，均是目前较热门的焦点课题。选题的基本方法如下。

（1）根据课题研究的结论来确定主题　这是常用的方法，可分为以下几种：①以科研的结论或部分结论作为论文的主题；②科研结果与开题时预测不一致，待查出原因后，再寻找主题；③科研达不到预期结果，可总结经验，从反面挖掘主题。

（2）在科研过程中选题　医药学科研过程中，有时会出现意外的现象或问题，作者如果能够细心观察、及时发现，可以在这些偶然事件中获得新的选题。

（3）在临床实践中选题　临床工作是医药学论文写作取之不尽的源泉，作者在临床中会经常遇到许多需要解决的实际应用问题或理论问题。对此，只要从本学科实际出发，用心思考，就会从中产生很多好的主题。包括：①探讨发病机制与预后情况；②分析临床症状与表现；③研究诊断方法和治疗方法；④药物的不良反应报告等。

（4）从文献资料中选题　医药学文献是人们长期积累的宝贵财富，是论文选题的重要来源。阅读最新文献资料，可以了解当前医药学科研究的进展情况，开拓思路、激发灵感，从而挖掘提炼出好的论文主题。

2. 准备工作　搜索和积累资料，包括文献资料摘录，实验室的观察数据，调查研究所得的各种结果等。在主题已经确定的情况下，有目的地查找相关资料，再着手进行临床观察或实验研究、验证。假如主题为"HPLC 进行左氧氟沙星的血药浓度监测"，则首先应将左氧氟沙星的理化性质、体内代谢特征、传统分析方法及其优缺点、国内外相关研究的资料大量收集，然后拟定试验方案，并逐步进行。不同的资料可以写成不同体裁的论文，如对各种动物进行的药理、毒理实验数据可以写出实验研究报告，使用某种新药治疗某种疾病的治疗方法、效果、疗程、不良反应的观察资料可以写成疗效观察，对某一专题的国内外近期原始文献的分析归纳可以写成该专题的综述性文章等。所搜集的资料越丰富，观察问题就越全面，对分析、研究的问题就越有利。即使实验失败了，只要找出失败的真正原因，同样可以总结出有价值的论文，同样可以发表。

3. 构思　论文布局构思是对整个文章的结构思维。主要考虑三个方面：文章从何处说起才能切题，有吸引力；阐述推理等实质性问题如何展开才能全面准确阐明问题，具有说服力；文章以何种方式的语言表达最为适宜。

4. 拟定提纲　提纲是论文写作的设计图，是全文的骨架，起到疏通思路，安排材料，形成结构的作用。①把初步酝酿形成的思路、观点和想法用文字记录下来，依据提纲行文，随灵感、思路的深入会有新的想法、新的发现，使原来的设想得以修改、补充；②拟提纲一定要项目齐全，初步构出文章的大体轮廓；③医药论文的提纲一般由以下几部分构成："标题"通常是研究的课题，在做提纲时按名副其实的原则简短列出；"前言"按该文的缘起和经历分为两部分写，组合成一段；"正文"实验过程（包括所用材料、仪器装置、实验方法、步骤等）、结果（记录实验结果）、讨论（对得出的结果做初步的分析）。

5. 初稿

（1）在基本观点已经明确，参考或引用文献资料业已准备妥当时，可按提纲的顺序分段进行写作。

（2）初稿一定要写得扎实、丰满，将所收集的资料尽量详细地记录下来，认真分析、处理数据，做出正确结论和合理解释，并试着从正、反两方面探讨所得结果。

6. 定稿　起草初稿很重要，但修改初稿也同样重要。

（1）修改是对初稿的内容不断加深认识，对表达形式不断选择的过程。

（2）修改的原则：主要看科研设计是否严密合理，方法是否正确，资料是否完整，依据是否准确并符合统计学要求，结果是否科学严谨，结论是否妥当并有充分依据等。

（3）修改时需要作者把初稿反复阅读几遍，每读一遍就有一次新的感受，就能发现一些不足，然后进行修改加工。

（4）修改时着重考虑内容、格式、序号、外文字母、表格、插图及参考文献的序号是否符合要求，以及有无错别字。

如果以上各项工作都已圆满完成，则可将稿件确定为终稿。

五、医药论文的写作方法

医药论文要求具有较高的学术质量，绝不是简单的、原始的实验记录或研究报告，而是需要经过逻辑思维、推理、数理统计等过程，以最简明的语言形式展示研究对象的内在本质，或提出见解、预示事物的发展趋势。因此，各部分写作应严格按照学术论文的写法和要求来进行。

（一）确定文题

论文题目十分重要，有人认为"论文题目是文章的一半"，因此必须用心斟酌选定。对文题的要求是：准确得体，简短精练，信息量大，醒目，易懂，能启迪读者兴趣。论文题目应能准确表达论文内容，恰当反映所研究的范围和深度。常见问题是：过于笼统，题不扣文。如文题"拉米夫定的疗效观察"过于笼统，如果针对研究的具体对象来命题，效果会好得多，例如"拉米夫定治疗乙型病毒性肝炎的疗效观察"。再如"关于痹证的临床研究"，并未明确表达出研究的具体对象、范围，而且其中的"关于""研究"等词汇如果舍弃，并不影响表达，故可精练为"老年痹证的临床分型及治疗"。可见，上述问题的解决办法就是站在读者的角度，清晰地点示出论文研究的内容，至少应让读者一看即懂。忌用冗长、主谓宾均有的完整句子，且应避免使用结构式、公式、同行不熟悉的符号与缩写，涉及药品名称最好不用商品名。

（二）书写摘要

摘要以向读者提供原文稿的创新内容和基本信息为目的，不加评论、补充与解释，使读者在有限的时间内不阅读全文即能获得必要的信息。因此，摘要是在正文的基础上完成的，一般要在论文初稿完成后书写。对摘要的要求：有独立性，避免与文题、正文中的大小标题及结论部分重复；有自明性，拥有与正文等量的主要信息；客观、真实；用第三人称。医药论文多采用结构式摘要，即按目的（研究课题的前提、目标和任务）、方法（研究过程应用的理论、条件、材料、方法、设备、仪器等）、结果（实验数据、观察结果及得到的效果等）、结论（研究结果分析、比较、评价及提出问题、建议等）四大要素分述，一般限 200 ~ 300 字。

（三）精选关键词

关键词是为快速检索文献而设置，用以表示全文主要内容信息的单词或术语。对关键词的要求：确切、规范，一般选择 3 ~ 5 个词。关键词包括已规范化的正式主题词和非正式主题词。选择方法：在完成论文写作后，纵观全文，选出能表示论文主要内容的信息或词汇，可以从论文标题中去找，也可以从论文内容中去找，然后参照《医学主题词注释字顺表》《中医中药主题词表》《汉语主题词表》对其进行规范，或参阅国内外著名期刊中同类主题论文中的关键词及本学科新的专业词。如上述示例中“拉米夫定治疗乙型病毒性肝炎的疗效观察”，关键词可选为 4 个：拉米夫定；乙型肝炎；病毒性；疗效观察。

（四）简洁的引言

引言是正文开头的一段文字，写作内容包括：主题的背景（如前人研究及现状）、研究的理论基础、作者的意图或目标。引言不等同摘要，不详述同行熟知、教科书已有的方法，不描述将要报道的资料和结论。引言忌大而全，不须对主题展开广泛的文献复习，其主要目的应是吸引读者读下去。

（五）层次分明的研究方法（结果）

严格说，这一部分及其后的结论与讨论是论文的核心，要求：内容充实、论据可靠、逻辑性强。可采用分层深入、逐层剖析的方法，按以下几个层次叙述。

1. “材料与仪器”或“材料与对象”如实列出实验用仪器、设备、材料、对象（分列来源与规格）。

2. “实验步骤”或“实验方法”介绍主要的、关键的实验过程，但不能机械地按年、月次序写成实验报告，应阐述主要的、非一般常用（创新）的方法。

3. “实验结果”列出实验数据和观察所得，并对实验误差加以分析。要注意科学地、准确地表达必要的实验结果，扬弃不必要的部分。数据或结果，通常用表格、图或照片等予以表达，而且尽量用图，不用表格或少用表格。

（六）明确的结论与讨论

结论是对研究结果更深入的认识，是对正文全部内容归纳、推理而得到的新的总观点。要求：准确、完整、明确、精练。写作内容一般应包括以下几个方面：①本文研究结果说明了什么问题；②对前人有关的看法做了哪些修正、补充、发展、证实或否定；③本文中研究工作的理论含义以及实际应用的可能性；④本文研究的不足之处或遗留未予解决的问题，以及对解决这些问题的可能的关键点和方向。

这一部分的写作要求是：措辞严谨、逻辑严密、文字具体，可以按顺序1、2、3……列成条文，用语斩钉截铁，且只能作一种解释，不能模棱两可，含糊其辞。文字上不应夸大，对尚不能完全肯定的内容注意留有余地，切忌重复方法与结果项下已叙述过的内容。

（七）必不可少的参考文献

参考文献是医药论文不可缺少的一部分。它展示了科技工作的继承性与作者的科学学风、信息与知识水平及科研工作的起点。参考文献的作用主要是作者指出其论文的科学依据，为读者评论该论文的背景和质量、利用文中信息与资料提供参考。对参考文献的要求是新颖、充分，但并非多多益善，只需要将引用的最重要和最关键的文献资料列出。据统计，目前国内论文的参考文献平均5～6篇，国外同类期刊文献引用数平均超过20篇。

六、医药论文的投稿技巧

一篇论文从构思到成功发表这一系列过程中，投稿是重要一环，作者应十分重视投稿，掌握投稿要领与技巧，研究投稿策略，使自己的佳作投对期刊之门，投其杂志所好。

（一）投稿前的准备

1. 论文的标准化与规范化　作者应认真学习并掌握国家制定的有关标准，可重点学习和掌握以下标准：GB/T 7713. 1—2006《学位论文编写规则》、GB 3179—2009《期刊编排格式》、GB/T 6447—1986《文摘编写规则》、GB/T 3860—2009《文献叙词标引规则》、GB/T 7714—2015《信息与文献　参考文献著录规则》、GB 3100—1993《国际单位制及其应用》、GB 3101—1993《有关量、单位和符号的一般原则》以及ISO 4—1997《信息和文献出版物标题和标题字缩写的规则》等。如有问题及时进行标准化修改。

2. 按稿约与投稿须知书写　认真阅读杂志的稿约与投稿须知，按稿约与投稿须知的要求办理。

3. 提高论文命中率的诀窍　稿件录取与否，关键在于稿件的质量，即以文稿的先进性、科学性和实用性来取胜；其次是以“巧”取胜。“巧”是指文章的逻辑、结构和表达技巧以及文章的严密性、科学性和说服力。这也是论文被录用的关键。

4. 请资深专家审阅或推荐　完成的文稿最好请一位资深专家或知名学者审阅，并提出修改意见后进行认真修改后可保证论文的质量，易于被刊用。

（二）选择医药期刊投稿

选择向何处投稿并如何递送稿件是很重要的。在投寄前应查阅有关杂志所设的栏目和具体要求（如格式、篇幅等），还要查阅相关的省卫生主管部门颁布的《XX省评审高级卫生职务任职资格的医药卫生刊物名录》，以便发表的论文能用于职称晋升；还要了解医药期刊出版周期（周刊、旬刊、半月刊、月刊、双月刊、季刊、年刊、不定期刊）情况，以便缩短发表周期。那么，如何确定向何种期刊投稿？一是按质投稿，如论文内容新颖、富于创意、质量一流应投“权威”杂志，但此类杂志要求高、刊出概率低；二是按期刊知名度及其出版周期短的期刊投稿，其命中率也较高。

（三）不能一稿多投

一稿多投是指同样的文稿或实质内容基本相同的文稿投给两个或两个以上的期刊。这种情况是不允许的，几乎所有的科技期刊都不允许“一稿多投”。但以下情况不属“一稿多投”：①已被其他刊物退稿的论文；②发表初步报告后再发表完整的论文；③无刊号的内部资料再以有刊号的公开发表形式。

（四）在退稿面前不气馁

退稿对投稿人来说是经常的事，尤其是初学者，应有心理准备。遇到退稿后，应认真分析一下退稿的可能原因：是否选题陈旧；是否有类似文章发表过；是否所投期刊与稿件内容不符；是否文章论点不鲜明、结论不明确、重点不突出。再考虑一下退稿是否有另投的可能性，应如何修改，再投哪家杂志较合适等。

第二节　医药文献综述

微课 2

PPT

医药文献综述是对医药学某一课题国内外研究的最新态势进行归纳、总结，做出分析、评鉴和预测。高质量的医药文献综述文章不仅能使读者纵览全局，而且可以从中受到启迪，对其正在进行的相关研究有着极为重要的参考价值。一般来说，科研人员在进行某项研究工作之前总想先浏览一下与本课题有关的综述论文，以便从中吸取与本研究有关的经验、教训或前人尚未顾及的空白点及存在问题，往往会因此收到事半功倍的效果。由此可知，不能轻视文献综述的学术地位。

一、医药文献综述的类型

（一）研究进展动态

此种文献综述大多数以介绍某一学科领域或课题最新研究进展、发现及主要研究的动向为主要内容。作者广泛收集、阅读了中外文献资料，具有把握学科专业发展动态的知识水平，且在该学科领域有较深造诣。

（二）研究急需问题

综述临床中遇到的、尚不成熟的、资料分散的而又急需了解、解决的实际问题。随着医学科学的发展，新的病种不断发现，新的诊疗技术不断应用于临床，新的药物不断问世并在临床使用，或在医疗实践中不断提出新的问题。临床工作者能把这些新的问题，分散的资料及时加以综述，从中找出其内在的规律性的东西，为解决临床实际问题的参考，甚至为预测未来的趋向提供依据。

（三）专业学术会议

这类综述文章是把国际的、全国性的或区域性的专业学术会议概况和与会代表的论文加以综合而撰写成的专题学术会议材料，或专业学术会议论文综述，它侧重于对专业学术会议内容的报道，内容广泛、丰富，有综合分析与评议。

以上只是按综述内容严格划分，实际上，多数综述论文内容可能是二种或三种内容兼而有之，只是侧重点不同而已。

二、医药文献综述的特点

（一）文中取材主要是引自与选题相关的大量国内外文献资料

原始论文虽亦引用文献，但主要是总结作者自己的工作和经验，引用文献仅作为衬托和对比。而综述论文主要是在大量阅读、消化国内外文献资料的基础上，由综述者取其精华加以归纳，围绕选题全面而又系统地综合评述。其中虽也可融有综述者个人的经验或见解，但在全文中并不占主要地位。撰写综述论文是要大量地获取、掌握有关领域中各方面研究的最新资料，包括各研究学派的主要论点、理论依据和争论焦点，经过作者自己头脑的思索、归纳，系统地有条理地选择、加工整理成中心内容突出，引用和论证都恰到好处的完整论文。由于综述文章主要取材于他人的研究成果，故有目的地大量阅读、掌握文献资料，尤其是有成就的著名专家、学者发表的文章，是撰写好文献综述的重要前提条件。综述论文后都附有较多的参考文献目录，从几十篇、上百篇，乃至上千篇，从其参考文献目录可略知该文的广度和深度，其次是综述者的综合表达能力和写作技巧。

（二）“综”与“述”的紧密恰当配合

每一篇综述文章都有其特定的专题范围和时间跨度。总的来说，其内容大体包括：①该专题研究的简要历史背景回顾，争论焦点；②着重阐述研究现状和水平及未来发展前景的展望；③力求做到把所选专题已取得的研究成果、技术、水平、研究动态等展示给读者，并指出当前存在的问题与解决办法，进而做出客观地实事求是的评价；④述评时，要有理有据，恰如其分，全面、系统，不带有偏见和个人倾向，要客观和实事求是的介绍各方面的论点，深入地加以分析，当然综述者自己的观点和看法也可以表达，或融汇于评述之中。

三、医药文献综述撰写目的

（一）为了科学研究工作的需要

要进行一项科研工作，必须不断收集和大量阅读有关的文献资料，从科研设计、选题，到具体的研究方法和步骤，都必须反复推敲和论证。故此，科研工作者最好围绕某一研究领域从不同的角度撰写有关文献综述，其益处有以下几点：①可以了解有关研究领域的历史和现状，争论的焦点和存在的问题，各种论点的理论依据和实验依据，解决问题可能的方法和途径，从而有利于科研者的推理和判断，提出理论假设和拟订攻关方向，为研究工作打下良好基础。②澄清思路，锻炼综合思维能力。在拟订或已从事的研究领域，要有明确的思路和最佳的试验方法，尤其是青年科技工作者，除了导师的指导以外，要自己摸索出一套方法，不断完善自己的思维能力，撰写文献综述的过程不失为自我训练的有效途径之一。有助于进行科研究设计，甚至为原设计方案提供重要修改意见。③提高查阅、检索文献能力和论文写作技巧。

科研工作者必须具有中外文献的检索技能，掌握有关课题的主题词、关键词和缩略语，及有关学科的主要期刊，以便扩大查阅文献资料和检索的范围，以解决科研工作中随时出现的各种难题。在当今信息时代，越发显示出其重要意义。在广泛查阅他人原始论文的过程中，也为自己的科研总结写作打下基础。故此，许多科研机构和教学单位的导师把撰写文献综述作为培养研究生和造就青年科技人才的基础训练。

（二）提高临床医疗和教学工作水平

临床工作者和教学人员要不断进行知识更新，不断吸收国内外科技发展的新知识，了解所从事学科的新动向、新技术，及已取得的新成果，应用于自己的医疗和教学工作中去。老专家、老教师根据自己的专长、工作需要和学科发展，撰写具有指导和应用价值的文献综述，以培养和造就一代新人，给学科发展增添宝贵财富。中、青年工作者撰写文献综述的过程，也是不断学习和提高的过程，从翻译外文原著，到做文献卡片、文献分类卡片，写读书笔记，提高综合分析、思维能力，提高写作技能，对于锻炼和培养科学的思维方法，分析问题和解决问题的能力，才能保持清晰的思路，跟上科学发展的步伐。这些基本功的训练，对中、青年科技工作者一生的事业会产生深远的影响，奠定良好的基础。

（三）向期刊或专业学术会议投稿

国内有数百种医、药学杂志及医学院校学报，还有几十种《国外医学》和《国外药学》各专业分册，都刊登数量不等的综述文章。国外还有专门刊登文献综述的期刊，有的称为“……评论”（Review），如《药理学评论》（Pharmacology Reviews）、《外科评论》（Surgery Comments）等；有的称为“……进展”（Advances in Cardiovascular Diseases），如《心血管疾病进展》；还有称为“年度评论”（Annual Review），虽每年只出一本，但一般综述近 3 ~ 5 年的文献，如《内科学年度评论》（Annual Review of Internal Medicine）等。国内还有一些专业学术会议也征集一定数量的综述文章，作者可视自己文章的水平质量及新颖程度向国内外期刊或专业学术会议投稿。读者与作者并没有界限，不断学习，更新知识，掌握动态，指导医疗、科研实践。同时，也要大胆踊跃地撰文投稿。国内有不少事业上很有成就，且已具有把握学科前沿发展状况的学者，也可以撰文向国际上更有影响的期刊投稿，为人类的健康事业发挥更大的作用。

四、医药文献综述撰写步骤

（一）选题

能否写出一篇好的医药文献综述论文，选题恰当与否至关重要。文献综述选题视作者所从事专业范围、专长及科研工作需要而确定。可以全面系统地介绍某一学科专业领域的最新进展，也可以选择其一分支学科，或者仅介绍其一个课题或其某一侧面的最新技术、最新成果。但应设法避免重复他人已经写过的文献综述。一篇综述文章应有其信息占有量和实际应用价值。一般来讲，作者可遵循以下几条原则。①一般应选择自己所从事的专业范围，比如，已进行过或正在进行这方面的研究工作，积累有一定的经验和资料，或对某个方面已积累有大量的文献资料。有了这些基础，比较易于撰写成功。②在医、教、研工作实践中，发现了某些新的问题，同行间尚未形成统一的认识和看法，需要加以综述。③所从事的工作领域某一方面近年有重大进展，需深入探讨或有必要介绍给广大读者。④新发现的病种，新的诊疗手段、治疗方法，新药应用于临床，尚无统一的标准或结论性的意见，需要归纳、综合、整理。⑤随着医学科学的发展，对某种疾病诊治传统观点又有新的认识、新的见解，甚至出现完全不同的治疗方法，需要推广和应用。⑥医疗、科研工作中急需解决的课题。在选题上，按照认识论的观点，问题来自于实践，经过探索，理论上有所突破之后，反过来应用于实践。当然，也可以先从理论上提出假设，然后在实践中加以验证。这就是实践 - 认识 - 再实践 - 再认识的过程。写文献综述实际上是一个认识和再认识的过程。另外，在选题时，还有一个选“热点”还是“冷点”问题的抉择，仅从向杂志投稿来看，有些“热点”过热，“冷点”过冷，选题过于集中，甚至重复，反而难以被杂志选中。

（二）收集、查阅有关的文献资料

综述题目确定之后，应尽可能地广泛收集、阅读与选题相关的文献资料，这是写好文献综述的基础。当今，医学科学发展很快，每年每个学科专业都有大量的文献发表，如何尽快地查阅到所需的重要文献资料，方法很多。以下介绍几种常用的方法，以供借鉴。

1. 优先考虑查找的文献

（1）通过核心期刊的二次文献查找原始论文　近期权威性期刊发表的论文，国内如，中华系列医药专业杂志，《国外医学》各专业分册，尤其是刊登的相关综述、述评及专题类文章，并从中引用的参考文献查找所需的原始论文阅读。国外最佳途径是先查找美国《医学索引》（《Index Medicus》—IM）中的“医学综述目录”部分，从中查到有关的综述性文章的题录或文摘，其综述文章后都附有参考文献目录，进而可查阅原始论文。

（2）先查找有关方面较有威望的专家撰写的论文　除已知者外，可从以下几方面衡量：①其在有关学科领域发表的高质量论文较多；②其论文较多地被其他作者引用；③其写过有影响的专著或经常在国内外期刊发表文章。因为有威望的专家撰写的论文可信性较高，其论文设计及取材都比较严谨，论文的综合分析、推理和评论都有值得借鉴之处。

（3）优先查找有关方面有创新成就的论文　该类论文是在方法和技术及理论阐述方面，具有鲜明特点或有代表性的论文。

2. 充分利用各种检索手段检索有关文献　医药科技工作者不但要学会使用与本人专业有关的各种中外文检索工具书，而且要尽可能熟悉利用现代检索手段广泛地收集、吸取有关的文献资料，必要时，可进行国际联机检索。有条件行微机检索者不失为目前查阅文献的快捷手段。

3. 重要的国际、国内专业学术会议论文也不可忽视　重大的专业性学术会议论文也是撰写文献综述的重要资料，因为学术会议论文集，一般都汇集了从不同角度来研究该专题的最新研究成果，可使综述者对相关选题的研究状况有一个概括了解。目前国内的学术会议资料，除参加会议者外，有的可在相关杂志找到会议综述，图书馆多找不到。从《中文科技资料目录》（医学）部分及《中国医学》等中文检索工具中查一查有关的“汇集”及“学术会议论文集”，也可能会查到部分会议资料。国际性的学术会议专辑或会议录、专题讨论会、学术讨论会等这些外文资料在检索工具中都可以查到。

4. 文献的粗读与精读及取舍　对于收集、查找到的大量文献资料，要有一个粗读与精读及取舍的问题，否则既耗费大量时间和精力，也难以写出高质量的综述文章。每一篇论文应先读摘要、前言和结论，以了解该文的价值，再进行精读或粗读。对重点文章，较好的综述和有创见的原著要精读，而对无多大创见而只是支持某一观点的论文可粗读。文献的取舍主要看其科学性和先进性。判断其科学性的标准是，看其科研设计是否严密（如学科的焦点是否找准，有无对照，分组是否合理，样本、数量是否足够，是否随机抽样等），实验方法是否可靠，数据资料统计处理是否得当，理论分析及结论是否恰如其分、实事求是等。先进性的标准是看其在方法、技术、结论方面有否创见，有无新的发现等。这样可以大大节省时间和精力，有重点地读好有重要价值的文献资料，并做好读书笔记和文献卡片。

（三）写作构思与拟定提纲

进行了上述工作之后，头脑中已经对选题所涉及的国内外研究现状及存在的问题有了概括的认识。再将精取的文献资料按选题要求分类、归纳和整理，按照选题的中心意图，确定论文的层次和标题，草拟出综述文章的提纲。一般来讲，在大量获取文献资料的过程中，作者头脑中的构思和提纲已逐渐形成，对草拟的提纲再仔细斟酌、推敲，必要时再行调整或修正之后，即可进行文献综述的写作了。

（四）医药文献综述论文的具体内容和写作方法

医药文献综述一般包括以下几个部分：①综述题目；②作者所在的工作单位和姓名（也有仅写出作者姓名，工作单位在文后注明）；③摘要和关键词（便于电子计算机储存和检索）；④前言（引言）；⑤综述正文（主体部分，或称为核心部分）；⑥总结（结语）；⑦参考文献目录。这里主要阐述引言、正文、总结和参考文献部分的写作方法和内容要求。

1. 前言（引言） 前言的目的是使读者对所综述的内容有一个初步的轮廓认识，以便引导读者进一步阅读全文的兴趣。应包括：写作的目的，有关概念含义，所涉及的内容、时间范围，扼要介绍有关问题的现状和焦点，为引出正文打下基础。

2. 正文 是医药文献综述的主体部分或称为核心部分。写作方法很多，可因文题大小、内容、所涉及的范围及作者的写作技巧而有所不同。一般常用以下几种：①按选题所属学科的内在科学规律分层阐述，即该学科领域人们的常规思维程序和其间的必然联系；②按目前争论的焦点分别提出问题加以论述的写法；③按学科进展分阶段论述（时间顺序）方法；④按临床诊疗工作程序分述。

不管采用何种写作方法，写作内容应着重论述其历史和现状，发展趋向，各学派的主要观点、依据，争论的焦点，当前研究的新发现和存在的主要问题，存在的薄弱环节，对未来发展前景的展望。所引用的资料应确切无误，论据、论证要充分有力，说理应令人信服，对不同观点，甚至相反观点，要客观如实反映。综述者本人的观点、看法可以表明或已内涵其中，在文中不应占主要地位。

3. 总结（结语） 概括正文部分的主要内容，指明该学科领域当前国内外的主要研究成果，发展动向，其应用价值，实际意义，目前存在的主要问题及分歧所在，今后的发展趋势、前景。对这方面有丰富经验和已从事过该项研究工作者，最好能提出自己的见解，如赞成什么、反对什么、今后应注重发展什么等。

4. 参考文献 是医药文献综述的重要组成部分，不能省略。其引用文献的多寡是判断衡量该综述质量、水平的一个标志。参考文献是文献综述写作的重要依据，也为阅读者提供了寻找原始论文的线索，也是对原始论文作者的劳动尊重的表示。参考文献必须是作者亲自阅读的最新、最有价值的原始论文，在文章内按引用顺序必须标出角码。参考文献的要求按国家规定标准 GB 7714—2015 列出，外文文献按原文照抄，不译成汉语。参考文献一般引自公开出版、发表的书刊杂志。参考文献的数量多少不一，多者可上千篇，少者几十篇，国内期刊限于篇幅对引用文献数量有所限制，一般在 20 ~ 30 篇以内，可称之为主要参考文献。

5. 撰写医药文献综述论文时应注意的事项

（1）综述题目选择切忌太宽太杂，否则难以深入写好，层次也难以划分和取材。大范围题目的综述最好能分写成系列综述，分期刊出。择题宜小而专。

（2）撰写医药文献综述要占有大量文献资料，而且要求亲自阅读原文，对该学科或领域要有全面系统地了解，避免断章取义、曲解原作，甚至得出不正确的结论。

（3）综述并非文摘汇编，是一种中心明确、资料丰富、论述充分的论文形式，且应有综述者自己的看法和见解。

（4）撰写综述文章目的一定要明确，是解决哪方面的问题，要有实际价值（理论和实践）。

（5）综述文章引用的文献资料要新（近 3 ~ 5 年以内）。篇幅国内医药杂志一般限制在 4000 ~ 8000 字。

（6）综述文章一般应有把关的学科专家审核（著名专家、学者撰文可以例外）。

第三节 学术不端文献检测系统

PPT

近年来学术不端行为频发，引起了学术界的广泛关注。论文抄袭、剽窃等学术造假行为屡见不鲜，对科研成果的真实性、原创性、新颖性学术界也多有质疑之声。端正学术精神、纯净学术空气，除了学术界的自我约束外，公正的第三方科研评估机构和检测工具为科研成果的客观测评提供了必不可少的途径和手段。学术不端文献检测系统在这种学术环境下应运而生。

一、学术不端文献检测系统简介

在国际上，20 世纪 70 年代就开始了利用技术手段检测不端行为的研发工作。90 年代以后，提出了数字指纹等检测方法，并得到了应用，如论文作业抄袭检查平台 turnitin，研发后应用于多所高校及科研机构，包括美国加州大学伯克利分校、杜克大学、德国汉堡大学等；加拿大 sciworth 公司开发的 mydropbox，提供学生作业抄袭检测服务；mydropbox 使用微软搜索技术，可以检测互联网资源、可公共存取的部分数据库资源以及机构内部文档等。

随后，我国的研发工作也陆续展开，最具代表性的是中国学术期刊（光盘版）电子杂志社与同方知网公司的共同研发工作。他们首先建起了《中国学术文献网络出版总库》，该数据库收录了包括期刊论文、学位论文、工具书、年鉴、报纸、专利等在内的多种文献，覆盖了工程技术、信息技术、自然科学、农业、医学、哲学、人文社会科学、经济与管理等各个领域。它还是世界上最大的连续动态更新的全文数据库，并成为随后研制的学术不端文献检测系统的比对数据库。2006 年下半年，中国学术期刊（光盘版）电子杂志社与同方知网公司开始合作研制学术不端文献检测系统，这是一个系统工程，涉及检测方法设计、比对数据库建设、规范数据库建设、大规模数据测试、系统性能测试等多个环节。

2008 年 12 月，学术不端文献检测系统开发完成，研发者宣布将在各相关机构开放使用。学术不端文献检测系统的比对数据库为《中国学术文献网络出版总库》，检测时输入任何一篇文章，就能同数据库中的所有文章进行比对，从而发现这篇文章跟数据库中的哪篇文章、哪些句子是重复的。它还是世界上第一个以全文文献为比对资源的检测系统，国外的检测系统基本上是题录摘要的检测而非全文检测。学术不端文献检测系统可用于期刊审稿、学位论文检测、职称评定、项目立项评审、项目验收评审和报告审查等方面。为了从多个角度反映文字复制情况，检测系统设计了总重合字数、总文字数和总文字复制比等多个检测指标。而对于篇幅较大的学位论文，除了设置总检测指标，系统对每一章节都设定了文字复制比、重合字数、引用复制比、段落数、最大段长等多个子检测指标，用以检测每一章节的复制情况。该检测系统面世后，迅速被各相关机构采用，不少机构还以公告形式宣布启用该系统。例如《浙江大学学报（人文社会科学版）》，在检测系统刚面世时（2008 年年底），就正式建立了该系统的使用账号，在全国社科期刊中率先采用了这一系统，通过该系统检测后的论文才能进入下一轮的专家审稿流程。

二、国内学术不端文献检测系统

（一）CNKI 科技期刊学术不端文献检测系统（AMLC）

CNKI 科研诚信管理系统研究中心是同方知网出版集团旗下，从事科研诚信管理产品研发的专门机构，中心主要从事学术不端文献检测系统、科研诚信档案管理系统等软件研发。同时也承担相关机构委托的科研诚信监测、管理等事务。还为各单位的学术评价提供科研诚信方面的参考数据，辅助进行学术评价。它旗下的中国学术期刊（光盘版）电子杂志社（CNKI）的科技期刊学术不端文献检测系统（AMLC）从 2006 年开始正式立项研发到目前已经达到大规模实用化的成熟程度，科技期刊学术不端文献检测系统（AMLC）界面，如图 8 –2 所示。2008 年底，AMLC 管理办公室开始为 CNKI 提供每期数据的期刊编辑部免费提供刚开发完成的《科技期刊学术不端文献检测系统（AMLC）》。如期刊编辑部希望使用该系统，可以邮寄、传真方式向中国学术期刊（光盘版）电子杂志社 AMLC 管理办公室提交《AMLC使用申请》，签订授权使用协议，就可以通过 CNKI 的客服人员直接开通本编辑部的系统使用账号，这个账号只能用于检测本刊的来稿和已发表文献。

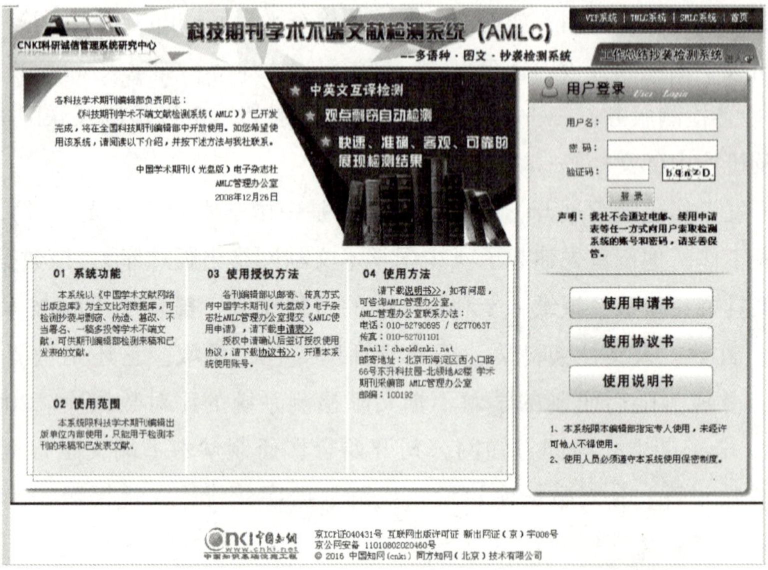

图 8 –2　科技期刊学术不端文献检测系统（AMLC）界面

科技期刊学术不端行为检测系统采用基于数字指纹的多阶快速检测方法，对用户指定的文档做数字指纹，与相关文档指纹比对，按照文档类型与内容特征不同，支持从词到句子、篇章级别的数字指纹。相似字符串检测阈值根据用户需求可调，以获得用户希望的最佳检测结果。在相关研发领域积累了丰富的技术基础，包括文本数据库加工技术、文本数据库技术、数字资源版权保护技术、知识挖掘技术、中文自然语言处理技术、学术评价技术等。

科技期刊学术不端行为检测系统的性能主要包括文献比对查准率、文献比对查全率、文献比对检查速度。①文献比对查准率，指经过系统比对后输出的结果中正确结果所占的比例，准确率≥80%。②文献比对查全率，指经过系统比对后输出的结果中正确结果在所有与实际与该文献匹配的文献中所占比例。③查全率≥80%。④文献比对检查速度，应满足检查速度在人的感觉和视觉可接受范围内。⑤6000 字左右的期刊文献平均耗时小于 3 秒。

用户需要先进行注册才能使用，注册时填写用户名、密码、单位、电话等个人信息。检测时用户需要将要检测稿件保存到指定文件夹，选择检测方法（①自动检测，检测后台服务自动分配检测任务进行排队处理；②手动检测，用户触发实时检测提交内容；③服务器自主检测，最低优先级检测，只在服务器空闲时检测），然后选择上传方式，目前支持的提交方式包括：单篇稿件提交、多篇稿件压缩后提交、在线输入。填写稿件相关信息，用户选择一次提交多篇文档时，可以一次提交多篇文档元数据相关信息。最后上传至服务器进行检测，检测结果如图 8 –3 所示。用户点击 生成报表: Excel 可成批导出自己提交的多篇文献的检测结果列表信息，该结果保存格式为 EXCEL。点击 系统检测报告单 转审报告单，用户可将单篇稿件的检测结果生成检测报告打印下载。

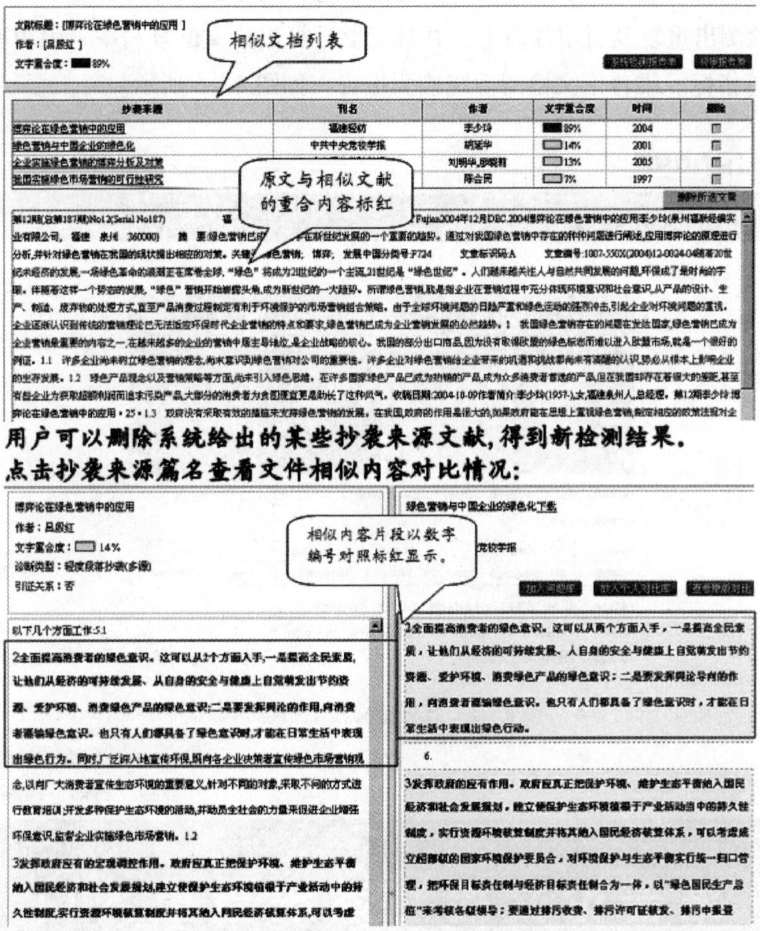

图 8－3　CNKI 科技期刊学术不端文献检测系统（AMLC）检测结果

（二）万方论文检测系统

万方论文检测系统是基于万方数据公司所收录的期刊论文、学位论文、万方数值数字化期刊全文数值库、万方数值学位论文、常识服务平台的全文数值库等海量数据，运用先进的检测算法研制而成，它具有检测速度快、检测准确等特点。国内第二大数据集成商万方数据，在 CNKI 推出 AMLC 15 个月之后终于拿出了一个与 CNKI 相提并论的产品，在 2010 的 3 月，万方公司的网站上出现了万方论文相似性检测系统，现行的“万方论文检测系统”网址为：http://www.cnkicheck.info/wanfang/，万方论文检测系统界面，如图 8－4 所示。

通过论文检验测定体系的官网，可以直接登录万方数据的账户，并进行论文检测（检测费用 10 元每万字），通过检测可以看到万方数据提供的简明和详细两种检测报告。

（三）维普论文检测系统

国内第三大数据集成商维普资讯，在 CNKI 推出 AMLC 21 个月和万方数据推出论文相似性检测系统半年之后终于也拿出了一个与 CNKI 和万方数据相提并论的产品——论文引用检测系统。维普论文检测系统界面（http://weipu.papergod.com/），如图 8－5 所示。

维普论文检测系统经过部分高校及社会个人用户的测试，已经面向企事业用户、个人用户全面供用。该论文检测系统是基于多年数据挖掘技术领域的成功经验，应用于文本比对检测领域上的成熟产品。该系统将自主研发的大规模文本处理技术，应用于论文内容创新性评价系统，能够高效地与海量文本资源进行比对，检测出重复及引用片段等，并且能够计算出论文的复写率、引用率及自写率（对论文内容创新性评价）等指标。维普论文检测系统检测报告，如图 8 –6 所示。

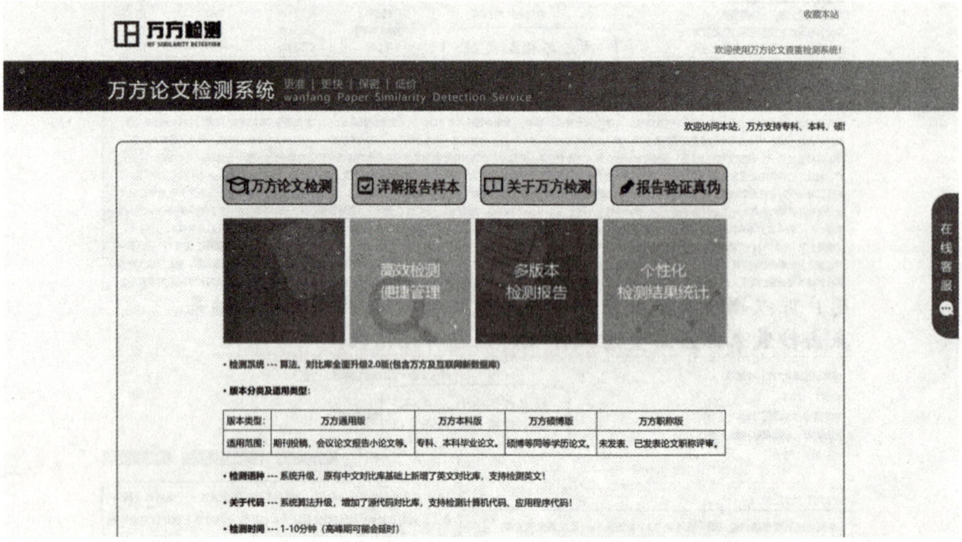

图 8 –4　万方论文检测系统界面

图 8 –5　维普论文检测系统界面

该系统集合了专业的数据库资源，针对不同类型用户的需求，可提供专业的个人自检测服务、高校学生论文检测服务、期刊稿件检测服务以及其他类型的检测服务等。系统涵盖所有中英文类别，包括哲学、经济学、管理学、法学、社会科学、教育学、文学、艺术学、历史学、理学、医学、政治学、军事学等。该系统可以满足教育界、出版社、媒体、科研机构等行业客户及各类论文撰写者等不同用户的需求。通过该系统，可以查出该文作者的自写率是多少。

（四）ROST 反剽窃系统（学术论文不端行为检测系统）

ROST 反剽窃系统（学术论文不端行为检测系统）是由武汉大学信息管理学院出版科学系开发成功的文档相似性检测工具，ROST 反剽窃系统界面，如图 8 –7 所示。

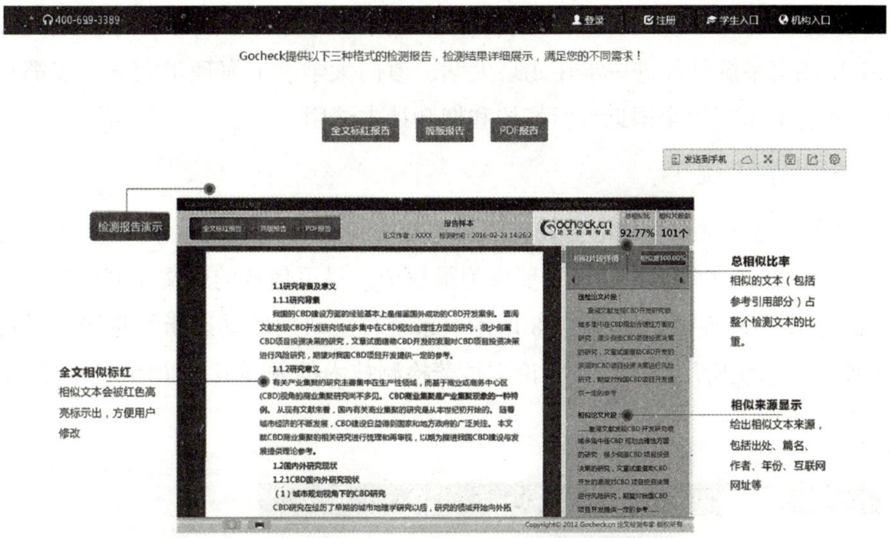

图 8-6　维普论文检测系统检测报告

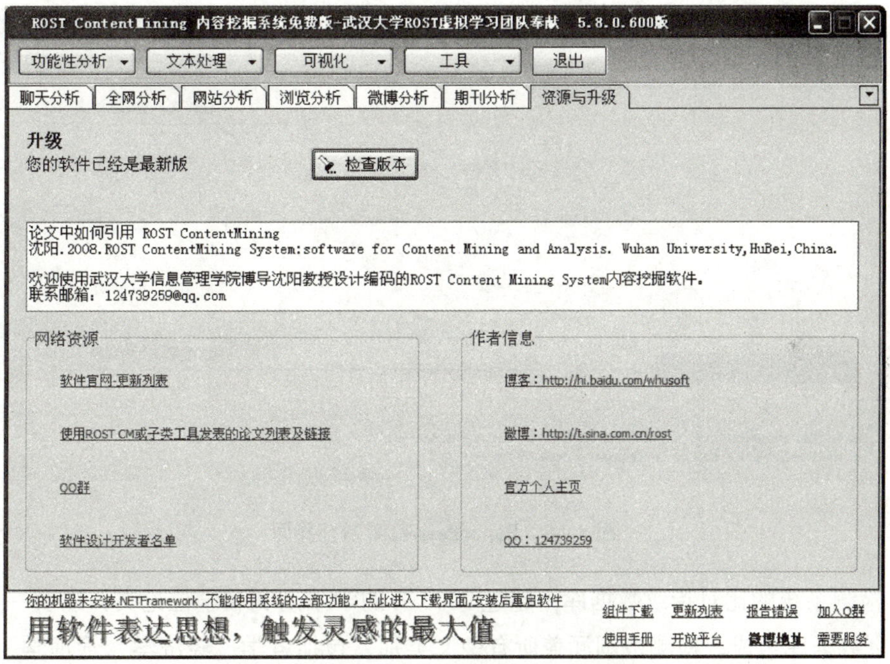

图 8-7　ROST 反剽窃系统界面

ROST 反剽窃系统可有效检测论文的抄袭相似情况，经过 6 年的研发（早期版本称为做网盗克星），推出了 6.0 版本。ROST 反剽窃系统可以自动将文档切割为多个 50～200 字（可自定义）的小文本，通过混合引擎与 188 亿个网页和 490 万篇文献进行柔性匹配，标示出每个文本块与文献库中的文献的最大相似度。由此软件统计出相似度≥95%（基本原封不动拷贝）与相似度≥80%（拷贝后略作修改）的字数所占总字数比例。软件把这个比例作为相似程度参考衡量指标。“ROST 反剽窃系统”与其他系统最大的不同之处在于覆盖了 188 亿个网页以及 490 万篇论文。自 ROST 反剽窃系统 2008 年 4 月推出以来，先后在武汉大学信息管理学院研究生办公室、CSSCI 核心期刊《出版科学》《图书情报知识》试用，在 2008 年 11 月举办的第二届数字时代出版产业发展与人才培养国际学术研讨会上对会议论文进行全面检测，并在2008年12月的第三届中国期刊创新年会上向全国期刊界做了全面推介，取得了良好的效果。现在，ROST反剽窃系统已经进一步在北京大学、厦门大学、上海理工大学、成都理工大学、浙江传媒学院、《中国社会工作》等全国近百所高校和期刊社中试用。

（五）PaperPass检测系统

PaperPass检测系统是北京智齿数汇科技有限公司旗下产品，网站诞生于2007年，是全球首个中文文献相似度比对系统，运营多年来，已经发展成为最权威、最可信赖的中文原创性检查和预防剽窃的在线网站，PaperPass检测系统界面，如图8－8所示。系统自主研发的动态指纹越级扫描检测技术，已经领先于国内外其他检测系统所用技术，成为论文抄袭检测技术的领导者。2015年8月检测系统V3.0版本测试完毕正式上线运行。

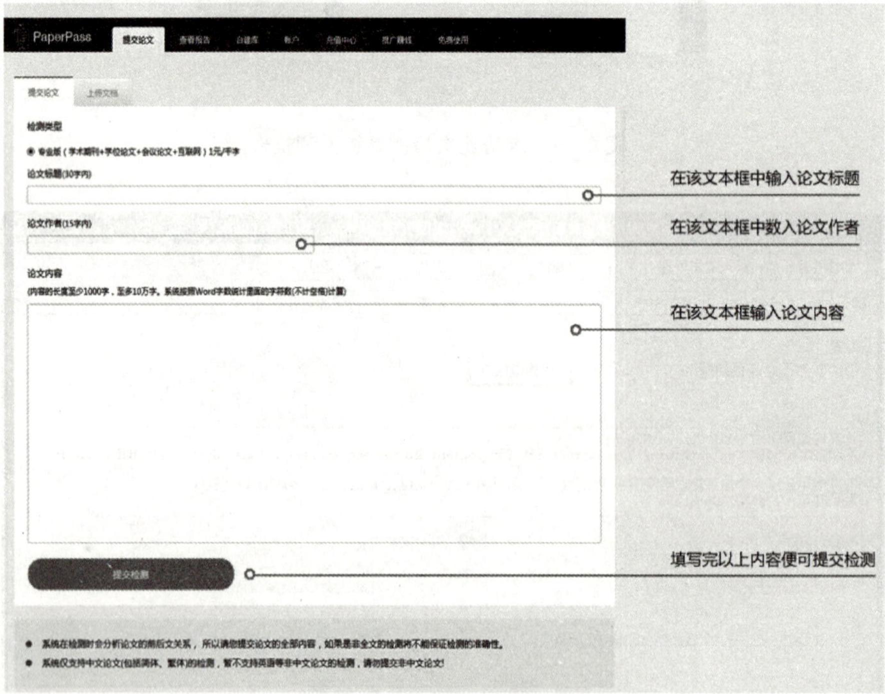

图8－8　PaperPass检测系统界面

PaperPass检测系统的比对指纹数据库由超过9000万的学术期刊和学位论文，以及一个超过10亿数量的互联网网页数据库组成。检测范围涵盖所有中文类别，包括哲学、经济学、管理学、法学、社会科学、教育学、文学、艺术学、历史学、理学、工学、农学、医学、政治学、军事学等。

用户在登录PaperPass网站后，需要注册申请一个用户名和密码，注册成功并且登录后，根据所要检测的论文字数进行充值。充值成功后即可按操作提示提交检测论文。单次提交的论文总字数最大可支持10万，如果用户论文大于10万字，可把论文切分成多个部分多次提交检测。PaperPass从庞大的指纹数据库中找出与用户提交的文本相匹配的文档材料并进行分析，找出的相似文本有可能是用户已经合适并正确引用的文本，所以不一定是抄袭。用户只需要确认每一个被标注相似的地方是否被正确引用，概括或转述。因此，PaperPass使用户更容易识别论文中的可疑部分，避免用户无意中的“抄袭”。由于存在引注格式不统一、参考文献格式不规范、虚假引用等问题，PaperPass为了给用户提供最严格、最负责的检测结果，将不再区分“相似”和“引用”。PaperPass检测系统是在论文修改环节为用户提供修改依据的工具，系统所显示的相似部分（红字）是否属于正常引用将保留给用户自行审定。PaperPass检测系统检测报告，如图 8－9 所示。

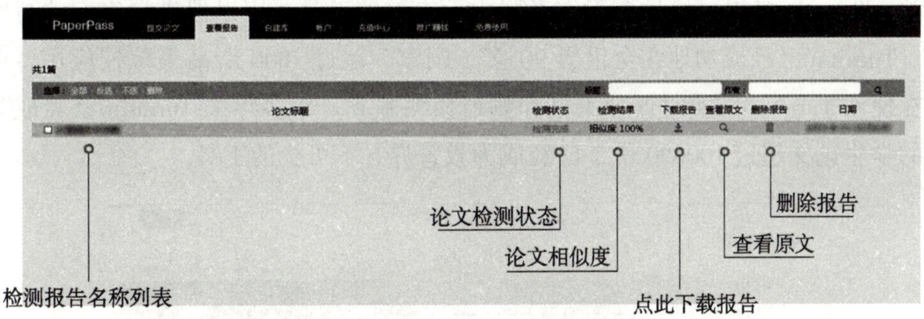

图 8－9　PaperPass 检测系统检测报告

（六）百度学术论文助手查重系统

百度学术论文助手查重系统是目前市场上很成熟，检测速度很快，结果很准的一套检测系统，对学位论文检测支持整篇上传，但文档格式对检测结果可能会造成影响，最终交稿格式按规范提交检测，可以将影响降到最小。目前所公布的对比库包括：学术期刊总库、学位（博士、硕士、学士）论文全文数据库、会议论文全文数据库、报纸全文数据库、图书全文数据库、专利全文数据库、博客全文数据库、网络文档数据库、互联网文献数据库、英文数据库、年鉴数据库、标准库、用户共享库等。百度学术论文助手查重系统界面，如图 8－10 所示。

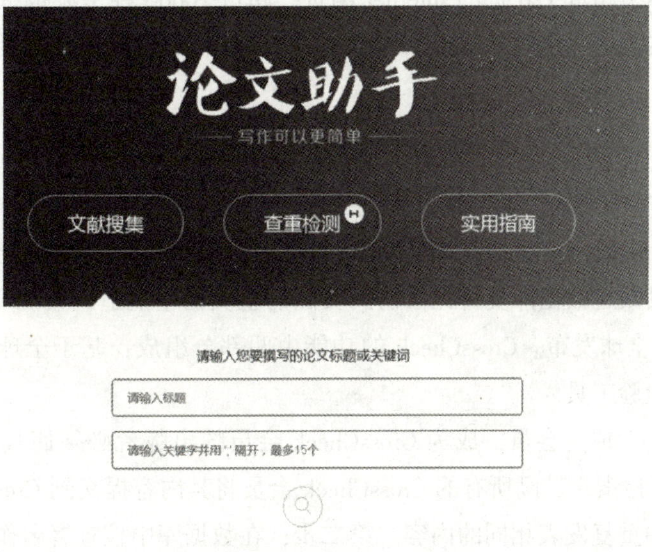

图 8－10　百度学术论文助手查重系统界面

三、国外学术不端文献检测系统

反学术不端和反剽窃系统作为论文初筛工具已经成为欧美高校的常用软件，国外高校对于反剽窃的研究高度重视，在反剽窃领域的研究也比较成熟。常见的国外科技文献数据库的学术不端文献检测系统平台的有以下几种。

（一）Turnitin

Turnitin 是全球最权威的英文检测系统，被提交检测的文章均为系统自动检测，无任何人工的干预，所检测出来的结果是系统与 Turnitin 所收录的海量文献进行对比分析后自动得出的结果，Turnitin 界面，如图 8－11 所示。Turnitin 是提供给教育工作者强大而有效的工具，用以促进学生们的写作技巧和独立评价思考能力。Turnitin 已经成功地在全世界 90 多个国家、超过 7000 所高等院校应用，全球数百万的教师及学生都在使用 Turnitin 的实时评分工具和剽窃侦测服务。十多年来 Turnitin 已经成为业界的领导者。每天收到的学生论文超过 100000 份，已经成为教育界必不可少的工具。

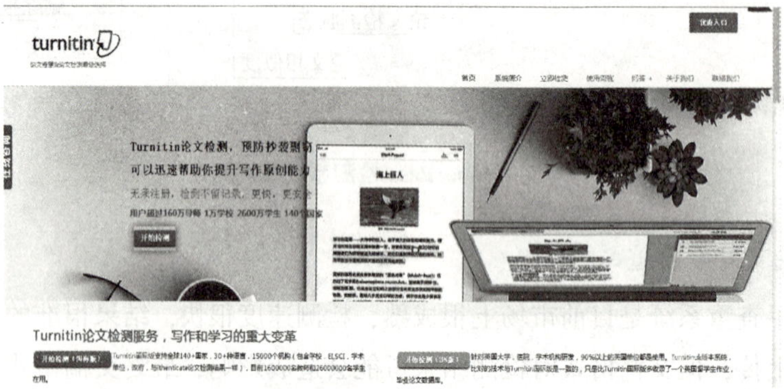

图 8－11 Turnitin 界面

Turnitin 依靠行业中最先进的搜索技术建立的持续增长的庞大数据库，来帮助教育工作者对学生作业中含有的不恰当的引用，或潜在的剽窃行为进行侦测和比对。Turnitin 的比对数据库中拥有超过 4000 万学生论文的数据库，索引超过 120 亿的 internet 网页，超过 10000 种主流报纸、杂志及学术期刊，数以千计书籍，包含文学名著等。所以 Turnitin 是唯一有技术能力来侦测论文是否是购买、伪造或是剽窃的系统。

（二）CrossCheck

CrossRef 首创并与 iParadigms 公司共同开发出一个全新的，用于帮助学术出版者验证出版文档原创性的最新工具——CrossCheck，CrossCheck 界面如图 8－12 所示。尽管此前也已经有其他一些剽窃检测工具，但因为这些检测工具缺乏数据库支持无法访问文献的全文而不能适应检测学术内容。CrossCheck 于 2008 年 6 月 19 日正式向全球发布。CrossCheck 的功能由两部分组成：基于全球学术出版物所组成的庞大数据库和基于网页的检验工具。

首先，加入 CrossCheck 成为会员，成为 CrossCheck 会员的出版者必须使其所出版的内容被收录在 CrossCheck 数据库中并可检索。鼓励所有的 CrossCheck 会员将其内容提交到 CrossCheck 数据库，以帮助出版者防止在不知不觉中重复发表相同的内容。第二步，在数据库中核查署名作者的文章，通过基于网络的工具把文章上传后，在 CrossCheck 数据库和更宽的网络环境中进行相似度检测。系统会生成一份“独创性报告”，显示被测文献与目标文献的文字重复度，并给出相似度指标（百分比），然后由富有编辑专长和经验的人来分析判定。

CrossCheck 的主要功能在于帮助学术界和出版界严正全球学术风气，防止学术剽窃和欺诈，保护学术研究和文字出版者的原创版权。正是由于 CrossCheck 的诞生，全球范围内的出版者们得以共同协作，严厉杜绝学术界的一些造假和剽窃等浮躁行为。CrossCheck 获得了全球学术与专业出版者协会（ALPSP）颁发的 2008 年度最佳创新奖。

CrossCheck 项目已经引起全球学术界和出版界的广泛关注和积极响应。目前，一些大的国际科学出版集团，如 Elsevier，Springer，Wiley－Blackwell，BMJ，Taylor & Francis，牛津出版社等，以及许多科学学会，如美国科学进步协会（AAAS），美国物理学会（APS），植物生物学会等均成为 CrossCheck 的正式会员。当然，要加入 CrossCheck 成为会员是要付费的，CrossCheck 软件系统不是免费的。浙江大学学报（英文版）于 2008 年 10 月申请成为中国第一家 CrossCheck 的会员。

图 8－12　CrossCheck 界面

（三）SafeAssign

SafeAssign 是 Blackboard 教学管理平台功能的一部分，Blackboard 用户无须额外费用，能够将提交的论文与指定的资源库中的论文进行相似度对比检测，并将检测结果（包括匹配度、分析报告）反馈给用户，SafeAssign 界面如图 8－13 所示。并与成绩中心互连，教师可在成绩中心为检测后的论文打分。SafeAssign 同样也是强有力的反抄袭检测工具，SafeAssign 采用独特的原创性检测算法将提交的文章与数据库内批量收藏的作品进行对比，这些数据库包括：数以亿计的公众可获取文件综合信息的互联网；有数百万的当前文章，且每周都在更新的 ProQuestABI/Inform 数据库；机构的用户提交的所有文献研究机构的文档库；各地学生们自愿提交的文献全球参考数据库。文献在专业机构的数据库内自动进行检测。

（四）爱思唯尔的 PERK

爱思唯尔作为世界上最大的学术期刊出版机构，旗下拥有 1800 多种期刊。2008 年 3 月 4 日，爱思唯尔发布了《出版道德资源工具包》（publishing ethics resource kit，PERK）。PERK 是一个在线资源，用以处理期刊编辑出版中的论文是否有学术不端问题。这是一个爱思唯尔出版道德准则的单一标准点。同时作为一个在线资源，PERK 链接到爱思唯尔内外各种与出版道德相关的政策和程序性文件，为期刊编辑提供及时和广泛的在线支持。

学术不端检测系统有其得天独厚的优势，但也有局限性。很多人根据学术不端检测系统的检测原理研究出应对策略，以此来规避学术不端检测系统对自己论文的检测。学术不端行为的检测是一项政策性非常强的工作，所以必须采取技术检测加专家审核的办法来减少此种行为。长远来看，杜绝学术不端行为的发生，更大程度上还是依靠广大学者的自觉性，共同来营造一个良好的学术氛围，创造出更多的科研成果来服务社会。

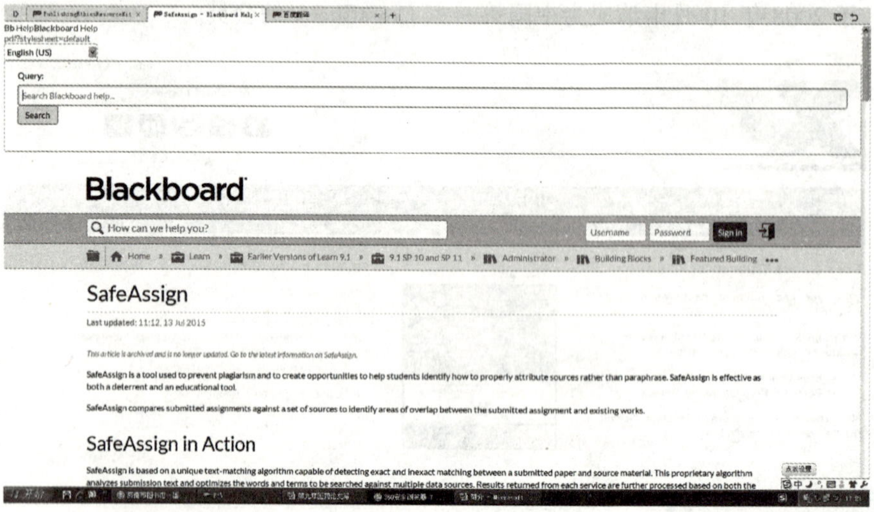

图 8－13　SafeAssign 界面

重点小结

章节名称	重点内容
1. 医药论文写作	医药论文的写作格式、写作程序、写作方法
2. 医药文献综述	医药文献综述的写作步骤
3. 学术不端文献检测系统	常见国内、国外学术不端文献检测系统

目标检测

答案解析

8－1　按照题材的不同，医药论文可分为几种？

8－2　医药论文的写作程序有哪些？

8－3　医药文献综述有什么特点？

8－4　医药文献综述的写作步骤有哪些？

8－5　国内常见的学术不端文献检测系统有哪些？

8－6　国外常见的学术不端文献检测系统有哪些？

8－7　根据自己所学专业知识，写一篇有关某药物副作用的医药论文。

8－8　将 8－7 所写文章用“维普通达论文引用检测系统”进行查重检测。

书网融合……

微课 1　　微课 2　　习题

附录 1

中文药学主要期刊

附表 1　中文药学主要期刊表

刊名	刊期	主办单位
安徽医药	月刊	安徽省药学会
安徽中医药大学学报	双月刊	安徽中医药大学
北京中医药大学学报	月刊	《北京中医药大学学报》编辑部
长春中医药大学学报	双月刊	长春中医药大学
成都中医药大学学报	季刊	成都中医药大学
大连医科大学学报	双月刊	大连医科大学
中医药学报	月刊	中华中医药学会、黑龙江中医药大学
南方医科大学学报	月刊	南方医科大学
第二军医大学学报	月刊	中国人民解放军海军军医大学
第三军医大学学报	半月刊	中国人民解放军陆军军医大学
医学争鸣	双月刊	中国人民解放军空军军医大学
福建医药杂志	双月刊	中华医学会福建分会
康复学报	双月刊	福建中医药大学
福建中医药	双月刊	福建省中医药学会，福建中医药大学
甘肃中医药大学学报	双月刊	甘肃中医药大学
今日药学	月刊	广东省药学会，中国药学会
广东药科大学学报	双月刊	广东药科大学
广东医科大学学报	双月刊	广东医科大学
广西医学	半月刊	广西壮族自治区医学情报研究所
广西中医药大学学报	季刊	广西中医药大学
广西中医药	双月刊	广西中医药大学，广西中医药学会
广州医科大学学报	双月刊	广州医科大学
广州医药	双月刊	广州市卫生信息中心
广州中医药大学学报	月刊	广州中医药大学
贵州医科大学学报	月刊	贵州医科大学
贵州中医药大学学报	双月刊	贵州中医药大学
贵州医药	月刊	贵州省医药卫生学会办公室
农药学学报	双月刊	中国农业大学
解放军药学学报	双月刊	中国人民解放军总后勤部卫生部药品仪器检验所
药物评价研究	月刊	天津药物研究院，中国药学会
哈尔滨医科大学学报	双月刊	哈尔滨医科大学
哈尔滨医药	双月刊	哈尔滨市医学会
河北医药	半月刊	河北医学科学情报研究所
河北中医	月刊	河北省医科院情报所，河北省中医药学会
河北中医药学报	双月刊	河北医科大学
黑龙江医药	双月刊	黑龙江省食品药品监督管理干部学校

续表

刊名	刊期	主办单位
黑龙江中医药	双月刊	黑龙江中医药科学院
湖北医药学院学报	双月刊	湖北医药学院
湖北中医药大学学报	双月刊	湖北中医药大学
中医药导报	半月刊	湖南省中医药学会，湖南省中医管理局
湖南中医药大学学报	月刊	湖南中医药大学
华西药学杂志	双月刊	四川大学，四川省药学会
药学与临床研究	双月刊	江苏省药学会
江苏医药	月刊	江苏省人民医院（南京医科大学第一附属医院）
江苏中医药	月刊	江苏省中医药学会，江苏省中西医结合学会，江苏省针灸学会
江西医药	月刊	江西省医学会
江西中医药	月刊	江西中医药大学，江西中医药学会
江西中医药大学学报	月刊	江西中医药大学
昆明医科大学学报	月刊	昆明医科大学
内蒙古中医药	月刊	内蒙古自治区中蒙医研究所
南京中医药大学学报	双月刊	南京中医药大学
青海医药杂志	月刊	青海省医药卫生学会联合办公室
山东中医杂志	月刊	山东中医药学会，山东中医药大学
山东医药	旬刊	山东省立医院
山东中医药大学学报	双月刊	山东中医药大学
山西医药杂志	半月刊	山西医药卫生传媒集团有限责任公司
上海医药	半月刊	上海医药行业协会
上海中医药大学学报	双月刊	上海中医药大学，上海市中医药研究院
上海中医药杂志	月刊	上海中医药大学，上海市中医药学会
沈阳药科大学学报	月刊	沈阳药科大学
时珍国医国药	月刊	《时珍国医国药》杂志社
实用中医药杂志	月刊	重庆医科大学
世界科学技术—中药现代化	月刊	中科院科技政策与管理科学研究所
数理医药学杂志	月刊	武汉大学，中国工业与应用数学学会，医药数学专业委员会
天津药学	双月刊	天津市药学会
天津医药	月刊	天津市医学科技信息研究所
天津中医药大学学报	双月刊	天津中医药大学
天津中医药	月刊	天津中医药大学
现代中药研究与实践	双月刊	安徽中医药高等专科学校，中华中医药学会中药鉴定委员会
新疆中医药	双月刊	新疆维吾尔自治区中医药学会
药物分析杂志	月刊	中国药学会
药学进展	月刊	中国药科大学
药学实践杂志	双月刊	中国人民解放军海军军医大学，中国药学会药事管理专业委员会
药学学报	月刊	中国药学会主办，中国医学科学院
云南中医中药杂志	月刊	云南省中医中药研究所，云南省中医药学会
浙江中医药大学学报	月刊	浙江中医药大学

续表

刊名	刊期	主办单位
中草药	半月刊	中国药学会与天津药物研究所
中成药	月刊	国家药品监督管理局信息中心中成药信息站，上海中药行业协会
中国生物学文摘	月刊	《中国生物学文摘》编辑部
中国新药与临床杂志	月刊	中国药学会，上海市药品监督管理局科技情报研究所
中国新药杂志	半月刊	中国医药科技出版社，中国医药集团总公司，中国药学会
中国药房	半月刊	中国医院协会，中国药房杂志社
中国药科大学学报	双月刊	中国药科大学
中国药理学报（英文版）	月刊	中国药理学会，中国科学院上海药物研究所
中国药理学通报	月刊	中国药理学会
中国药理学与毒理学杂志	月刊	军事医学科学院毒物药物研究所，中国药理学会，中国毒理学会
中国药物化学杂志	月刊	沈阳药科大学，中国药学会
中国药物与临床	半月刊	中国医院协会
中国药学文摘	月刊	国家药品监督管理局信息中心
中国药学杂志	半月刊	中国药学会
中华中医药杂志	半月刊	中国药学会
中国医院药学杂志	半月刊	中国药学会
中国中药杂志	半月刊	中国药学会
中国中医药科技	双月刊	中华中医药学会
中国中医药信息杂志	月刊	全国中医药科技信息工作委员会、《中国中医药信息杂志》编辑委员会
中药材	月刊	国家药品监督管理局中药材信息中心站
中国中医药信息杂志	月刊	中国中医科学院中医药信息研究所
中药新药与临床药理	月刊	广州中医药大学
中国现代中药	月刊	中国中药协会，中国医药集团有限公司，中国中药有限公司
中药药理与临床	双月刊	中国药理学会，四川省中医药科学院
中医药管理杂志	半月刊	中华中医药学会
中医药信息	双月刊	中华中医药学会，黑龙江中医药大学
中国临床药理学与治疗学	月刊	中国药理学会
中国医药工业杂志	月刊	上海医药工业研究院，中国化学制药工业协会
中国抗生素杂志	月刊	四川抗菌素工业研究所，中国医学科学院医药生物技术研究所
中国临床药理学杂志	半月刊	中国药学会
中国现代应用药学	半月刊	中国药学会
中国中西医结合杂志	月刊	中国中西医结合学会，中国中医科学院
中国海洋药物	双月刊	中国药学会
药学教育	双月刊	中国药科大学，中国医药教育协会
生物医学工程学杂志	双月刊	四川大学华西医院，四川省生物医学工程学会
山西中医药大学学报	双月刊	山西中医药大学

附录 2

网络药学、医学信息主要资源

附表 2　网络药学、医学信息主要资源表

1. 国内医药信息网站导航	
中华人民共和国国家卫生健康委员会	http://www.nhc.gov.cn/
国家药品监督管理局	https://www.nmpa.gov.cn/
国家中医药管理局	http://www.satcm.gov.cn
中华医学会	http://www.cma.org.cn
中国药学会	http://www.cpa.org.cn
中华医师网	http://www.cmda.org.cn
中华预防医学会	http://www.cpma.org.cn
中国食品药品检定研究院	https://www.nifdc.org.cn
中国医药质量管理协会	http://www.cqap.cn
中国疾病预防控制中心	http://www.chinacdc.cn
中国循证医学中心	http://techtransfer.cd120.com/
中国红十字会	http://www.redcross.org.cn
2. 医学论坛与 APP	
丁香园	https://portal.dxy.cn/
爱爱医	https://www.iiyi.com/
生物谷	http://news.bioon.com/
好医生	https://www.haoyisheng.com/
药企圈	https://www.chinamediportal.com/
医生圈	https://www.chinamediportal.com/
医患之家	https://www.chinamediportal.com/
3. 健康类医学网站	
大健康中国	http://www.dajkcn.com/
39 健康网	http://www.39.net
中国健康网	http://www.69jk.cn
健康网	http://www.healthoo.com
久久健康网	https://www.9939.com/
中健网	http://www.59120.com
复禾健康网	http://www.fh21.com.cn
4. 医药电子商务网站	
中国金药网	http://www.gm.net.cn
中国药网（东方药网）	http://www.chinapharm.com.cn
药房网	http://www.yaofang.cn
中国医药网	http://www.pharmnet.com.cn
阿里健康大药房	https://www.liangxinyao.com/
华源医药网	http://www.hyey.com
金象网	http://www.jxdyf.com

续表

5. 医疗器械类网站	
中国医疗器械信息网	http://www.cmdi.gov.cn
环球医疗器械网	https://www.my17.cn/
东方医疗器械网	https://www.qxw18.com/
医疗器械网	http://www.chinamedevice.cn
6. 中医药网站	
中医药在线	http://www.cintcm.com
中医中药网	https://www.zhzyw.com/
悬壶中医网	http://www.xuanhu.net/
中医世家	http://www.zysj.com.cn/
中国网中医频道	http://zy.china.com.cn/
中国中医药网	http://www.cntcm.com.cn/
7. 医药学习类网站	
医学教育网	http://www.med66.com
医学全在线	http://www.med126.com
中国医药卫生教育网	http://www.zgyywsjy.com/
医药大学堂	http://www.yiyaodxt.com/
8. 医药考试类网站	
国家医学考试网	http://www.nmec.org.cn
医考魔方教育信息网	http://www.yixuewang.com
执业药师考试网	http://www.zhiyeyaoshi.com
91 考试网（医药）	http://www.91exam.org/yy/
医梦园	http://www.ew52.com
考试宝	http://www.ksbao.com
第一考试网	http://www.onekao.com
中国人事考试网	http://www.cpta.com.cn/
9. 医药学专科（专业）网站	
中国解剖学会	http://www.csas.org.cn
中国解剖网	http://www.china-anatomy.com
影像园（医学影像网）	http://www.xctmr.com/picture/anato/
中国生理学会	https://www.caps-china.org.cn/
病理学之家	http://www.pathology-home.com
美国病理学主任联合会	https://www.apcprods.org/
病理学原地	http://www.binglixue.com
华夏病理	http://www.ipathology.cn
中华病理技术网	http://www.dingw.com
中国病理生理学会	http://www.caop.ac.cn
365 医学网	http://www.365yixue.com
中华医学会心血管病学分会	http://csc.cma.org.cn/
中国呼吸专科联合体	http://www.hxylt.org.cn/
中华医学会呼吸病学分会	http://www.csrd.org.cn

续表

9. 医药学专科（专业）网站	
中华医学会感染病学分会	http://www.cmacsi.org/
中华医学会肝病学分会	http://www.heporg.com
中华医学会消化内镜学分会	http://www.csde.org.cn/cn
中华医学会内分泌学分会	http://www.china-endo.org
中国糖尿病网	http://www.chinadm.net
中华医学会糖尿病学分会	http://cdschina.org
中华医学会风湿病学分会	http://www.craweb.org
中国结核网	http://tb.chinacdc.cn/
华裔骨科康复网	http://www.orpt.org/
骨科在线	http://www.orthonline.com.cn
中华医学会胸心血管外科学分会	http://www.cstcvs.com
中华手外科网	http://www.handsurgery.cn
中国保健协会	http://www.chc.org.cn/
中国妇产科网	http://www.obgy.cn/
中国妇产科在线	http://www.cogonline.com
中华国际医学交流基金会	http://www.cimf.org.cn/index.asp
39 妇科疾病网	http://fk.39.net
中华医学会儿科学分会	http://cps.cma.org.cn/
39 儿科疾病网	http://ek.39.net
中国抗癌协会	http://www.caca.org.cn/
中国肿瘤防治数据库	https://cancernet.cicams.ac.cn/
中华医学会眼科学分会	http://www.coschina.org/
中华中医药学会	http://www.cacm.org.cn
东方药网	http://www.chinapharm.com.cn
临床药师网	http://www.clinphar.cn
中国药学会	https://www.cpa.org.cn/
中华康网（中医）	http://www.cnkang.com/cm/
国家基本公共卫生服务项目管理平台（中医药）	http://www.nbphsp.org.cn/jbgw/zyy/
上海市（复旦大学附属）公共卫生临床中心	https://www.shaphc.org/
中国公共卫生	http://www.zgggws.com/
中护联合	http://www.ccun.cn
中国临床护理	http://www.zglchlzz.cn/
中华护理学会	http://www.zhhlxh.org.cn
中国男护网	http://www.nanhushi.com
中国护理教育网	http://www.nurse91.com
护理解剖网	http://www.china-anatomy.com/
台湾肾脏护理协会	http://www.tnna.org.tw
中华医学会影像技术学会	http://www.cmasit.org
中国核学会	http://www.ns.org.cn
中国放射肿瘤学会	http://www.cstro.org

续表

9. 医药学专科（专业）网站	
中国心理学会	https://www.cpsbeijing.org/
中华急诊网	http://www.cem.org.cn
用药安全网	http://www.yongyao.net
医药在线	https://www.drugfuture.com/drugdata/
中国生物医学文献服务系统	http://www.sinomed.ac.cn/
医学导航网	http://www.meddir.cn
HON（Health On the Net Foundation）	http://www.hon.ch
Medical Matrix（医源）	http://medmatrix.org(https://www.healio.com/)
Medscape（医景）	http://www.medscape.com
美国疾控	https://www.cdc.gov/
MedExplorer	http://www.medexplorer.com
世界卫生组织	https://www.who.int/en
MedHelp	http://www.medhelp.org
美国卫生研究院	https://www.nih.gov/
国家科技图书馆文献中心（NSTL）	http://www.nstl.gov.cn/
Springerlink	http://www.springerlink.com/
全球在线科学信息门户 WorldWideScience	http://worldwidescience.org

参考文献

[1] 张稚鲲，李文林．信息检索与利用［M］．南京：南京大学出版社，2019.
[2] 端木艺．实用信息资源检索与利用［M］．南京：南京大学出版社，2018.
[3] 李贵成，张金刚．信息素养与信息检索教程［M］．武汉：华中科技大学出版社，2016.
[4] 周毅华．医学信息资源检索教程［M］．南京：南京大学出版社，2016.
[5] 韩立民，朱卫东．医学信息检索与实践［M］．北京：科学出版社，2016.
[6] 刘丹丹．医学信息检索［M］．北京：人民卫生出版社，2016.
[7] 李振华．文献检索与论文写作［M］．北京：清华大学出版社，2016.
[8] 程鸿，周凤岐．医学信息检索实践指导［M］．北京：北京大学医学出版社，2016.
[9] 常傲冰．中医药文献检索与利用［M］．北京：科学出版社，2015.
[10] 赵鸿萍．药学信息检索教程［M］．南京：东南大学出版社，2015.
[11] 高庆殿，孙志春，伏立霞．信息检索方法与实践［M］．北京：北京大学出版社，2015.
[12] 毕玉侠，于占洋．药学文献检索［M］．长春：东北大学出版社，2014.
[13] 王鸿．药学文献检索［M］．杭州：浙江大学出版社，2013.
[14] 代涛．医学信息检索与利用［M］．北京：人民卫生出版社，2010.
[15] 余致力．医药信息检索技术与资源应用［M］．南京：南京大学出版社，2009.
[16] 黄燕．医学文献检索［M］.2 版．北京：人民卫生出版社，2009.
[17] 王宇．卫生信息管理［M］．北京：中国中医药出版社，2009.